D1872402

Martin Schwarzbach

Auf den Spuren unserer Naturforscher

Walter Fiedler

# Auf den Spuren unserer Naturforscher

## Denkmäler und Gedenktafeln. Ein Reiseführer

Von Prof. Dr. Martin Schwarzbach
em. ord. Professor an der Universität Köln

Mit 160 Abbildungen
und 20 Übersichtskarten

S. Hirzel Verlag Stuttgart 1981

*Für Beate*

CIP-Kurztitelaufnahme der Deutschen Bibliothek

**Schwarzbach, Martin:**
Auf den Spuren unserer Naturforscher : Denkmäler u. Gedenktaf. ; e. Reiseführer / von Martin Schwarzbach. – Stuttgart : Hirzel, 1981.

ISBN 3-7776-0365-1

Alle Rechte, auch die des auszugsweisen Nachdrucks, der photomechanischen Wiedergabe (durch Photokopie, Mikrofilm oder irgendein anderes Verfahren) und der Übersetzung, vorbehalten.

© 1981 S. Hirzel Verlag, Stuttgart
Printed in Germany
Satz und Druck: Schwetzinger Verlagsdruckerei GmbH, 6830 Schwetzingen

# Vorwort

*Ich halte Lehre und Studium der historischen Entwicklung der Wissenschaft für unentbehrlich ... Unsere Lehrbücher versagen leider darin.*

Richard Willstätter,
Nobelpreisträger für Chemie[1]

*Wir hoffen, daß doch immer und immer wieder der eine und der andere einen Augenblick aus der Hast des Alltags zu dem Stein tritt und beim Lesen der Worte, die auf ihm stehen, sich vergegenwärtigt, daß nicht allein die Staatsgewalt und die Macht der politischen und wirtschaftlichen Organisationen, sondern letzten Endes der Geist der großen schöpferischen Persönlichkeiten die Entwicklung der Welt bestimmt.*

K. Massmann, Direktor der Landesbank, Präsident der Kieler Universitätsgesellschaft, bei der Enthüllung des Max-Planck-Denkmals in Kiel, 23. 4. 1958[2]

Dieses Buch ist keine tiefgründige Einführung in die Geschichte der Naturwissenschaften, sondern soll nur unbeschwert, sozusagen „im Vorübergehen", da und dort an Naturforscher in Mitteleuropa erinnern – hauptsächlich an Hand von Denkmälern und Gedenktafeln. Diese sind zwar vergleichsweise selten, aber andererseits doch wieder häufiger als man denkt, und meistens ohne weiteres öffentlich zugänglich. Allerdings sagen sie dem Betrachter oft nur wenig oder gar nichts. Dem soll das Buch als ein etwas ungewöhnlicher Reiseführer und kleines Nachschlagewerk abhelfen: in sachlicher, gedrängter Form sind solche steinernen oder metallenen „Spuren" unserer Naturforscher zusammengestellt und gleichzeitig stichwortartig erläuternde biographische Hinweise gegeben.
Der Autor ist von Beruf Geologe. Er hat schon bei den ersten Studentenexkursionen, die er leitete, gern auch auf Denkmäler alter, auch nichtgeologischer Naturforscher hingewiesen, und je älter er wurde, umsomehr in der Beschäftigung mit der Geschichte der Naturwissenschaften Vergnügen empfunden. Die allermeisten der im folgenden erwähnten „Spuren" hat er selbst aufgesucht.
Die Zusammenstellung ist freilich keineswegs vollständig, denn die Nachsuche in sämtlichen theoretisch möglichen Gedenk-Orten übersteigt die Kräfte eines einzelnen vollständig. Soweit ich sehe, ist es der erste Versuch, einen Gesamtüberblick der „Spuren unserer Naturforscher" zu geben, und ich hoffe, daß er von einigem Nutzen sein wird. Vielleicht ist damit für manchen Leser die Anregung verbunden, sich selber mit der Geschichte der naturwissenschaften Forschung in seinem Heimatgebiet zu beschäftigen und weitere Denkmäler oder Gedenktafeln ausfindig zu machen, die mir entgangen sind. Entsprechende Hinweise würde ich sehr begrüßen.

Die erfreuliche Zusammenarbeit mit dem Verlag und dem Herausgeber der "Naturwissenschaftlichen Rundschau", Hans Rotta, sei besonders erwähnt.

Dankbar möchte ich hervorheben, daß zahlreiche Freunde, Bekannte, Archive mitgeholfen haben, ganz zu schweigen von meiner Frau, ohne deren unermüdliche und sachverständige Mitarbeit die Zusammenstellung überhaupt unmöglich gewesen wäre.

Geologisches Institut
der Universität zu Köln
Zülpicher Str. 49

Martin Schwarzbach

# Inhaltsverzeichnis

# I. Einleitende Bemerkungen

*Der Plastiker, der uns ergötzt,*
*weil er die großen Männer setzt,*
*grauschwärzlich, grünlich oder weißlich,*
*schon dadurch ist er löb- und preislich,*
*daß jeder, der z. B. fremd,*
*soeben erst vom Bahnhof kömmt,*
*in der ihm unbekannten Stadt,*
*gleich den bekannten Schiller hat.*

Wilh. Busch, Maler Klecksel (1884)

Der Ruhm, den Wilhelm Busch vor fast 100 Jahren dem damals noch hochgeehrten Friedrich Schiller scherzhaft als selbstverständlich zubilligte, gilt nur in ganz bescheidenem Maße den Naturforschern. Ihnen hat man – im Gegensatz zu Dichter- oder anderen Fürsten und sonstigen geliebten und ungeliebten Herrschern – nur ausnahmsweise Denkmäler gesetzt. Etwas häufiger gibt es für sie Gedenktafeln. Eine Zusammenstellung von Denkmälern und Gedenktafeln erfaßt jedenfalls, selbst wenn sie vollständig wäre, nur einen verschwindend kleinen und ganz zufälligen Teil unserer Naturforscher, und man erhält daher auf diese Weise auch nur einen bruchstückhaften Einblick in die Geschichte der Naturwissenschaften. Schon das aber lohnt sich. Nicht nur die phantastischen, teils segensreichen, teils tödlich-gefährlichen Fortschritte der Technik, ohne die der moderne Mensch nicht mehr auskommt, führen zur Beschäftigung mit den Naturwissenschaften. Auch die Geschichte der Forschung erschließt deren Verständnis.

Es ist erstaunlich, wie wenig selbst angesehene Gelehrte über die geschichtliche Entwicklung ihres Faches Bescheid wissen. Schon Karl v. Raumer, 1811–19 der erste Geologieprofessor an der vom preußischen König neugegründeten Universität zu Breslau, bedauerte das: „Es ist traurig zu sehen, wie die jetzige Generation in unruhiger Hast schnaufend vorwärts und immer nur vorwärts sieht und eilt, ohne auf das Vergangene zurückzublicken. Und man könnte doch so viel von den Früheren lernen!“[3] So mag in unserer schnell-lebigen Zeit ein Blick auf ein Denkmal, eine Gedenktafel, ein Grabmal oder selbst ein Straßenschild Anlaß sein, ein wenig bei der Physik oder der Chemie oder sonst einem Zweig der Naturforschung zu verweilen.

Es kam mir weder auf Vollständigkeit noch auf spitzfindige Gliederung des Stoffes an. Daher sind zu Titel und Inhalt des Buches einige erläuternde Vorbemerkungen nötig.

1. **„Unsere“** Naturforscher: damit sind hauptsächlich die Naturforscher des deutschen Sprachbereiches in Mitteleuropa gemeint. Vor 100 Jahren hätte der Titel unbedenklich lauten können „Auf den Spuren deutscher Naturforscher“. In der „Allgemeinen deutschen Biographie“, einem Standardwerk, das mit 56 Bänden 1875–1912 erschien, sind als selbstverständlich „Deutsche“, Österreicher und Schweizer zusammengefaßt, ja selbst in der „Neuen deutschen Biographie“ (seit 1953) ist „deutsch“ im Sinne von deutsch-sprachig oder dem deutschen Kulturraum zugehörig verwendet. Das gleiche gilt von der Reihe „Große Deutsche“, ebenfalls nach dem 2. Weltkrieg herausgegeben (u. a. von dem liberalen, nationalistischer Einstellung nicht verdächtigen ersten deutschen Bundespräsidenten Theodor Heuss), wo Gottfried Keller und Haydn ebenso vertreten sind wie J. S. Bach und Goethe. Tatsächlich ist aber der Begriff „Deutsche“ mehr als früher auch mit anderen Eigenschaften als nur denen der Sprache behaftet, und so wurde für dieses Buch die unverfängliche Bezeichnung „unsere“ Naturforscher gewählt.[4]

Die Verflechtung der deutschsprachigen Geisteswelt ist schon immer gerade bei den Naturwissenschaften erfreulich eng gewesen, nicht zuletzt deswegen, weil bei der Besetzung von Lehrstühlen an den Hochschulen die politischen Grenzen in vielen Fällen keine Rolle spielten oder spielen – zum größten Nutzen der Forschung. Der Züricher Anatom Koelliker hat 60 Jahre seines Lebens hochgeehrt in Würzburg gewirkt, und der aus Bern stammende Albrecht v. Haller verbrachte seine erfolgreichsten Jahre als Professor an der neu errichteten Universität Göttingen und war Mitbegründer und bis zu seinem Tode Präsident der Göttinger „Sozietät (der späteren Akademie) der Wissenschaften“. Umgekehrt wurde der Badener Lorenz Oken der erste Rektor der Universität Zürich. Der Eßlinger Geologe und Neuseelandforscher F. v. Hochstetter liegt in einem Ehrengrab der Stadt Wien; den Wiener K. v. Frisch verzeichnet die Universität Graz voll Stolz als den ihren, obgleich sein Nobelpreis Arbeiten galt, die er als Professor in Rostock, Breslau und München ausführte. Die Einbeziehung Österreichs und der deutschsprachigen Schweiz ergibt sich also für unsere Zusammenstellung fast zwangsläufig. Doch sind auch französisch-sprachige Schweizer berücksichtigt, weil es angesichts engster Zusammenarbeit mit deutschsprachigen Forschern oft (z. B. in der frühen Eiszeitforschung) unmöglich ist, Grenzen zu ziehen. Selbst solche Gelehrte sind einbezogen wie der aus Flandern stammende Mercator und der Däne N. Steno, die zuletzt in Deutschland wirkten und hier in Denkmälern weiterleben; das gleiche gilt von dem französischen Paläontologen J. Barrande, der auf einem deutschen (oder genauer, österreichischen) Friedhof seine letzte Ruhestätte fand, oder dem englischen Physiker J. Tyndall, der u. a. in Deutschland studierte und Schweizer Gletscher grundlegend untersuchte.

Es ist selbstverständlich, daß man ebenso wie den Spuren „deutscher“ auch denen französischer oder englischer oder russischer Forscher usw. in ihrem Vaterland nachgehen könnte – das wäre genau so anziehend und wichtig gewesen, hätte aber den Rahmen gesprengt.

2. Unsere **„Naturforscher“.** Der Begriff „Naturforscher“ ist sehr großzügig gefaßt. Auch die Mathematiker sind eingeschlossen, ebenso die „theoretischen Mediziner“ und selbst einige „praktische Ärzte“; doch auch manche Techniker, Erfinder, Industrielle. Tüchtige nebenberufliche Forscher – vor allem bei den Astronomen und Geologen – sind mit dabei, ja, selbst einige Dichter, die auch als Naturwissenschaftler Beachtung fanden (Goethe, Chamisso), wobei jedoch bei den vielen Goethe-„Spuren“ nur wenige erwähnt sind, die unmittelbar auf die Naturwissenschaften bezug haben. In manchen Fällen erfolgte kurze Erwähnung nur ganz nebenbei in zufälligem Zusammenhang mit anderen, wirklichen Forschern (bei Novalis u. a.) oder wegen ihrer Bedeutung für die Förderung der Naturwissenschaften (z. B. Althoff).

3. Mit **„Spuren“** sind in der Regel Spuren aus Stein oder Metall gemeint, also in erster Linie Denkmäler und Gedenktafeln, die öffentlich ohne weiteres zugänglich sind. Grabmäler wurden nicht durchgehend berücksichtigt. Das verbietet sich allein schon wegen ihrer großen Anzahl. Nur wenige, die künstlerisch oder durch ihre Inschriften bemerkenswert erschienen, wurden aufgenommen und in einzelnen Fällen auch sonst wenig aussagende Gräber, wenn ihre Namen an bedeutende Forscher erinnern. Vereinzelt wurde auch auf die Namen von Straßen (Riemannstraße in Breselenz), Schulen (Max-Born-Schule in Bad Pyrmont), Instituten, sowie auf Büsten innerhalb von Gebäuden und auf Museen hingewiesen. Dagegen wurde von Gemälden abgesehen.

4. **Biographische Angaben.** Der Nichtfachmann (und manchmal auch der Fachmann) kann in vielen Fällen mit dem Namen allein gar nichts oder nicht viel anfangen. Manche, wie Röntgen oder Otto Hahn, sind zwar weitbekannt, aber auch da wissen die meisten über den Lebenslauf wenig. Für die Sterne zweiter oder noch geringerer Größe gilt das noch mehr. So schien es angebracht, kurze biographische Angaben hinzuzufügen.
Die Kurzbiographien sind verschieden kurz, bei unbedeutenderen Forschern manchmal länger als bei bedeutenden. Das kann man vertreten, weil bei den letzteren (Röntgen z. B.) oft auch dem Laien einiges bekannt und Literatur verhältnismäßig leicht zu erreichen ist. Bei den ersteren dagegen versagen meist auch große neuere Lexika. Daß bei der Auswahl der Angaben das subjektive Moment eine große Rolle spielt und sich auch Fehler leicht einschleichen können, versteht sich wohl von selbst, sei aber ausdrücklich hervorgehoben.

5. **Zitate.** Bei zahlreichen Forschern sind Zitate vorangestellt, die teils von den Forschern selber, teils von anderen stammen, und die einzelne, vor allem persönliche, wenn auch gelegentlich nebensächliche Züge beleuchten sollen, manchmal in anekdotischer Art. Sie ergänzen also in gewisser Weise die Kurzbiographien. Nun ist es aber in vielen Fällen ein leichtes, ganz gegensätzliche Urteile festzustellen; für A. v. Humboldt, Virchow und andere finden sich in diesem Buche Beispiele. Die Auswahl ist daher

manchmal schwierig. Häufig bieten sich Gedächtnisreden und Nachrufe als leicht zugängliche Quellen an. Aber für sie gilt immer noch das zwei Jahrtausende alte „De mortuis nil nisi bene".[5] Die liebevolle Charakterisierung *in* einem Nachruf (für den Freiburger Geologen Max Pfannenstiel, von F. Kirchheimer[6], 1976): „Keiner konnte so wie er das Totenglöcklein des Nekrologs läuten", trifft für viele berühmte Nachrufschreiber, nicht zuletzt der gelehrten Akademien, zu. Ihren glatten Worten zieht man also manchmal lieber eine ironisch-amüsante Bemerkung eines kritischen, nicht unbedingt wohlwollenden Fachgenossen vor. Damit tut man dem betroffenen Forscher vielleicht ein wenig Unrecht, aber eigentlich auch nicht mehr, als wenn man konventionelle Lobreden heranzieht. Jedenfalls denke ich, daß auf diese Weise zumindest die trockene Zusammenstellung biographischer Daten etwas aufgelockert wurde.

6. **Anordnung nach Orten.** Die Hauptgliederung dieser Dokumentation ist ganz äußerlich, nämlich nach den alphabetisch geordneten Orten. Das hat praktische Vorteile; denn der Ort, über dessen Naturforscher-Spuren man sich unterrichten möchte, ist auf diese Weise leicht zu finden. Eine weitere Orientierung erlauben die Übersichtskarten (Karten 14–20) und für einzelne Forscher auch spezielle Kärtchen (z. B. bei Kepler). Der Auffindung von Gräbern dienen die Pläne einiger bedeutender Friedhöfe (z. B. Bonn, München). Hinweiszeichen erleichtern es, andere Orte zu finden, die zu einem bestimmten Forscher gehören. Reisevorschläge erübrigen sich, weil je nach den persönlichen Interessen unzählige Möglichkeiten gegeben sind. Für diejenigen, die bestimmten Forschern oder Berufsgruppen nachgehen, geben die Register V die nötigen Hinweise.
Von einer Einteilung nach Ländern wurde abgesehen, um das Ganze nicht unnötig zu zerstückeln.

7. **Die Rolle des Zufalls.** a) **Wer bekommt ein Denkmal oder eine Gedenktafel?** In der Einleitung wurde schon erwähnt, daß in unserer Dokumentation nur ein ganz zufälliger, kleiner Bruchteil unserer Naturforscher erfaßt ist. Die primäre Ursache liegt darin, daß nur wenige Forscher eines Denkmals oder einer Gedenktafel für würdig erachtet wurden. Das Urteil darüber ist ziemlich willkürlich, der Maßstab für „Berühmtheit" ganz verschieden, die Auswahl also von vornherein zufällig. Während einzelne, etwa Copernicus oder Kepler, noch heute, nach Jahrhunderten, als berühmt gelten, und andere, wie Gauß oder Max Planck, vermutlich noch längere Zeit als bedeutende Forscher verehrt werden, ist bei vielen ihr Ruhm längst verblaßt oder überhaupt erloschen, und ihre Namen kennen nur noch wenige. Oft haben die Nachkommen, stolz auf den Gelehrten in ihrer Familie, Organisationen, einzelne Orte für eine Ehrung gesorgt, manchmal auch die Universitäten; das beste Beispiel bietet der Arkadenhof der Universität Wien. Doch auch die Urteilskraft der Professoren ist begrenzt. Eine gerechte Beurteilung ist meist erst nach langen Zeiträumen möglich. Die zuerst 5, dann 10 Jahre, die der Senat der Universität Wien für die Aufstellung im Arkadenhof als Regel vorgesehen hat, sind offensichtlich nicht immer lang genug gewesen. Zudem gibt es

neben gedenktafelfreudigen Städten (wie etwa Göttingen) auch nicht so ruhmbewußte; auch das ergibt eine nicht ganz gerechtfertigte, also zufällige Verteilung.

Auch zeitlich ist der Anreiz zu solchen Ehrungen verschieden groß gewesen, in unserer Zeit jedenfalls geringer als im vorigen Jahrhundert. Viele der Nobelpreisträger entbehren einer entsprechenden Würdigung. Umso höher ist es zu bewerten, daß man einige der ganz alten Gelehrten noch in jüngerer Zeit in Denkmälern, wenn auch erklärlicherweise nicht immer ganz naturgetreu, dargestellt hat (Albertus Magnus, Copernicus, Agricola u. a.).

b) **Wie „sammelt" man Denkmäler und Gedenktafeln**

Ebenso zufällig wie die ursprüngliche Errichtung von Denkmälern und Gedenktafeln ist vielfach ihre Auffindung. Wie kommt man also an solche „Spuren"?

Die übliche Reiseliteratur bringt nur ganz selten etwas, meistens nichts. Gelegentlich geben größere Biographien von Naturforschern Hinweise. Unmittelbar verwendbar sind die freilich ganz vereinzelten Zusammenstellungen von Gedenktafeln einzelner Städte (z. B. Göttingen, Wien) und von bemerkenswerten Gräbern alter Friedhöfe (z. B. Bonn, München, Wien) sowie das umfassende „Handbuch der Grabstätten berühmter Deutscher, Österreicher und Schweizer" von J. Aubert (1975)[7]. Es schließt nicht nur (im heiteren Düsseldorf) „Rosemarie Nitribitt, Freudenmädchen", sondern auch eine ganze Reihe von Naturwissenschaftlern ein. Aber Grabmäler sind ja, wie schon hervorgehoben, erst in zweiter Linie wichtig, nur manchmal durch Reliefdarstellungen oder Inschriften interessant; oft aber wenig sagend. Eine wertvolle direkte Vorarbeit zu der vorliegenden Zusammenstellung stellen zwei Aufsätze (1960, 1962) von H. Hölder[8] über Geologendenkmäler dar, denen hier eine ganze Anzahl hinzugefügt werden konnte.

Jedenfalls bleibt letzten Endes als wichtigste Tätigkeit, aus Lexika zunächst die Geburts-, Wirkungs- und Sterbeorte von Naturforschern herauszusuchen und dann in diesen Orten auf Verdacht Nachforschungen anzustellen, sei es persönlich an Ort und Stelle (die sicherste Lösung), sei es durch schriftliche Anfrage bei Stadtarchiven oder ähnlichen Stellen, die häufig erfreulich gut Bescheid wissen.

Alte Angaben über Denkmäler u. dgl. treffen in vielen Fällen heute nicht mehr zu: der Bombenkrieg hat zahlreiche historische Stätten zerstört. Allerdings sind einzelne Gedenktafeln an der alten Stelle, wenn auch nicht immer am alten Gebäude, wieder angebracht worden.

# II. Ein statistischer Überblick

Insgesamt enthält die Liste im Abschnitt III fast 300 Orte mit „Spuren“ von Naturforschern.

In manchen Orten sind aber *mehrere* Forscher zu berücksichtigen (in Göttingen z. B. 50), und außerdem treten manche Forscher in *verschiedenen* Orten mit Gedenktafeln o. ä. in Erscheinung (Gauß z. B. in Braunschweig, Helmstedt, Göttingen, auf dem Hohen Hagen und dem Wilseder Berg; A. v. Humboldt ist in 8, Kepler in 7 Orten vertreten). Das führt dazu, daß die Zahl der im Register IV.1 *angeführten Forscher* (über 500) größer ist als die Zahl der Orte, und noch größer ist die Zahl der *„Spuren“* mit *über 700.*

Von diesen 300 Orten liegen fast 200 in der Bundesrepublik Deutschland. Die übrigen verteilen sich auf die DDR, Schweiz und Österreich und in geringer Zahl auf anderssprachige Länder. Die etwa 700 „Spuren“ entfallen in ungefähr gleichem Verhältnis auf diese Gebiete. Auch hier steht die Bundesrepublik Deutschland mit etwa 2/3 an der Spitze. Das Verhältnis entspricht ganz grob den Einwohnerzahlen der vier Länder (Bundesrepublik Deutschland : DDR : Österreich : Schweiz = rund 10 : 3 : 1 : 1).

Bei den *Einzelorten* führt Berlin mit etwa 70 „Spuren“, dann kommt Göttingen mit 50, Wien mit fast 50, München an 40; mit mehr als 10 auch Bonn, Freiberg i. Sa., Graz, Heidelberg, Köln, Zürich. Die verschiedene Häufigkeit ist z. T. sekundär bedingt, nämlich dadurch, daß es mancherorts – wenn auch selten – ausführliche Verzeichnisse von Gedenktafeln, Grabmälern u. ä. gibt; bei Köln kommt hinzu, daß es der Wirkungsort des Verfassers ist. Doch primäre Ursachen spielen eine wesentlichere Rolle, vor allem die Hochschulen am Ort, die selbst kleine Städte in den Vordergrund bringen können. Das beste Beispiel ist Göttingen mit dem dort besonders ausgeprägten Bestreben, systematisch möglichst viele Gelehrte durch Gedenktafeln zu ehren, nicht nur die wirklich überragenden, während andere Universitäten nicht einmal für ihre Nobelpreisträger solche Ehrungen vorgenommen haben. Ähnlich wie Göttingen verdankt Wien seine vorgeschobene Position dem gegen Ende des vorigen Jahrhunderts beschlossenen Brauch, die „berühmten“ Professoren durch Büsten o. ä. im Arkadenhof der Universität der Vergessenheit zu entziehen.

Großstädte sind für Gedenktafeln und Denkmäler weit weniger geeignet als kleinere Orte. In der Unzahl von Straßen einer Millionenstadt wie Berlin, mit vielstöckigen Wohnhäusern, verlieren sich Gedenktafeln gänzlich; man bringt sie daher in der Regel auch gar nicht erst an. Friedhöfe mit großenteils kurzlebigen Gräbern bieten nur einen geringen Ausgleich. Von schlimmem Einfluß waren natürlich die Zerstörungen, die in allen großen und auch vielen kleinen deutschen Städten während des 2. Weltkriegs entstanden.

Die auffallendste Ehrung stellen die eigentlichen Denkmäler dar. Etwa 1/3 der aufgezählten Forscher ist in dieser Form durch Statuen, Büsten, große Gedenksteine, gelegentlich auch symbolische Denkmäler geehrt. An etwa die Hälfte der Forscher wird durch Gedenktafeln erinnert.

Die Aufteilung nach *Berufsgebieten* ist von besonderem Interesse. Sie ergibt sich im einzelnen aus dem Register in IV. Um einen groben Überblick zu erhalten, kann man 5 Gruppen bilden: I. Mathematiker, Astronomen, Physiker, dazu wenige Meteorologen und Geophysiker, II. Chemiker und Pharmazeuten, III. Biologen und Mediziner (meist solche der „theoretischen" Medizin), IV. Geowissenschaftler, hauptsächlich Geologen einschließlich der Paläontologen, sowie Mineralogen und einige Geophysiker, V. „Sonstige" („Universalgelehrte", Techniker, Erfinder). Die Zuordnung ist nicht immer eindeutig, so daß die Zahlen für die einzelnen Gruppen nur ein ungefähres Bild vermitteln.

Von den über 500 Namen entfallen auf Gruppe I etwa 140, auf II ungefähr 65, auf III an 200, IV fast 100, die „übrigen" (in V) etwa 70. Die Geologen sind übervertreten. Das kommt wohl z. T. ein wenig daher, daß der Verfasser zu diesem Fach gehört, das er natürlich besser als die anderen Fächer kennt. Aber zum größeren Teil dürfte es darin begründet sein, daß man für diese „Geländeforscher" in besonderem Maße auffällige große „Steine", die in ihrem Arbeitsgebiet (z. B. draußen im Gebirge) zahlreich herumliegen, mit Gedenktafeln oder Inschriften versah – ein verhältnismäßig einfaches Verfahren! „Erratische Blöcke" sind für diesen Zweck besonders geeignet, und manche Schweizer und sonstigen Eiszeitforscher wurden in dieser Weise geehrt. Ein eindrucksvolles Beispiel ist auch das Buch-Denkmal bei Groß-Raming in den österreichischen Alpen.
Sehr gering ist der Anteil der *Frauen*. Das entspricht dem Umstand, daß es relativ wenig weibliche Naturforscher gibt, besonders in frühere Zeiten, als man Gedenktafeln u. ä. häufiger als heute anbrachte. Unsere Liste weist nur 6 Namen auf: Maria Goeppert-Mayer, Caroline Herschel, Hildegard von Bingen, Lise Meitner, Emmy Noether, Margarete von Wrangell. Überraschenderweise gehören die meisten zur Gruppe I. Bei den Geowissenschaftlern fehlen sie ganz. Als besonderes Kuriosum ist aber zu bemerken, daß die historisch älteste geehrte Persönlichkeit in unserer Zusammenstellung eine Frau ist: Hildegard von Bingen aus dem 12. Jahrhundert!

Der an Lebensjahren *älteste Forscher* in unserer Liste ist der Mathematiker Lothar Heffter (Freiburg), der fast 100 Jahre alt wurde. Die Nachfolgenden sind mit 97 Jahren die Astronomin Caroline Herschel (Hannover) und der Botaniker Ludw. v. Radlkofer (München). Als *Jüngster* wurde durch einen Gedenkstein geehrt der Alpengeologe Alex. Wettstein (Küsnacht b. Zürich), der 25jährig tödlich verunglückte. Ebenfalls bei geologischer Geländearbeit ließ mit 27 Jahren Walther v. Knebel in der vulkanischen Askja Islands sein Leben.

Man könnte über die Verteilung der Denkmäler usw. unter die verschiedenen Fachgruppen, ihr zeitliches und regionales Vorkommen, ihre kunsthistorische Stellung und manches andere allerlei weitere Betrachtungen anstellen. Doch für eine ausgedehnte statistische Auswertung ist das Material noch zu klein. Immerhin mag es vielleicht den einen oder anderen doch reizen, nach noch unbekannten „Spuren" zu suchen und neue interessante und vielleicht auch amüsante Folgerungen zu ziehen.

# III. Alphabetisches Verzeichnis der Orte mit „Spuren“ von Naturforschern von „Aarau“ bis „Zürich“

**Abkürzungen:** ▭ Grab, **Δ** Denkmal, **GT** Gedenktafel, **GStein** Gedenkstein, → Hinweis auf.
Als Medaillon sind kreisförmig begrenzte Kopf-Darstellungen (meist als Halbrelief) bezeichnet.
Bei den einzelnen Orten in der Zusammenstellung III erscheint der Orts-Name außer in der Überschrift nur durch den Anfangsbuchstaben (Altenburg = A. usw.), entsprechend auch die dort besprochenen Forscher (Lindenau = L. usw.). – Badeorte sind nicht unter „Bad“, sondern unter ihrem eigentlichen Namen eingeordnet.

| | |
|---|---|
| **Ark. Hof** | Arkadenhof (nur in Wien) |
| **Astr.** | Astronomie |
| **Astrophys.** | Astrophysik |
| **Biol.** | Biologie |
| **Bot.** | Botanik, botanisch |
| **Dir.** | Direktor |
| **dt.** | deutsch |
| **ETH** | Eidgenössische Technische Hochschule |
| **Friedh.** | Friedhof |
| **Geogr.** | Geographie |
| **Geol.** | Geologie |
| **Geophys.** | Geophysik |
| **Inst.** | Institut |
| **KWG** | Kaiser-Wilhelm-Gesellschaft |
| **KWI** | Kaiser-Wilhelm-Institut |
| **Math.** | Mathematik |
| **Med.** | Medizin |
| **Meteor.** | Meteorologie |
| **Min.** | Mineral. Mineralogie |
| **MPG** | Max-Planck-Gesellschaft |
| **MPI** | Max-Planck-Institut |
| **Mus.** | Museum |
| **O-B.** | Ost-Berlin (nur unter „Berlin“) |
| **Paläont.** | Paläontologie |
| **Physiol.** | Physiologie |
| **Prof.** | Professor |
| **TH** | Technische Hochschule |
| **TU** | Technische Universität |
| **Univ.** | Universität |
| **VDI** | Verein dt. Ingenieure |
| **W-B.** | West-Berlin (nur unter „Berlin“) |
| **Zool.** | Zoologie |

## **Aarau** (Hauptstadt des Schweizer Kantons Aargau)[9]

**Albert Einstein** [Abb. 124] (1879 Ulm – 1955 Princeton) bestand 1895 nicht die Aufnahmeprüfung für das Polytechnikum Zürich und holte die fehlenden Kenntnisse 1895/96 in der Kantonsschule A. nach.

**GT** am Haus Laurenzenvorstadt 119 (nahe der Kantonsschule).
→ Ulm, Zürich, Bern, Berlin, Caputh, Potsdam

**Friedrich Mühlberg** [Abb. 1] (1840–1915), Eiszeitforscher und Geologe.

> *Um sein Äußeres zu kennzeichnen, konnte man ihn einzig mit einem bärtigen Orang-Utan vergleichen ... Wenn einem Schüler das unglückliche Wort entwischte, er meine, eine bstimmte Sache verhalte sich so und so, erhielt er prompt die Antwort: "Wer meint? Die Dummen meinen."*
> *Walter Boveri, 1910–13 Schüler in Aarau (Ein Weg im Wandel der Zeit, 1964)*

Die Eltern stammten aus Deutschland. 1866–1911 wirkte M. an der Kantonsschule; Dr. h. c. der Univ. Basel.

**Δ**(Büste) in den Anlagen vor der Kantonsschule (nahe der Bahnhofstr.)

## **Alpbach** (b. Rattenberg a. Inn, Bez. Kufstein, Österreich)

Auf dem Dorffriedhof (an der ob. Mauer) ▭ des Physikers und Nobelpreisträgers **Erwin Schrödinger** [Abb. 63] († 1961; einfaches Eisenkreuz, den zahlreichen andern Grabkreuzen des Friedhofs ähnlich).
→ Graz

## **Altdorf** (Krs. Nürnberg)

1623–1809 bestand hier eine Universität, deren Gebäude (1511–1575) erhalten sind. **Gottfr. Wilh. Leibniz** (→ Leipzig, Hannover) wurde 1666 in A. zum Dr. iur. promoviert. **Joh. Heinr. Schulze** (1687 Colditz b. Magdeburg – 1744 Halle) entdeckte hier die Lichtempfindlichkeit des Bromsilbers.

## **Altenburg** (Kreisstadt im Bez. Leipzig)

Brehm-Schlegel-**Δ** [Abb. 2] mit Medaillons der Zoologen **Ludw.** und **Alfr. Brehm** (→ Renthendorf) und **H. Schlegel,** eingeweiht 1894. Die Medaillons eingeschmolzen im 2. Weltkrieg; seit 1964 neues **Δ** vor dem Naturkundemuseum Mauritianum[10]. – Hermann Schlegel (1804 A.–1884 Leiden/Holland) war ursprünglich Gelbgießer, dann Ornithologe, zuletzt Dir. des Zool. Reichsmus. Leiden.[11]

Abb. 1. F. Mühlberg, Aarau

Abb. 2. Brehm/Schlegel, Altenburg

**Bernhard August v. Lindenau** (1779 A. – 1854 A.), Astronom und Staatsmann[12]

> *Lindenau hat mir zuletzt aus Steinfurt geschrieben. Ich denke doch, er wird demnächst gern wieder das Schwerdt mit dem Fernrohr vertauschen.*
>
> C. F. Gauß an H. C. Schumacher, 20. 2. 1814

Der Jurist L. befaßte sich auch mit Astronomie; 1804–16 leitete er die Sternwarte → Gotha. In den Freiheitskriegen Offizier, 1820–27 Gothaischer Minister, 1830–43 sächs. Ministerpräsident.

Das Geburtshaus (Pohlhof in A.) ist erhalten und steht unter Denkmalschutz. Die Kunstsammlung von L. wird im heutigen L.-Museum in A. weitergeführt.

---

**Andernach** (nordwestl. Koblenz)

In der neuen Kirche des ehem. Augustinerinnen-Klosters (Breite Str.) zeigen zwei 10 m hohe Kirchenfenster Darstellungen zu **Albertus Magnus** (→ Lauingen) und **Hildegard von Bingen** (→ Bingen). Unmittelbare Beziehungen der beiden zu A. bestehen nicht.

---

**Anklam** (an der Peene, Bez. Neubrandenburg, Vorderpommern)

Der Flugpionier **Otto Lilienthal** [Abb. 132] wurde 1848 in A. geb.; im Geburtshaus (Peenestr.) Gedenkstätte.
→ Berlin, Stölln

Abb. 3. A. Ries, Annaberg

Abb. 4. L. Fuchs, Ansbach

---

## Annaberg-Buchholz (Erzgebirge)

**Adam Ries** [Abb. 3] (oder Riese; 1492 Staffelstein – 1559 A.), „Rechenmeister", seit 1523 in A. (damals bedeutende Stadt des Silberbergbaus), zuletzt als angesehener „Churfürstl. Sächs. Hofarithmeticus". 1522 erschien seine Anleitung für das Rechnen mit dem „Rechenbrett", die viele Auflagen erlebte, 1550 die „Practica", ein umfassendes Lehrbuch der Rechenkunst.
Auch sein Sohn **Abraham R.** war Rechen- und Münzmeister. Ein Schüler von diesem war **Lukas Brunn** (? A. – 1628 Dresden), in Dresden Inspektor der Kunstkammer, Erfinder des Schraubenmikrometers (Schaustücke im Math.-Physik. Salon Dresden).

**Δ**(Büste) von Adam R. in den Anlagen
→ Staffelstein

---

## Ansbach (Mittelfranken)

**Leonhard Fuchs** [Abb. 4, 140] (1501 Wemding – 1566 Tübingen), Arzt und Botaniker, war 1528–33 in der alten fränkischen Residenzstadt Leibarzt des Markgrafen von A.

**GT** (aus Stein, mit Kopfrelief) an der westl. Parkmauer des Hofgartens, südöstl. der Orangerie.
→ Wemding

*Der Arzt und Chemiker **Georg Ernst Stahl,** Begründer der „Phlogiston-Theorie" für Verbrennungsvorgänge, wurde 1659 in A. geboren.*

---

**Arzberg** (Fichtelgebirge)

**Carl Maximilian** (seit 1873 von) **Bauernfeind** (1818 A. – 1894 Feldafing), Geodät. Seit 1851 Prof. für Ingenieurwiss. an der Polytechn. Schule München, später der Geodäsie und angew. Geometrie. Die Umwandlung in eine TH (1868) war im wesentlichen sein Werk; er war deren erster Direktor.

**GT** am Geburtshaus, Egergasse
→ München

**Alexander v. Humboldt** [Abb. 19, 20] (1769 Berlin – 1859 Berlin) wohnte während seiner Tätigkeit als preuß. Oberbergmeister 1793–94 zeitweise in A., wo damals noch Eisenerzbergbau betrieben wurde (→ Goldkronach und Bad Steben).

**GT** am Wohnhaus von H. in der Nähe der ev. Kirche
→ besonders Berlin

---

**Askja** (Caldera im Vulkanmassiv der Dyngjufjöll, Inner-Island)

In dem 1053 m hoch gelegenen Öskjuvatn (einem Caldera-See) in der Askja ertrank am 10. 7. 1907 zusammen mit seinem Begleiter (dem Berliner Maler Max Rudloff) der Geologe und Berliner Privatdozent **Walther v. Knebel** [Abb. 5] (geb. 1880 Jauer i. Schles.). Seine Verlobte, Ina v. Grumbkow, und der Geologe **Hans Reck** errichteten ein Jahr später am Nordrand des Sees eine Steinpyramide mit einer Basaltplatte, in der sie die Namen der beiden einmeißelten.[13]
Die **GT** wurde 1979 von „Freunden Islands aus Köln und Hamburg" erneuert.

Abb. 5. W. v. Knebel, Askja

**Bärschwil** (zwischen Delémont und Laufen, südl. Basel, Schweiz)

**Amanz Gressly** (1814 B. – 1865 Waldau b. Bern), Geologe

> *Im Herbst stieß als Dritter im Bunde Gressly zu uns. Ein ungeschliffener Edelstein, aber wie ungeschliffen! Er war in einer Kneipe letzten Ranges in Penion gegeben, denn dort gefiel es ihm am besten.*
>
> C. Vogt (wie Gressly ein Mitarbeiter von Agassiz in Neuchâtel) 1833

G. studierte zuerst Theologie, wandte sich aber dann der Geologie zu, führte ein „bedürfnisloses Wanderleben", endete in einer Heilanstalt. Er begründete den geol. Begriff der „Fazies" (gleichalte Schichten können gesteins- und fossilmäßig verschieden ausgebildet sein).

**GT** am Geburtshaus (neben dem Bhf. B.)
→ Laufen, Solothurn, Verena-Schlucht, Combe Varin

**Bahlingen** (am Kaiserstuhl/Baden)

**Karl Alfred** (später von) **Zittel** [Abb. 43] (1839 B. – 1904 München), Paläontologe

> *Zittel war ein ernster und würdig aussehender Mann mit kurzem schwarzen Bart ... Wir saßen alle um einen langen Tisch herum, mit dem Professor in der Mitte. Zu jeder dieser Vorlesungen brachte er Hunderte von Fossilien mit, die er der wundervollen Bayer. Staatssammlung ... entnahm. Die Vorlesung war schrecklich langweilig, weil er eine Unmenge von Namen uns unbekannter Arten zu bringen pflegte.*
>
> R. B. Goldschmidt über Zittel in München um 1900 (Erlebnisse und Begegnungen, 1959)

Z. habilitierte sich in Wien 1863, kam aber schon im gleichen Jahr an die Polytechn. Schule Karlsruhe; seit 1866 Prof. d. Paläontologie in München. Die führende Rolle Wiens in der Paläontologie ging damit an München über. Die Vielseitigkeit Z.s zeigt sich im „Handb. d. Paläont." (1876–93) und den „Grundzügen d. Paläont.". Wertvoll ist auch seine „Geschichte d. Geol. und Paläont." (1899).

Das Geburtshaus (das ev. Pfarrhaus) in B. ist erhalten, doch erinnert nur noch „an einer Fensterbank die Einkerbung EZ" an die Z.s (frdl. Mitteilung des Pfarrers, 1978).
→ El Hager, Combe Varin

## Bamberg

**Theodor Boveri** (1862 B. – 1915 Würzburg), Zoologe, begründete die Chromosomentheorie der Vererbung.

▭Städt. Friedh. Halberstädter Str. (2. Abt., Grab 10, SW-Mauer); dort auch ▭ seiner Tochter Margret, Schriftstellerin.

**Heinrich Gerber** (1832 Hof – 1912 München), Brückenbauer. Der von ihm erdachte „G.-Träger“ wurde mit zuerst an der Sophienbrücke (jetzt Luitpoldbrücke) in B. verwendet (**GT** an der Brücke).[14]
→ Haßfurt

**Remeis-Sternwarte**[15]

> *Die Astronomie halte ich vor allem berufen und fähig, die geistige Erziehung zu fördern, die wahre Religiosität zu begründen und sittlichen Ernst in weite Kreise zu tragen.*
>
> C. Remeis in seinem Testament

Der Jurist und Liebhaberastronom Dr. **Carl Remeis** (1838–1882) richtete sich eine private Sternwarte in einem Turm seiner Villa auf dem Michaelsberg ein (westlich der Nervenklinik; jetzt mit kleinem Café).
Testamentarisch stiftete er eine große Summe für den Bau einer neuen Sternwarte, die nach seinem Tode auf dem Stephansberg errichtet wurde, 1928–53 wirkte dort **Ernst Zinner** (1886 Goldberg i. Schles. – 1970 Planegg b. München), der sich vor allem mit der Geschichte der Astronomie befaßte.

▭von R. im Städt. Friedh. (1. Abt., Nr. 62). Marmor-Büste im Vorraum des Treppenhauses der Sternwarte

**Johann Lucas Schönlein** [Abb. 6] (1793 B. – 1865 B.), Mediziner

> *Er sprach in der ersten Stunde über die verschiedenen medizinischen Schulen etwas stark gegen die Gegner, mit einigen Seitenblicken auf die Unfehlbarkeit des Papstes, auch die Hoffnung der Juden auf einen Messias nicht verschonend.*
>
> Helmholtz an seinen Vater (1840) über Schönlein

Sch. war einer der Begründer der naturwissenschaftlichen Medizin; Prof. in Würzburg, seit 1840 in Berlin. Zu seinen Schülern gehörte R. Virchow.

▭Städt. Friedh. Halbstädter Str. (2. Abt., Grab 29, NW-Mauer). **Δ**Büste (Stein), Schönleinplatz. Das Geburtshaus ist erhalten (Ob. Königstr., neben der Adler-Apotheke).

**Basel**
Schweizer Universitätsstadt seit 1460

In B. ist seit 1622 die Gelehrtenfamilie **Bernoulli** ansässig (wegen der Protestantenverfolgungen aus Antwerpen ausgewandert); an sie erinnert das „Bernoullianum" (altes Univ. Gebäude f. Phys., Chemie, Astron., an der Bernoullistr.), und ihr entstammen mehrere bedeutende Mathematiker, die sich vor allem um die Infinitesimalrechnung verdient gemacht haben, besonders

Jakob B. — Johann (I) B.

Daniel B.

**Daniel Bernoulli** (1700 Groningen – 1782 B.)

> *Ich für mein Theil hab im höchsten Grad Ursach mich über meines Vaters Opera, sonderlich den letzten tomum zu beschweren: Die nova problemata mechanica sind meistens von mir … und wird doch meiner mit keinem Worte gedacht … Meiner ganzen Hydrodynamic, von welcher ich doch in Wahrheit meinem Vater kein jota zu verdanken habe, werde ich auf einmal völlig beraubt.*
>
> D. Bernoulli an L. Euler, 4. 9. 1743

1725–33 Prof. in St. Petersburg, dann in B.; Hauptwerk „Hydrodynamica".

▭ St. Peter

**Jakob Bernoulli** [Abb. 7] (1654 B. – 1705 B.); von ihm stammt die Bezeichnung „Integral", Mitbegründer der Wahrscheinlichkeitsrechnung.

▭ Kreuzgang des Münsters. Büste im Bernoullianum.

**Johann (I) Bernoulli** (1667 B. – 1748 B.) 1695–1705 Prof. in Groningen, dann Nachf. seines Bruders in B. Die beiden Brüder bekämpften sich. – Leonh. Euler war Schüler von Johann B.

▭ St. Peter. Büste im Bernoullianum

**Leonhard Euler** [Abb. 8) (1707 B. – 1783 St. Petersburg), „Mathematiker, Physiker, Ingenieur, Astronom und Philosoph, verbrachte in Riehen seine Jugendjahre. Er war ein großer Gelehrter und ein gütiger Mensch" (GT). Der Pfarrersohn studierte zuerst Theologie, wurde aber bald Schüler von Joh. Bernoulli, wirkte seit 1730 in Petersburg, 1741 auf Anregung von Friedrich d. Gr. in Berlin, seit 1766 wieder in Petersburg. Außerordentlich vielseitiger Mathematiker, der auch ungewöhnlich viel publizierte, obgleich er 1767 völlig erblindete.

**GT** am Ev. Pfarrhaus, Kirchplatz 9 in B.-Riehen (an der Straße Grenzübergang Lörrach-B.)

Abb. 6. J. L. Schönlein, Bamberg

Abb. 7. Jacob Bernoulli, Basel

Abb. 8. L. Euler, Basel

**Fritz Haber** (1868 Breslau – 1934 B.), Chemiker und Nobelpreisträger

*Die hatten noch, was uns allen gebricht,*
*die verlorene Diogenestonne.*
*Sie freuten sich nicht nur am rastlosen Tun,*
*sie freuten in stillem Behagen*
*sich heiteren Sinns in sich beruhn!*
*Wir Toren, wir wollen's erjagen!*
*Und hätten wir Sonne und Sterne und Mond*
*zur Zimmerbeleuchtung erangelt,*
*was über den Goetheschen Menschen thront,*
*der verklärende Schimmer, er mangelt.*

F. Haber in einer Festrede beim 50. Stiftungsfest des Akad.-Literarischen Vereins Breslau, am 10. 6. 1924

H., 1933 nach England emigriert, starb auf einer Reise in die Schweiz.

Urnen ▭ Hörnlifriedh. (Riehen, nordöstl. B.), Feld 6 a Nr. 66, flachliegender Stein mit dem Namen seiner ersten Frau Clara, geb. Immerwahr, Schülerin von Abegg.
→ Berlin

---

**Beeskow** (Bez. Frankfurt a. O.)

Ein Zimmer im Kreismuseum B. ist dem Forschungsreisenden **Friedr. Wilh. Leichhardt** gewidmet (1813 Sabrodt, südöstl. B. – 1848 Australien). Bei dem Versuch, Australien von Sydney nach Perth zu durchqueren, ist L. verschollen.

---

**Belalp** (oberhalb Brig, Wallis)

Ein Obelisk auf einem Felsbuckel nördlich vom Hotel B., hoch über dem Aletsch-Gletscher, ist dem engl. Physiker und Gletscherforscher **John Tyndall** gewidmet, der auch in Deutschland studierte. Nahe dem Hotel baute er sich 1868 ein noch heute vorhandenes steinernes Haus.
→ Berlin, Combe Varin

---

**Benediktbeuern** (zwischen München und Innsbruck)

Der junge **Joseph Fraunhofer** [Abb. 9, 133] (1787 Straubing – 1826 München) kam als „Glasschleifer" in das optische Institut, das **J. v. Utzschneider** in einem Gebäude des säkularisierten Benediktinerklosters errichtet hatte. F. wirkte hier 1807–19, zuletzt als Teilhaber und berühmter Optiker.

Die ehem. Glashütte ist jetzt Museum und F.-Gedenkstätte; **GT** (1962).[16]
→ Straubing, München

Abb. 9. J. Fraunhofer, Benediktbeuern

**Bensberg** (jetzt Stadtteil von Bergisch-Gladbach, östl. von Köln)

*Er hat in seiner Persönlichkeit etwas Ähnliches wie Gauß, nur ist er freundlicher als dieser.*

Rob. Bunsen über Chr. S. Weiß, 1832

In B. erinnert die als Denkmal aufgestellte Seilscheibe eines alten Schachtes mit **GT** an die einstige kleine Erzgrube „Konsolidierte Weiß“. Sie verdankt ihren Namen jedenfalls wohl dem Mineralogen u. Kristallographen, aber auch Geologen, **Christian Samuel Weiß** (1780 Leipzig – 1856 Eger), Schüler u. Freund A. G. Werner's in Freiberg, Prof. in Leipzig u. seit 1810 erster Prof. der Mineralogie und Lehrer zahlreicher Geologen an der Univ. Berlin.
Auch andere Naturforscher jener Zeit (Berzelius, Bischof, L. v. Buch, Georg Forster, Humboldt, Noeggerath, Carnall) haben den vielen kleinen Gruben im Bergischen Land, die im vorigen Jhd. Blei-Zink-Erz abbauten, den Namen gegeben, ohne daß besondere Beziehungen bestanden.

*Nahe der GT Weiß auch eine GT für Goethe (am Hotel Goethehaus), allerdings nicht für den Naturforscher, sondern den Dichter G.*

**Bergen** (Rügen)

In B. wurde 1829 der Chirurg **Theodor Billroth** geb. Sein Geburtshaus ist erhalten (Billrothstr. 17)
→ Wien

## **Bergzabern** (Pfalz)

B. ist der Geburtsort (? 1520) des Arztes und Botaniker **Jacob Theodor Tabernaemontanus** [Abb. 10] (latinisiert aus „Bergzabern"). Sein botanischer Lehrer war Hieronymus Bock (Tragus; → Hornbach). T. war zuletzt Leibarzt am kurfürstl. Hof Heidelberg, wo er 1590 starb. Sein umfassendes „Kräuterbuch" erschien 1588, es wurde mehrmals neu aufgelegt. Durch seine Quellenuntersuchungen in Langenschwalbach begründete er die Entwicklung des Ortes zum Heilbad.

**GT** an einem Felsblock am Kurparkweg, südl. Hotel Pfälzer Hof, östl. Parkhotel, am NW-Ende von B.
→ Bad Schwalbach

## **Berlin**

Universitätsstadt seit 1810 (Friedrich-Wilhelm-Univ.; 1946 in Humboldt-Univ. umbenannt). Gründung der Freien Univ. 1948. – TH seit 1879 (jetzt TU).

Im folgenden ist jeweils durch W-B. oder O-B. angegeben, ob Denkmäler usw. in West- oder Ost-Berlin liegen.

**Friedrich Althoff** [Abb. 11] (1839 Dinslaken – 1908 B.), preuß. Staatsbeamter

> *Dieser merkwürdige Mann war 1882 durch Schmollers Empfehlung aus Straßburg, wo er als juristischer Honorarprofessor tätig war, ins preußische Kultusministerium berufen worden, und hatte sich sehr bald zu der Stellung des einflußreichsten Dezernenten in dieser ganzen großen Behörde emporgeschwungen ... Von Haus aus eine burschikose Natur – er hatte manchen tollen Studentenstreich ausgeführt – verleugnete er auch im amtlichen Verkehr diese Veranlagung nicht. Groß und breitschultrig, trug er sich immer ziemlich nonchalant: ein breiter Schlips, den Westenausschnitt ausfüllend, deckte das Wollhemd; der hohe Zylinder des Ministerialbeamten kam wohl nie auf das breite Haupt ... Er war der Schöpfer des Charité-Neubaues, den man schon halb verloren gegeben hatte, und wenn seine Büste am Eingang in den Komplex imponierender Bauten, die jetzt das alte Terrain bedecken, den Ankömmling grüßt, so ist das eine verdiente Huldigung. Wie er dem Finanzminister von Miquel allmählich die vielen zur Erreichung des Zwekkes nötigen Millionen ablockte, gehört zu den glänzendsten Leistungen dieses großzügigen Organisators.*
>
> Der Berliner Kinderkliniker Otto Heubner (Autobiographie, 1925)

A. war Jurist, zuerst in Straßburg, seit 1882 im preuß. Kultusministerium, zuletzt Leiter der Hochschulabteilung. Er hat energisch und manchmal selbstherrlich hervorragende Berufungen von Professoren durchgesetzt und Wissenschaftseinrichtungen zielbewußt gefördert, so daß ihm auch die Naturwissenschaften viel zu danken haben (Neugestaltung der Charité und des Bot. Gartens).

Abb. 10. J. Th. Tabernaemontanus, Bergzabern

Abb. 11. F. Althoff, Berlin

▭Δ(Seeck; mit der Gestalt einer trauernden „Wissenschaft", verwitt. Steinrelief des Kopfes und der Inschrift „In omnibus caritas"[17] im Bot. Garten Dahlem (W-B.). –
Δ(Büste) am Eingang zur Charité (Charitéstr.; O-B.)

**Friedrich Simon Archenhold** (1861 Lichtenau/Westf. – 1939 B.), Astronom, bekannt durch ein Riesenfernrohr mit zwar nicht ganz großem Durchmesser der Objektivlinse (68 cm), aber extrem langer Brennweite von 21 m und entsprechend langem Rohr. Dieses Superfernrohr wurde zuerst auf der Gewerbeausstellung 1896 in B. gezeigt und dann für eine Volkssternwarte benutzt. Es ist noch heute das „längste bewegliche Fernrohr der Welt". A. hat auch durch die populäre Zeitschrift „Das Weltall" für die Astronomie geworben. Die Volkssternwarte im östl. Teil des Treptower Parks, nahe der Straße Alt-Treptow, O-B., trägt seinen Namen.[18]

Δ(Steinbüste; Theo Balden) vor der Sternwarte; auf deren Gelände eine ähnliche Büste vom gleichen Künstler (1961) (dort auch Büsten von **J. Kepler, G. Galilei, N. Copernicus, A. Einstein** und ein **Δ** von **Archimedes;** außer Einstein alle ohne unmittelbare Beziehungen zu B.)

**Walther Arndt** (1891 Landeshut i. Schles. – 1944 ermordet im Zuchthaus Brandenburg), Zoologe, seit 1921 am Zool. Mus. B., seit 1931 Prof., arbeitete besonders über Schwämme.

**GT** Mus. f. Naturkd. (Invalidenstr. 42, links vom Hauptportal; O-B.)

**Paul Ascherson** [Abb. 43] (1834 B. – 1913 B.), Botaniker

> *Ascherson, ein kleiner, ziemlich umfangreicher Herr mit blondem Haar und roten Augen, war sehr kurzsichtig, und es sah außerordentlich drollig aus, wenn er, die große Botanisierbüchse, die wir den „Kindersarg" getauft hatten, über die Schulter, bis zu den Knöcheln im Sumpf stehend, irgendein Salix oder Hieracium ... seitlich an die Backe legte und mit dem linken Auge beäugte.*
>
> A. Tschirch über Ascherson in Berlin um 1880 (Erlebtes u. Erstrebtes, 1921)

A. studierte Med., hat sich aber später mit Botanik beschäftigt; seit 1894 gab er (mit P. Graebner) eine „Synopsis der mitteleur. Flora" heraus. 1873–74 mit Rohlfs in Ägypten.

▭(mit Bronze-Büste und Inschrift „In Dankbarkeit errichtet von Freunden und Schülern") Parkfriedh. Thuner Platz (Lichterfelde-West, W-B.; Abt. 5, nahe dem Eingang).In der gleichen Grabstätte ▭ **Paul Graebner** (1871–1933), seit 1904 Kustos am Bot. Garten. – Büste von A. und Graebner im Bot. Mus. Dahlem (W-B.).
→ El Hager

**Johann (III) Bernoulli** (1744 Basel – 1807 Köpenick, jetzt B.-Köpenick), Astronom und Geograph, Sohn von Johann (II) B. (→ Basel); Friedrich d. Gr. machte den 19jährigen zum Mitglied der Akademie in B., 1767 Dir. d. Observatoriums; kein so überragender Mathematiker wie die älteren Bernoulli, aber unternehmungs- und reiselustig.

▭(Eisenkreuz) Friedhof B.-Köpenick (O-B.), Rudower Str. (Park III)

**Heinrich Bodinus** (1814 Drewelow b. Anklam/Vorpomm. – 1884 B.), Zoologe.

> *Er wurde eine der populärsten Persönlichkeiten des damaligen Berlin. Das konnte man merken, wenn er durch den Garten ging: im Zylinder, mit gewichstem Schnurrbart und der berühmten langen Zigarrenspitze aus einem Flamingobein. So habe ich ihn als Student noch gesehen.*
>
> Ludwig Heck über H. Bodinus, einen seiner Vorgänger im Berliner Zoo. (Heiter-ernste Lebensbeichte, 1938)

B., zuerst Arzt, legte 1859 den Zoolog. Garten Köln an, 1869 Dir. am Tiergarten B.

**Δ**(Marmorbüste; Kiesewalter 1894) Zool. Garten (nahe dem Raubtierhaus und dem Seelöwen-Denkmal; W-B.).

**Kaethe Branco, geb. Helmholtz** (1850–78)

*Wer hat euch Wandervögeln*
*die Wissenschaft geschenkt,*
*daß ihr auf Land und Meeren*
*nie falsch die Flügel lenkt?*
*Daß ihr die alte Palme*
*im Süden wieder wählt,*
*daß ihr die alte Linde*
*im Norden nicht verfehlt?*

Verse von Kaethe Branco auf ihrem Grabstein. (Die „Wandervögel" wurden Symbol der um 1900 von Steglitz ausgehenden „Jugendbewegung".)

Die Tochter Katharina des Physikers Helmholtz war die Frau von **Wilhelm Branco** (später „von Branca"; 1844 Potsdam – 1928 München), Offizier, Landwirt und schließlich Prof. d. Geologie in Königsberg, Tübingen (Nachfolger von Quenstedt), Hohenheim und (1899–1917) B.; arbeitete u. a. über die Uracher „Vulkanembryonen" und das Nördlinger Ries, veranlaßte die große Tendaguru-Expedition (Dt. Ostafrika) 1909–12, die auch den Riesendinosaurier Brachiosaurus brancai, jetzt im Naturkundemus. B., ausgrub. In 2. Ehe heiratete B. die Tochter Paula des Physikers G. R. Kirchhoff.

□Friedh. Dahlemer Dorfkirche (Annenkirche, W-B.), gleich rechts vom Eingang.

**Alexander Braun** (1805 Regensburg – 1877 B.), Botaniker.

*Wo Braun hinblickte, war es heller, jedem Gegenstand wußte er neue Seiten abzugewinnen, alles behandelte er mit Gründlichkeit und umfassender Übersichtlichkeit.*

Aug. Wilh. Eichler bei der Enthüllung des Denkmals im Bot. Garten Berlin[19]

B. war während seiner Studienzeit in Heidelberg und München befreundet mit dem Schweizer (später amerikanischen) Gletscherforscher und Zoologen Louis Agassiz und mit K. F. Schimper (→ Schwetzingen), dessen Untersuchungen über die Blattstellung er fortführte. Er war (so Eichler) „eine philosophisch veranlagte Natur" und hatte „mit Begeisterung zu den Füßen Schelling's gesessen", 1851–1877 Prof. f. Bot. in B.

Büste im Bot. Museum (W-B.)

**Leopold v. Buch** [Abb. 69] (1774 Stolpe/Uckermark – 1853 B.), Geologe

*Die Anarchie ist in Zunahme, keine Sicherheit gegen Proletariertreiben, Brandredner selbst in der Nacht und viele Hunderte daneben. Am Zeughaus zu Berlin nahmen sie die Flinte auf und bewaffnen sich. Wehe, ich entfliehe ... Wohin soll das hinaus.*

Aus dem Tagebuch von Leop. v. Buch, 11. 6. 1848[125a]

*Ja, so ist es: es ist das Gefühl der Wahrheit und Freiheit, das uns oben begeistert; durch dies verklärt und geläutert, ist uns Muth und Kraft von Neuem erregt, die Beschwerde des Lebens zu tragen. Mit ihm kehre ich in*

*die Heimat zurück, und Wahrheit und Freiheit werden mir die Lust und Liebe des Lebens stets lebendig erhalten, auch wenn die Frau mit der Küchenrechnung eintritt oder der Amtsbote mit den Akten erscheint, Schumannstraße Nr. 22, 2 Treppen hoch.*

Ein Berliner auf dem Brocken, geschildert von L. v. Buch (Was vom Brokken zu holen ist; Gesammelte Schriften, IV, 1885)

Leop. v. B. wohnte (wenigstens im Winter) in B. (→ Stolpe). Sein Freund A. v. Humboldt bezeichnete ihn in seinem Nachruf in der Berliner Akademie als größten Geologen seiner Zeit. 1848 war er Mitbegründer der Dt. Geol. Ges., die eine Leop. v. B.-Plakette verleiht.

**Δ**(Standbild) links über dem Portal des Mus. f. Naturkunde (Invalidenstr. 42, O-B.)
→ Stolpe, Göttingen, Freiberg, Großraming

**Adelbert von Chamisso** (1781 Schloß Boncourt/Champagne – 1838 B.)

*Wo habt ihr mir den Alten hingebettet?*
*Kommt, führt mich an den eng beschränkten Port,*
*darein der Weltumsegler sich gerettet!*

F. v. Dingelstedt (Am Grabe Chamissos, 1845)

Der Dichter Ch., gebürtiger Franzose, war auch Naturforscher. 1815–18 begleitete er Otto v. Kotzebue auf einer russ. Weltumseglung („Reise um die Welt", 1821); dabei entdeckte er den Generationswechsel der Salpen (Manteltiere). In B. war er am Bot. Garten tätig, zuletzt Leiter des Herbariums.

▭(liegender Stein) Friedh. Jerusalemgem., Kreuzberg (Mehringdamm/ Zossener Str.; W-B.).
**Δ**(überlebensgroße Büste aus Carrara-Marmor; J. Moser, 1888) in unschöner Umgebung am Monbijouplatz (O-B.). – Plakette im Eingang des Bot. Mus. Dahlem (W-B).

**Carl Erich Correns** [Abb. 135] (1864 München – 1933 B.), Botaniker, in Tübingen einer der Wiederentdecker der Vererbungsgesetze von Mendel, dann in Leipzig und Münster, 1914 an das neu errichtete KWI f. Biologie in B., wo er seine grundlegenden Arbeiten zur Vererbungsforschung weiterführte.

▭Städt. Waldfriedh., Dahlem (4 F; W-B.)
→ Tübingen

**Ludwig Diels** (1874 Hamburg – 1945 B.), Botaniker; Schüler von A. Engler, seit 1914 am Bot. Garten B.-Dahlem, seit 1921 Dir. (Nachfolger von → Engler); bedeutender Pflanzensystematiker und -geograph. Der klass. Philologe Hermann D. war sein Vater, der Chemiker und Nobelpreisträger Otto D. sein Bruder.

▭und **GStein** Bot. Garten Dahlem (W-B.)

**Heinrich Wilh. Dove** (1803 Liegnitz/Niederschlesien – 1879 B.), Meteorologe

> *Von Wind und Wetter wußt' er viel,*
> *hielt doch nicht für erreicht sein Ziel.*
> *So kundig er auch war und klug,*
> *das alles schien ihm nicht genug:*
> *Noch bess're Kenntnis zu erlangen,*
> *ist er jetzt selbst hinaufgegangen.*
>
> Die Zeitschrift „Kladderadatsch" am 13. 4. 1879 zum Tode von H. W. Dove

D. entstammte einer alten Apotheker- und Kaufmannsfamilie in Liegnitz. Studium in Breslau (u. a. bei H. W. Brandes, → Düsseldorf, Benzenberg) und B., habilitiert in Königsberg/Ostpreußen, seit 1829 Lehrer an Gymnasien und der Artillerieschule B., 1845 Prof. d. Physik in B., einer der Schöpfer der vergleich. Klimatologie.

▭Alter Friedh. St. Nicolai (Prenzlauer Allee, O-B.). ▭ in schlechtem Zustand.
→ Combe Varin

**Emil Du Bois-Reymond** (1818 B. – 1896 B.), Physiologe.

> *Seine Experimente, die auf das peinlichste vorbereitet waren, zelebrierte er, wie ein Priester am Altar die Messe, mit gehaltenen, würdevollen Bewegungen ... Wenn er zum Nachweis des Rhodankaliums im Speichel in ein Reagenzglas, ich denke mit Eisenchloridlösung, spuckte, drehte er sich vorsorglich um; ein spuckender Du Bois war kein Anblick für uns. Er hinkte und stützte sich in der Vorlesung beim Stehen mit einem Arme auf, wohl um sein Bein zu entlasten ... Er war ein ganz ausgezeichneter Lehrer und ein geistvoller Mann, im Vollbesitz der akademischen Schmuck-Gaben, die von denen geschmäht werden, denen sie versagt sind.*
>
> A. Hoche über Du Bois-Reymond 1882/83 (Jahresringe, 1934)

> *Gegenüber den Rätseln der Körperwelt ist der Naturforscher längst gewöhnt, mit männlicher Entsagung sein „Ignoramus"*[20] *auszusprechen ... Gegenüber dem Rätsel aber, was Materie und Kraft seien, und wie sie zu denken vermögen, muß er ein für allemal zu dem viel schwerer abzugebenden Wahrspruch sich entschließen „Ignorabimus"*[21]*,*
>
> E. Du Bois-Reymond, Über die Grenzen des Naturerkennens (Ges. dt. Naturf. u. Ärzte, Leipzig, 1872)

Sproß einer franz.-schweiz. Familie. D. war Schüler und (1858) Nachf. von Joh. Müller in B.; eng befreundet mit Helmholtz. Seine Hauptuntersuchungen galten der tier. Elektrizität. In geistvollen Reden hat D. auch allgemeine naturwiss. und philos. Fragen behandelt.

▭Französ. Friedh. Chausseestr. 127 (O-B.)[7]
**GT** Am Kupfergraben 7 (O-B.; → Magnus)

**Christian Gottfr. Ehrenberg** [Abb. 12] (1795 Delitzsch – 1876 B.), Zoologe

> *Der Welten Kleines auch ist wunderbar und groß!*
> *Und aus dem Kleinen bauen sich die Welten!*
>
> C. G. Ehrenberg in der Einleitung zu seiner Promotionsarbeit, auch Inschrift am Grabstein.

Prof. d. Med. in B.; reiste in Ägypten und (1829) mit Alex. v. Humboldt in Asien. Sein Lebenswerk galt den Aufgußtierchen (Infusorien) und anderen Mikroorganismen (1838 „Die Infusionsthierchen als vollkommene Organismen“); er begründete auch die Mikropaläontologie (1854 „Mikrogeologie – Das Erden und Felsenschaffende Wirken des unsichtbar kleinen selbständigen Lebens auf der Erde“).

□ (mit Marmor-Medaillon) Alt. Friedh. von St. Nikolai und St. Marien, Prenzlauer Allee (O-B.)

Abb. 12. Ch. G. Ehrenberg, Berlin

**Albert Einstein** [Abb. 124] (1879 Ulm – 1955 Princeton/USA), Physiker.

> *Die Quantenmechanik ist sehr achtung-gebietend. Aber eine innere Stimme sagt mir, daß das doch nicht der wahre Jakob ist. Die Theorie liefert viel, aber dem Geheimnis des Alten bringt sie uns kaum näher. Jedenfalls bin ich überzeugt, daß* der *nicht würfelt.*
>
> A. Einstein an Max Born, 4. 12. 1926

Nach dem Studium kam E. an das schweizerische Patentamt in Bern, ehe er Prof. an der Univ. Zürich, der dt. Univ. Prag, der ETH Zürich und 1913 schließlich Dir. des KWI f. Phys. in B. wurde (bis 1933); dann in den USA. 1921 Nobelpreis f. Phys. für seine Beiträge zur Quantentheorie, hauptsächlich aber bekannt durch seine Relativitätstheorie. Obgleich Pazifist, gab er 1939 mit den Anstoß zum Bau der ersten Atombombe.

**GT** (Stein) vor dem Haus Nördlingerstr. 8 (nahe Bundesplatz, W-B. Das Haus, das er 1918–33 bewohnte, stand an dieser Stelle.)
**Δ**(Bronzebüste; Jenny Mucchi 1963) auf dem Gelände der → Archenhold-Sternwarte (Treptower Park, O-B.)
→ Ulm, Aarau, Bern, Zürich, Caputh, Potsdam

**Adolf Engler** (1844 Sagan/Schlesien – 1930 B.), Botaniker, Neugründer des Bot. Garten in B.-Dahlem. Sein pflanzengeogr. Meisterwerk über die Entwicklungsgeschichte der Florengebiete seit der Tertiärzeit erschien 1879–82; die Botan. Jahrbücher und andere botan. Veröffentlichungsreihen wurden von ihm begründet.

**Δ**Marmorbüste (A. Manthe) im Bot. Museum, B.-Dahlem. ▭ und **GStein** im Bot. Garten (W-B.)

**Emil Fischer** [Abb. 13, 45, 106] (1852 Euskirchen – 1919 B.), Chemiker und Nobelpreisträger.

> *Er war sehr nett und liebenswurdig, aber immer etwas zurückhaltend. Fischer hätte niemals einem Studenten oder Mitarbeiter auf die Schulter geklopft, wie ich es bei jungen Leuten tue, wenn ich sie gern habe. Der Abstand war damals noch viel größer als heute.*
>
> O. Hahn (Mein Leben, 1968)

Jugendjahre → Euskirchen. F. wurde 1892 Nachf. von A. W. v. Hofmann in B. Seine Arbeiten über den Aufbau organ. Stoffe (Zucker, Eiweiß, Fette) und über die Synthese von Aminosäuren und Peptiden waren grundlegend. Das Veronal wurde von ihm entdeckt. 1902 Nobelpreis f. Chemie.

▭Neuer Friedh. Wannsee (mit symbol. Darstellung eines nackten Menschenpaares mit Opferschale), W-B.
**Δ**Sitzbild (Bronze-Rekonstruktion von R. Scheibe nach dem verlorengegangenen Kalkstein-Original von Klimsch, 1921), vor dem ehem. MPI f. Zellphysiol., B.-Dahlem (Garystr.; jetzt Archiv und Gästehaus der Max-Planck-Ges., W-B.)[22]
→ Euskirchen, Mülheim

Abb. 13. E. Fischer, Berlin

**Wilh. Foerster** (1832 Grünberg/Schlesien – 1921 Bornim/Brandenburg), Astronom.
F. stammt aus einer alten Grünberger Tuchmacherfamilie; Vater ein geistig und ethisch interessierter Industrieller. Promotion in Bonn bei Argelander; Assist., später Dir. der Sternwarte B. (1863–1904). Der vielseitig interessierte Astronom und geschickte Organisator war maßgeblich beteiligt an der Gründung des Astrophys. Inst. → Potsdam, der Sternwarte Straßburg, der Techn.-Physik. Reichsanstalt, der Astron. Ges.; 1871 Leiter des dt. Maß- und Gewichtswesen. 1868 gründete er die Volkssternwarte „Urania", 1892 die vielfach angefeindete dt. Ges. f. ethische Kultur.

Die Volkssternwarte auf dem 78 m hohen Trümmerberg „Insulaner" in B.-Schöneberg heißt Wilh.-F.-Sternwarte (errichtet 1962, W-B.)

**Johann Gottlieb Gleditsch** (1714 Leipzig – 1786 B.), Botaniker. G. studierte Medizin, war Arzt u. a. in Annaberg. 1744 Akad. d. Wiss. B., 1746 Dir. des Bot. Gartens. G. wirkte vielseitig auf den Gebieten der Medizin, Pharmazie, Land- und Forstwirtsch. Der Parkbaum Gleditschia ist nach ihm benannt.

Plakette im Eingang des Bot. Mus. Dahlem (W-B.)

**Albrecht von Graefe** [Abb. 14] (1828 B. – 1870 B.), Augenarzt.

> *Lernen ist und bleibt die edelste erbaulichste Tätigkeit des Geistes. Lehren ist nur eine kalte Pflicht, notwendiges Übel und impressioniert uns nicht viel mehr als der Spiegel, der es reflektiert.*
>
> A. v. Graefe in einem Brief aus Paris an Adolf Waldau, 1855

Abb. 14. A. v. Graefe, Berlin

Der berühmte Augenarzt wurde 1857 Prof. in B., seit 1868 Dir. der Augenklinik der Charité, doch erlag er bereits 1870 einer Lungentuberkulose.

▭Friedh. d. Dreifaltigkeits-etc. Gemeinde (Mehringdamm/Zossener Str., W-B.; dort auch ▭ seines Vaters Carl v. G.).
Großes **Δ** mit Standbild und bunten Darstellungen zum Wirken G.s (R. Siemering, 1882) am Eingang zur Charité, Charitéstr. (O-B.)

**Fritz Haber** (1868 Breslau – 1934 Basel), Chemiker.

*Seine Freunde und Mitarbeiter kennen den Reichtum seines Herzens, seine Treue, Ritterlichkeit und Zartheit, seine Empörung über Unlauterkeit und Schlechtigkeit und die heitere Ruhe, mit der er die Kleinlichkeiten übersieht. Jüngeren gegenüber ist er von nie ermüdender Güte, immer bestrebt, ihnen Hoffnung zu geben und neue Wege zu weisen. Er hat kein Verständnis für Enge und Unduldsamkeit, er schätzt die Erlesenheit andersartiger Länder und Geister, doch seine ganze Liebe gilt dem deutschen Lande, hat er doch wie kein zweiter geholfen, daß dieses Land in schwersten Zeiten seine Kinder schützen und ernähren konnte.*

M. v. Wrangell (Die Naturwissenschaften, 1928)

H. promovierte an der TH Berlin in organ. Chemie; 1894 kam er an die TH Karlsruhe, dort seit 1906 o. Prof. f. physik. Chemie; 1911–33 Dir. des KWI f. physik. Chemie in B. 1933 mußte er Deutschland verlassen. Von seinen zahlreichen Arbeiten war am bedeutungsvollsten die Darstellung von Ammoniak aus Stickstoff und Wasserstoff, von C. Bosch (→ Heidelberg) großtechnisch entwickelt. Das „H.-Bosch-Verfahren" half entscheidend der Landwirtschaft im 1. Weltkrieg, freilich auch den Munitionsfabriken. H. hatte auch an der Entwicklung der Gaskampfmittel erheblichen Anteil.
Nach dem 1. Weltkrieg versuchte er, doch vergeblich, Gold aus Meerwasser zu gewinnen, um die Zahlung der Reparationskosten an die Alliierten zu erleichtern. 1918 Nobelpreis f. Chemie.

Das MPI (einst KWI) f. physik. Chemie, Faradayweg 4 (W-B.) heißt jetzt Fritz-H.-Inst. (innen **GT**). Eine Linde an dem Haus wurde zum Geburtstag 1928 „gewidmet von seinen Freunden und Mitarbeitern" (Inschrift an der Einfriedung des Baumes).
→ Basel

**Otto Hahn** [Abb. 15, 57] (1879 Frankfurt a.M. – 1968 Göttingen), Kernchemiker.

*„Haben Sie auch im Laboratorium stets ohne Schutz gearbeitet?"*
*„Wir haben unsere Präparate immer mit den Händen angefaßt; wir haben darin gerührt; und unter dem Tisch, an dem ich mit Lise Meitner arbeitete, stand eine Kiste, die immer 150–250 Kilogramm Uransalz enthielt. Chemiker und Physiker würden sich heute bekreuzigen, wenn sie sich jeden Tag von 150 Kilogramm Uransalz bestrahlen lassen müßten. Uns hat das nichts geschadet."*

O. Hahn (Mein Leben, 1968)

Abb. 15. O. Hahn, Berlin

H. promovierte bei Zincke in Marburg und arbeitete dann bei W. Ramsay (London) und E. Rutherford (Montreal); seit 1912 Mitglied, seit 1928 Dir. des KWI f. Chemie in B., 1946–60 Präsident d. Max-Planck-Ges. Er entdeckte das Mesothorium, mit → Lise Meitner zusammen das Protactinium und das Uran Z. Für die Entdeckung der Kernspaltung (mit → F. Straßmann, 1938) erhielt er 1945 den Nobelpreis f. Chemie. – Seit 1955 wird der Otto-H.-Preis f. Phys. u. Chemie verliehen.

**GT** für H. und Meitner am Chem. Inst., Hessische Str. 1 (mit Hinweis auf die „Holzwerkstatt, in der sie arbeiteten", O-B.). Das Inst. f. Kernforschung (Glienicker Str. 100, W-B.) heißt H.-Meitner-Inst. – Große **GT** f. die Entdeckung der Uranspaltung durch H. u. Straßmann am Inst. f. Chemie der Freien Univ. B. (früher KWI f. Chemie; Thiel-Alle 69, W-B.)
→ Frankfurt a. M., Marburg, Mainz, Göttingen

**Ludwig Heck** [Abb. 16] (1860 Darmstadt – 1951 München), Zoodirektor.

> *"Det Vieh is krank, det is bis morjen doot."*
> *Das war mir, der ich danebenstand, doch zu stark. Ich verstellte mich deshalb möglichst berlinisch und sagte in geheucheltem Erstaunen: „Ach nee, woher wissen se 'nn det? Woran sehen se 'nn det?"*
> *Darauf aber sie im Tone vollkommener Unfehlbarkeit, der keinen Widerspruch duldet, indem sie mich dabei mit einem vernichtenden Blick von oben bis unten maß:*
> *„Det seh ick und det weeß ick! Valleicht besser wie Sie!" Da war ich geschlagen und verzog mich, ganz geknickt.*
>
> Gespräch zwischen einer Berliner Zoobesucherin und L. Heck vor einer behaglich schlafenden Wildente (Heiter-ernste Lebensbeichte, 1938)

H. studierte Zoologie in Leipzig; 1886 Zoodirektor in Köln, 1888–1945 in Berlin. Nach dem Zusammenbruch zog er nach München, wo sein Sohn Heinz den Zoo leitete.

ΔBüste; Zool. Garten (nahe dem Raubtierhaus; W-B.)
→ München

**Oskar Heinroth** (1871 Kastel b. Mainz – 1945 B.), Zoologe

> *Handel und Wandel stockte noch in Berlin, man konnte keinen Sarg kaufen ... Erst nach 10 Tagen schickte das Krematorium eine Mörtelkarre, um ihn abzuholen, und nach sechs Wochen mußte man die Asche abholen. Werner Schröder, Oskar Heinroths späterer Aquariumsnachfolger, brachte sie in einer Pappschachtel im Rucksack zu mir, wir stellten sie in Ermangelung einer Urne in einen zufällig auf unserem Buffettschrank erhalten gebliebenen kupfergehämmerten Sektkübel. Wie hätte Heinroth darüber geschmunzelt!*
>
> Dr. Katharina Heinroth, Oskar Heinroths zweite Frau und 1945–56 Dir. des Zool. Gartens B., über die düster-grotesken Tage nach Heinroth's Tod (31. 5. 1945).[23]

H. studierte Medizin und Zoologie; seit 1898 am Zool. Garten B., baute und leitete das Aquarium im Zoo, zeitweise auch Leiter der Vogelwarte Rositten (Ostpreußen). Hauptwerk (mit Magdal. H.) „Die Vögel Mitteleuropas" (1924–34). H. ist einer der „Begründer der vergleichenden Verhaltensforschung" (Konrad Lorenz).

Δ(schles. Sandstein aus den Trümmern des ehemaligen „Elefantentores", mit Halbrelief des Kopfes; Else Fraenkel-Bauer) Zool. Garten (nahe dem Raubtierhaus). Die Asche ist unter dem Stein beigesetzt (W-B.).

Abb. 16. L. Heck, Berlin

Abb. 17. H. v. Helmholtz, Berlin

**Hermann** (seit 1882 von) **Helmholtz** [Abb. 17] (1821 Potsdam – 1894 B.), Physiker

*Soweit meine Erfahrung reicht, kamen günstige Einfälle nie dem ermüdeten Gehirn und nicht am Schreibtisch. Oft waren sie ... des Morgens beim Aufwachen da, wie auch Gauß angemerkt hat. ... die kleinsten Mengen alkoholischer Getränke aber schienen sie zu verscheuchen ... Ich habe viele Teile meiner Abhandlungen 4 bis 6mal umgeschrieben, die Anordnung des Ganzen hin- und hergeworfen, ehe ich einigermaßen zufrieden war.*

Helmholtz über sich selbst bei der Feier seines 70. Geburtstages, Berlin, 2. 11. 1891.

Medizinstudium an der Pépinière[24] B., Militärarzt; 1849 Prof. d. Physiol. in Königsberg, 1855 Bonn, 1858 Heidelberg, 1870 Prof. d. Physik in B. „So geschah das Unerhörte, daß ein Mediziner und Prof. d. Physiol. den vornehmsten physikal. Lehrstuhl in Deutschland erhielt“ (Du Bois-Reymond in der Gedächtnisrede auf H.).
1888 erster Präs. d. Physik.-Techn. Reichsanstalt B. Die Erfindung des Augenspiegels (1850) machte ihn frühzeitig bekannt. Mit J. R. Mayer und Joule begründete er das Prinzip der Erhaltung der Energie. Grundlegend waren seine Untersuchungen über die Farb- und Tonempfindungen und zur Hydrodynamik und chem. Thermodynamik. Er erkannte die Bedeutung der Maxwell'schen Theorie. Heinr. Hertz war sein Schüler.

▭Neuer Friedh. Wannsee (Lindenstr., W-B.; eingezäunter Teil mit Familiengräbern H. und Wilh. v. Siemens). Der Grabstein von Herm. H. mit dem Spruch „Der Geist der Wahrheit wird Euch in alle Wahrheit leiten“ (Ev. Joh. XVI).
Δ(Marmorstandbild; Herter 1899) an der Universitätsstr. (an der Humboldt-Univ., O-B.)
→ Potsdam

**Hugo Hergesell** (1859 Bromberg/Westpreußen – 1938 B.), Meteorologe

*Die Tragweite und die Zukunft seiner Bemühungen wurde damals nicht erkannt; er selbst hatte in seiner trocken-bescheidenen Art kein Talent, sich energisch und unmittelbar zur Geltung zu bringen. Ich habe immer die unerschütterliche Gutmütigkeit bewundert, mit der er die ewig wiederholten, schließlich albern wirkenden Fragen, wie das Wetter werden würde, beantwortete.*

A. E. Hoche über H. Hergesell in Straßburg (Straßburg und seine Universität, 1939)

H. richtete 1887 den meteorol. Dienst von Elsaß-Lothringen ein; bis 1914 dessen Direktor, dann Leiter des Preuß. Aeronaut. Observ. Lindenberg und des Flugwetterdienstes. H. erforschte besonders die hohe Atmosphäre und ihre Anwendung beim Wetterdienst; befreundet mit Graf Zeppelin, erkundete Möglichkeiten der Polarforschung u. a. „Geistvoller, lebensnaher, liebenswürdiger, humorvoller Wissenschaftler“.

▭Parkfriedh. B.-Steglitz (Thuner Platz; W-B.)

**Oskar Hertwig** (1849 Friedberg in Hessen – 1922 B.), Anatom und Zoologe

> *Oskar war von Natur aus verschlossen, unzugänglich und nicht sehr freundlich. Darum bekam er auch nur schwer eigene Schüler; H. Poll und seine eigenen Kinder blieben fast die einzigen. Im Alter entwickelte er zudem jene professorale, egozentrische Einstellung, wie sie sich damals bei vielen Professoren als Folge der außerordentlichen Machtstellung eines Ordinarius einstellte.*
>
> R. B. Goldschmidt (Erlebnisse und Begegnungen, 1959)

Wie sein Bruder Richard (→ München) war Oskar H. Schüler von Haekkel. Seit 1878 Prof. d. Anatomie in B. Er beschäftigte sich grundlegend vor allem mit der Entwicklungsgeschichte der Tiere.

▭ Alter Friedh. Bornstedter Str. (W-B.; Abt. 5, Reihe 1, Grab 36)

**August Wilh.** (seit 1888 von) **Hofmann** [Abb. 18] (1818 Gießen – 1892 B.), Chemiker

> *Auf Ihrer aller Lippen ruht schon die Frage, warum nehmen Sie nicht Ammoniak? – Und ich nehme Ammoniak und ich füge es meiner Lösung zu und es entsteht ein Niederschlag? – Nein, es entsteht keiner. Es kann auch keiner entstehen, denn Sie wissen ja bereits, daß keiner entstehen kann.*
>
> Der Pharmazeut A. Tschirch über A. W. Hofmann's Kolleg in Berlin, 1878 (Erlebtes und Erstrebtes, 1921)

Der Schüler von Liebig in Gießen und Lehrer in London wurde 1865 nach B. berufen, wo er bis zu seinem Tode als begeisternder Lehrer und hervorragender Forscher wirkte. Seine Anilin-Untersuchungen begründeten die Weltgeltung der deutschen Teerfarbenchemie; auch seine Arbeiten über organische Stickstoffverbindungen waren grundlegend. H. gehörte zu den Gründern der Dt. Chem. Ges. (1867; heute Ges. dt. Chemiker), die (seit 1902) die goldene H.-Medaille verleiht.

▭ (mit weißem Marmor-Medaillon) Friedh. d. Dorotheen- u. Fr. Werdergem. (Chausseestr., O-B.). Ein Marmor-Standbild (Herm. Hidding) stand im H.-Haus der Dt. Chem. Ges., Sigismundstr. (das Haus 1944 durch Bomben zerstört).
→ Gießen

Abb. 18. A. W. v. Hofmann, Berlin

**Alexander von Humboldt** [Abb. 19] (1769 B. – 1859 B.), Naturforscher

> *Ich fürchte aber, trotz aller seiner Talente und seiner rastlosen Thätigkeit wird er in seiner Wissenschaft nie etwas Großes leisten.*
>
> Schiller an Ch. G. Körner, 1797
>
> *Meine Herren, Sie bekommen alle noch einmal solche Denkmäler.*
>
> Kaiser Wilhelm I. zu den umstehenden Professoren bei der Enthüllung der H.-Denkmäler vor der Berliner Universität, 1883.

Vater preuß. Major und Kammerherr. Studium in Frankfurt a. O., Göttingen, Freiberg i. Sa. 1793–96 im preuß. Bergdienst, 1799–1804 Amerika-Reise, dann Bearbeitung des 35 bändigen Reisewerks (1805–34), meist in Paris. Kammerherr (mit wenig Verpflichtungen) der preuß. Könige Friedr. Wilh. III. und IV. in B. 1829 russische und sibirische Reise. 1845–62 erscheint der „Kosmos, Entwurf einer physischen Weltbeschreibung" in 5 Bd. – H. wohnte in B. Oranienburger Str. 67.

□ im Park von Schloß Tegel-B. [Abb. 20] (neben anderen Mitgliedern der Familie); Stele (zunächst als Grabmal für Caroline v. H., die Frau von Wilh. v. H., bestimmt) mit der Statue Hoffnung nach Thorwaldsen („Die Säule von vorzüglich schön poliertem Granit, das Fußgestell von schlesischem grauen und der Sockel und das Kapitäl der Säule, wie die Statue selbst, von blendend weißem carrarischem Statuenmarmor"; Wilh. v. H. an Goethe, 14. 3. 1832). – Nordwärts von der Familiengrabstätte, halbwegs zum Höhenrücken, □ von **Gottlob Joh. Christ. Kunth,** Hauslehrer von Alex. und Wilh. v. H.; Stele mit der Inschrift: „Grata quiescentem cultorem arbusta loquuntur". (W-B.)[25]

Abb. 19. A. v. Humboldt, Berlin

Abb. 20. A. v. Humboldt, Berlin

Δ(R. Begas, 1883) mit der Inschrift „Al segunda descubridor de Cuba La Universidad de la Habana,[26] 1939", vor der 1810 gegr. Berliner Friedr.-Wilh.-Univ. (seit 1946 H.-Univ., O-B.). Daneben Δ seines Bruders Wilh. v. H., des geistigen Mitbegründers der dt. Universitäten. – **GStein** im Humboldthain (Wedding; 300 m von der Brunnenstr., nahe der Ev. Himmelfahrtskirche), heller Kalkstein mit wenig hervortretendem Kopfrelief (W-B.).

→ Göttingen, Freiberg i.Sa., Vallendar, Arzberg, Goldkronach, Bad Steben, Köln.

Δund zahlreiche Erinnerungen an A. v. H. auch in Amerika.

**Karl Gustav Jacob Jacobi** (1804 Potsdam – 1851 B.), Mathematiker

*Der röthliche Mathematiker, der durch Inconsequenz, ewiges Schwanken und orientalisches Benehmen uns viel Sorge gemacht hat, ist nun glücklicherweise für unsere Academie erhalten. Er hat tugendhafte Verheißungen ... unterzeichnet, wird keine rothen Ordensbänder mehr bei Beerdigungen tragen, und hat erwiesen, daß er auch Alles gethan hat, um den Staat zu retten!*

A. v. Humboldt an den Astronomen H. Ch. Schumacher, 1850

J. wurde bereits 1827 Prof. in Königsberg, 1844 kam er nach B. Er beschäftigte sich mit den Abel'schen ellipt. Funktionen, Differentialgleichungen, Variationsrechnung, Himmelsmechanik. Sein Bruder Moritz J. (1801 Potsdam – 1874 St. Petersburg) war Physiker, wirkte seit 1837 in Petersburg.

▭(Eisenkreuz) Friedh. Mehringdamm/Zossener Str. (W-B.)

**Gustav Robert Kirchhoff** [Abb. 75] (1824 Königsberg/Ostpreußen – 1887 B.), Physiker

*Auf meinem langen Lebenspfade bin ich keinem begegnet, bei welchem, wie bei Kirchhoff, höchstens Vollbringen gesellt gewesen wäre mit fast demutsvoller Bescheidenheit.*

A. W. v. Hofmann

Über den Lebensgang → Heidelberg. K. zögerte lange, seinen dortigen, erfolgreichen Wirkungskreis aufzugeben; erst die 3. Berufung nach B. (1875) nahm er an. Er lehrte dort neben Helmholtz.

▭Friedh. d. St. Matthäi-Gemeinde (Großgörschenstr. 12–14, PW 23; W-B.). **GT** Am Kupfergraben 7 (O-B.; → Magnus)

**Robert Koch** [Abb. 36] (1843 Clausthal – 1910 Baden-Baden), Bakteriologe

*Koch war im 65. Lebensjahr, und sein Kopf war vollkommen kahl. Die gewaltige Form dieses Kopfes erinnerte an den des Konfuzius.*

Ein Schüler von Kitasato (der ein bedeutender Schüler von Koch war) bei dem Besuch von Koch in Japan 1908.

Der berühmte Forscher war Nobelpreisträger für Medizin (1905) wirkte seit 1880 in B., zuerst am Kaiserl. Gesundheitsamt, dann auch an der Univ. u. als Direktor des 1891 eröffneten Inst. f. Infektionskrankheiten (jetzt Robert-K.-Inst.). Zum Teil in Zusammenhang mit ausgedehnten Reisen (Indien, Afrika) entdeckte er den Tuberkulose-Bazillus und den Cholera-Erreger, untersuchte Schlafkrankheit und Malaria. Seine bedeutendsten Schüler waren die Nobelpreisträger Emil von Behring (→ Marburg) und Paul Ehrlich (→ Frankfurt).

Die Urne wurde in einem Mausoleum des Robert-K.-Inst. (Nordufer 20, W-B.) beigesetzt (dort auch Büste und einige Erinnerungsstücke).
**Δ**(Sitzbild; L. Tuaillon 1916) Robert-K.-Platz (Charité, O-B.)
→ Clausthal, Göttingen

**Leopold Kronecker** (1822 Liegnitz/Schlesien – 1891 B.), Mathematiker

*Die ganzen Zahlen hat der liebe Gott gemacht, alles andere ist Menschenwerk.*

L. Kronecker auf der Versammlung Dt. Naturforscher und Ärzte in Berlin, 1886

K. beschäftigte sich besonders mit Algebra und Zahlentheorie; seit 1883 Prof. in B.

▭St. Matthäi-Friedh. (Feld Pwl; Großgörschenstr., W-B.)

**August Kundt** (1839 Schwerin – 1894 Israelsdorf b. Lübeck), Physiker. Prof. in Zürich, Würzburg, Straßburg u. (seit 1888) B.; untersuchte u. a. die Schallgeschwindigkeit (K.sche Staubfiguren) u. die Drehung der Polarisationsebene des Lichtes (K.-Effekt). Er förderte maßgeblich W. C. Röntgen.

**GT** Am Kupfergraben 7 (O-B.; → Magnus)

**Martin Lichtenstein** (1780 Hamburg – 1857 auf einem Postdampfer zwischen Korsör und Kiel), Arzt u. Zoologe; Reisen in Südafrika; seit 1811 Prof. d. Zool. in B., Gründer und 1. Direktor des Zool. Gartens.

**Δ**(Büste) im Zool. Garten (nahe dem Raubtierhaus und dem Seelöwen-Denkmal; W-B.)

**Otto Lilienthal** [Abb. 132] (1848 Anklam/Pommern – 1896 B.), Ingenieur

*Er wird seinen ersten Flug nehmen, der große Vogel, vom Rücken des Hügels aus, das Universum mit Verblüffung, alle Schriften mit seinem Ruhm füllend und ewige Glorie dem Ort, wo er geboren ward.*

Leonardo da Vinci (1452–1519); Inschrift am Denkmal Bäkebrücke

Vom Vogelflug ausgehend, konstruierte L. Gleitflugzeuge („Der Vogelflug als Grundlage der Fliegekunst", 1889). Bei einem Flugversuch stürzte er 1896 bei Stölln ab und starb.

▭Alter Friedh. Lichterfelde-Ost (Langestr.; W-B.)
**Δ**Bäkebrücke (am Teltow-Kanal; mit Kopf-Relief und Ikarus-Statue; W-B.). Im L.-Park Lichterfelde (W-B.) ein künstlich aufgeschütteter Hügel, von dem aus L. Flugversuche ausführte; **GT** für L. und seine Mitarbeiter.
→ Anklam, Stölln

**Gustav Magnus** [Abb. 21] (1802 B. – 1870 B), Physiker und Chemiker

*Magnus ist immer noch der alte, treue, vortreffliche Kerl.*

F. Wöhler an J. Liebig, 28. 4. 1861

Seit 1834 Prof. an der Univ. B.; begründete als erster ein physik. Kolloquium. Er untersuchte Selen, Tellur, Blutgase, förderte die mineral. Chemie. Der nach ihm benannte M.-Effekt wurde 1922–26 von A. Flettner zum Bau von „Rotorschiffen“ angewendet.

▭(mit weißem Marmor-Medaillon) Friedh. Dorotheenstädt. und Friedr. Werdersche Gem. Chausseestr., O-B. (neben dem ▭ von A. W. v. Hofmann). – M. wirkte in dem Barockhaus (mit Freitreppe und korinthischen Säulen) Kupfergraben 7 (westl. vom Pergamon-Mus., O-B.); **GT** (1930, Dt. Physik. Ges.) mit Hinweis auf seine Mitarbeiter und Schüler A. v. Baeyer, E. Du Bois-Reymond, R. Clausius, P. Groth, H. v. Helmholtz, G. Kirchhoff, A. Kundt, E. Sarasin , J. Tyndall, E. Warburg. Das Haus ist jetzt Sitz der Physik. Ges. der DDR.

Abb. 21. G. Magnus, Berlin

**Lise Meitner** (1878 Wien – 1968 Cambridge/Engl.), Chemikerin

*Der Start für Lise Meitner war zunächst nicht leicht. Emil Fischer nahm damals Akademikerinnen noch nicht in sein Institut auf. Unter der Bedingung, daß Dr. Meitner sich in den Experimentiersälen der Studenten nicht zeigen durfte, machte er ihr eine Konzession: sie durfte in der Holzwerkstatt arbeiten.*

O. Hahn (Mein Leben, 1968)

M. war viele Jahre Mitarbeiterin von O. Hahn in B., emigrierte 1938 nach Schweden. Sie erhielt u. a. die Max-Planck-Medaille und zusammen mit O. Hahn und F. Straßmann den Enrico-Fermi-Preis.

Das Inst. f. Kernforsch. (Glienicker Str. 100, W-B.) heißt Hahn-M.-Inst.; **GT** für Hahn und M. am Portal des Chem. Inst., Hessische Str. 1 (Querstr. z. Invalidenstr.; O-B., → O. Hahn).

**Eilhard Mitscherlich** [Abb. 22] (1794 Neuende – 1863 B.), Chemiker

*Die Rechte an die Hüfte gelehnt, in der bis zur Brust erhobenen Linken einen Kalkspatrhomboeder haltend, steht der berühmte Entdecker des Isomorphismus, den rechten Fuß ein wenig vorgesetzt, in Frack und zurückgeschlagenem faltenreichen Kragenmantel wie dozierend da ... Die Fährnisse des von dem damaligen Dozenten im Kolleg getragenen Frackkostüms, das die ausgeschnittene Weste, das umgeknotete Halstuch und die patriarchalisch anmuthenden Vatermörder verlangte, sind vom Künstler in geistvoller Weise überwunden.*

Bericht zur Denkmalsenthüllung, Vossische Zeitung Berlin, 1. 12. 1894

Seit 1822 war M. Prof. d. Chemie in B.

▭(Grabtempel) St. Matthäi-Friedh., Großgörschenstr. 12–14 (Schöneberg, W-B.; Fsl.). **Δ** (Standbild; Hartzer, 1894) an der Ost-Seite der Universität (O-B.)
→ Wilhelmshaven-Neuende, Jever

Abb. 22. E. Mitscherlich, Berlin

**Johannes Müller** (1801 Koblenz – 1858 B.), Physiologe und Anatom

> *Dies Land, das wir fröhlich bauen, hat er von den Drachen befreit und urbar gemacht; wehe uns, wenn wir nicht weiter wären als er!*
>
> E. Du Bois-Reymond in der Gedenkrede auf J. Müller

Der bedeutende Forscher und Lehrer wirkte seit 1833 in B.

Δ(Standbild) rechts über dem Portal des Naturkundemuseums, Invalidenstr. 42 (O-B.). Büste vor dem Pathol. Inst., Charité (O-B.)
→ Koblenz

**Peter Simon Pallas** [Abb. 23] (1741 B. – 1811 B.), Naturforscher und Forschungsreisender

> *Ich habe ihn nie in übler Laune gefunden.*
>
> Sein Freund und Biograph K. A. Rudolphi

P. studierte Medizin und Naturwissenschaften, 1768 trat er auf Einladung von Katharina II. eine erfolgreiche Entdeckungsreise nach Sibierien an, die bis 1774 dauerte; er lebte bis 1810 in Südrußland und zog dann nach B.

▭(mit weißem Marmormedaillon) Friedh. Mehringdamm/Zossener Str., nahe dem Eingang Zossener Str.; W-B. Der Stein wurde von den Akademien Petersburg in B. gesetzt, die Inschrift hat er selbst bestimmt: „Multas per terra jactatus ut naturum rerum indagaret hic tandem requiescit“.[27]

**Iwan Petrowitsch Pawlow** (1849 Rjasan – 1936 Leningrad), russ. Physiologe und Nobelpreisträger (1904), hat 1884–86 auch in Deutschland studiert (bei dem Breslauer R. Heidenhain und dessen Gegner C. Ludwig-Leipzig).

Δ(Büste) in der Charité (vor der Nervenklinik)

Abb. 23. P. S. Pallas, Berlin

Abb. 24. M. Planck, Berlin

**Max Planck** [Abb. 24, 85, 89] (1858 Kiel – 1947 Göttingen), Physiker

> *Heute habe ich eine Entdeckung gemacht, die ebenso wichtig ist wie die Newtons.*
>
> Max Planck zu seinem Sohn Erwin bei einem Spaziergang im Grunewald, Herbst 1900 (mitgeteilt u. a. von M. Born)

P. kam 1889 aus Kiel als Prof. d. theor. Physik nach B. Seine „Quantenhypothese“ (1900) wurde zu einer Grundlage der modernen Physik; Nobelpreis f. Physik 1918. 1930–37 Präs. der KWG (nach dem 2. Weltkrieg in Max-P.-Ges. umbenannt). Die Dt. Physik. Ges. stiftete 1928 eine Max-P.-Medaille.
Gegen Kriegsende wurde sein Haus in B. zerstört, sein Sohn Erwin, der an der Verschwörung gegen Hitler beteiligt war, 1944 hingerichtet. Die Bibliothek von P. ist im Bibliotheksraum des einstigen Magnus-Hauses (Am Kupfergraben 7, O-B.), jetzt Max-P.-Haus, untergebracht (→ Magnus).

**GT** am linken Seitenflügel im Vorhof der Universität (jetzt Humboldt-Univ.), an der er 1889–1928 lehrte (O-B.).
→ Göttingen, Kiel

**Ferdinand Freiherr v. Richthofen** (1833 Carlsruhe/Oberschlesien – 1905 B.), Geologe und Geograph

> *Groteskerweise hat derselbe Ferdinand v. Richthofen, dem wir den Führer für Forschungsreisende verdanken, der selbst jahrelang auf Forschungsreisen gearbeitet hat, als bestallter Professor der Geographie im Rahmen seiner akademischen Tätigkeit keine wissenschaftlichen Exkursionen durchgeführt.*
>
> O. Schmieder (Lebenserinnerungen, 1972)

> *Humboldt habe ich nicht besucht, dazu war ich zu schüchtern, wie überhaupt oft.*
>
> F. v. Richthofen

> *Würdig wie ein Erzbischof, majestätisch wie ein König, vornehm und edel wie ein Aristokrat.*
>
> Sven Hedin

R. promovierte in B. bei dem Mineralogen G. Rose; im Rahmen der Geol. Reichsanstalt Wien geol. Untersuchungen in Südtirol; 1860 mit einer preuß. Mission in Ostasien, 1863–68 Geologe in Kalifornien, dann 3 Jahre in China, nach 12 Jahren Abwesenheit wieder in Deutschland, 1875 Prof. d. Geographie in Bonn, 1883 Leipzig, 1886 B., wo er das Geogr. Inst. und das Museum f. Meereskunde begründete. Die Erkenntnis, daß Löß ein Windsediment ist, geht auf R. zurück. S. Hedin war Schüler von R.

□ Friedh. Stahnsdorf bei B. (Umbettungsblock[7]); DDR.

**Fritz Schaudinn** (1871 Röseningken/Ostpreußen – 1906 Hamburg), Zoologe

> *Er war ein großer, breitschultriger, kräftiger Mann mit blondem Haar und Bart, der ein rundliches, freundliches Gesicht, das wie das eines zu groß geratenen Jungen wirkte, umrahmte. ... Sein Wesen war ungewöhnlich heiter, und er war für jeden Spaß zu haben.*
>
> R. B. Goldschmidt über F. Schaudinn (Erlebnisse und Begegnungen, 1959)

Sch. wirkte am kaiserl. Gesundheitsamt B. und zuletzt am Inst. f. Schiffs- und Tropenkrankheiten Hamburg. Sein Hauptforschungsgebiet waren die Protozoen. 1905 entdeckte er mit Erich Hoffmann die Spirochaeta pallida als Erreger der Syphilis. Der Begriff „Mikrobiologie" stammt von ihm.

▭ Alter Luisenfriedh., Charlottenburg; W-B.

**Ernst Ch. F. Schering** (1824 Prenzlau – 1889 B.), Apotheker, aus dessen „Grüner Apotheke" die Schering AG hervorging.

▭ mit Bronze-Medaillon und der Inschrift „Das Beste sucht im Koennen und im Wollen, dann muß Euch Jeder Dank und Ehre zollen"; Dreifaltigkeitsfriedh. (Mehringdamm, W-B.)

**Georg Schweinfurth** (1836 Riga – 1925 B.), Afrikaforscher und Botaniker, unternahm zahlreiche Forschungsreisen in Afrika, vor allem im Gebiet des oberen Nils.

**GStein** mit Bronze-Medaillon im Bot. Garten Dahlem (W-B.)

**Werner** (seit 1888 von) **Siemens** [Abb. 99] (1816 Lenthe – 1892 B.), Erfinder und Industrieller

> *Mit großem Interesse habe ich Kenntnis davon erhalten, daß Herr Dr. H. in Pappenheim seine, den vielbesprochenen wunderbaren Archäopteryx enthaltende Sammlung von Solenhofer Versteinerungen für den Preis von 26 000 Mark zum Kauf angeboten hat ... Da es mein lebhafter Wunsch ist, daß dieser wissenschaftlich so hochinteressante Fund dem deutschen Boden, dem er entstammt, auch erhalten bleibt, so bitte ich Sie, falls Gefahr vorhanden scheint, die Sammlung könnte nach dem Ausland verkauft werden ... die Sammlung ... für mich zu erwerben, indem ich mich gleichzeitig verbindlich mache, sie für die Zeit eines Jahres dem Königlichen Ministerium jederzeit gegen Erstattung des von Ihnen gezahlten Kaufpreises zu überlassen.*
>
> W. Siemens an H. E. Beyrich, Direktor der Preuß. Geol. Landesanstalt Berlin, 5. 4. 1880[28]

Seit 1847 hatte S. seinen Wohnsitz in B., soweit er nicht geschäftlich auf großen Reisen war (Rußland, Mittelmeer). Die Weltfirma S. & Halske wurde 1847 gegründet (seit 1966 Siemens AG.); Industriesiedlung Siemensstadt (B.-Spandau). Seit 1873 Mitglied der Akad. d. Wiss. B.

▭Stahnsdorf b. B. (Umbettungsblock Trinitatis).
**Δ**(Statue mit Dynamo; W. Wandschneider 1899) im nördl. TU-Bereich vor dem Inst. f. Allg. Elektrotechnik.
→ Lenthe

**Franz Stolze** (1836 B. – 1910 B.), Ingenieur, „Begründer der Gasturbine heutiger Bauform".

**GT** (Siemens-Ring-Stiftung 1963) Uhlandstr. 175 (nahe Kurfürstendamm, B.-Charlottenburg, W-B.)[14]

**Fritz Straßmann** [Abb. 15] (1902 Boppard a. Rh. – 1980 Mainz), Chemiker, Mitarbeiter von O. Hahn (Kernspaltung von Uran), 1945 Dir. MPI in B. und Mainz.

**GT** für → O. Hahn und S. am Inst. f. Chemie, Thielallee 69 (W-B.)

**Erwin Stresemann** (1889 Dresden – 1972 B.), Ornithologe, Kustos am Zool. Mus. B.

▭(mit stilisiertem Adler) Waldfriedh. Dahlem (W-B.; 1 B 32), zusammen mit dem Ornithologen **Ernst Hartert** (1859 Hamburg – 1933 B.)

**John Tyndall** (Leighlin Bridge, Co. Carlow – 1893 Hind Head b. Haslemere, Co. Surrey), engl. Physiker und Gletscherforscher, Nachfolger von Faraday in London. Er studierte bei Bunsen in Heidelberg und arbeitete 1851 bei → Magnus in B., auf dessen **GT** ist auch sein Name erwähnt.
→ Belalp, Combe Varin

**Jacobus Hendricus Van 't Hoff** (1852 Rotterdam – 1911 B.), holländ. Physiko-Chemiker, 1896 an die Preuß. Akad. d. Wissensch. berufen und Prof. in B.; begründete mit Le Bel die Stereochemie, erster Nobelpreisträger f. Chemie (1901) für seine Untersuchungen über elektrolyt. Dissoziation und Osmose. Mit W. Ostwald gründete er 1887 die Zeitschr. f. physik. Chemie.

▭Friedh. Dahlemer Dorfkirche (W.-B.). – **Δ** in Rotterdam (s'Gravendijkwal)

**Rudolf Virchow** [Abb. 25](1821 Schivelbein/Pommern – 1902 B.), Pathologe und Politiker

> *Wir standen vor dem Allmächtigen, einem kleinen, gelbhäutigen, eulengesichtigen, bebrillten Manne mit dem eigentümlich stechenden und doch leicht verschleierten Auge, an dem die Armut von Wimpern auffiel... Er zehrte gerade an einer belegten Berliner Schrippe. Neben dem Teller stand eine kleine Weiße. Das war das einzige Frühstück, welches dieser Heros des Beobachtens und Registrierens... einnahm.*
>
> C. L. Schleich über Virchow (Besonnte Vergangenheit, 1920)

V. war Schüler von Joh. Müller, studierte Medizin[24] und arbeitete an der Charité in B., 1849–56 Prof. in Würzburg, seit 1856 bis zu seinem Tode Prof. d. Pathol. Anatomie in B. Seine Anschauungen über das Zellgeschehen als Ursache der Krankheiten (Zellularpathologie) waren epochemachend. Als leidenschaftlicher liberaler Politiker und Gegner von Bismarck gehörte V. seit 1862 dem Preuß. Landtag, 1880 dem Reichstag an.

▭St. Matthäifriedh. (Großgörschenstr. 12–14, W-B.; Hs 12)
**Δ**(**GStein** m. Bronzemedaillon) im Gelände des Rud.-V.-Krankenhauses (Föhrerstr.; W-B.). – **Δ** (F. Klimsch, 1906–10) Karlplatz (Charité-Bereich, O-B.); Büste auch vor dem Pathol. Inst., Charité (O-B.)
→ Würzburg, Combe Varin

**Emil Warburg** (1846 Altona – 1931 Gut Grunau b. Bayreuth), Physiker

> *Ich selbst habe in Freiburg wie in Berlin Zuhörerinnen gehabt, welche unter den Studenten saßen; dabei war das Benehmen der letzteren, soweit ich sehen konnte, tadellos. Auch kommt in der Physik nichts für Frauen Anstößiges vor. Anders ist es in der Biologie und Chirurgie.*
>
> E. Warburg über das Frauenstudium (in: Arth. Kirchhoff, Die akademische Frau, Berlin 1897)

W. promovierte bei → G. Magnus in B.; 1872 Prof. in Straßburg, 1876 Freiburg i. Br., 1905-22 Präs. der Phys.-Techn. Reichsanstalt; Verf. eines vielbenutzten Lehrbuchs. Der Nobelpreisträger → Otto W. war sein Sohn.

**GT** Am Kupfergraben 7, O-B.; → Magnus

Abb. 25. R. Virchow, Berlin

**Otto Warburg** (1883 Freiburg i. Br. – 1970 B.), Physiologe und Chemiker

> *Wenn ich keinen wissenschaftlichen Streit mehr führen darf, dann bin ich alt.*
>
> O. Warburg

Sohn von → Emil W.; Studium der Chemie (bei Emil Fischer) und Medizin (bei L. Krehl), im 1. Weltkrieg Kavallerieoffiz., 1915 Prof. in B., 1930 Dir. d. KWI f. Zellphysiol. B.-Dahlem, arbeitete über Atmungsvorgänge, Assimilation, Krebszellen (und deren Zusammenhänge mit Gärung). 1931 Nobelpreis f. Physiol. und Med. für „die Entdeckung der Natur und der Wirkungsweise des Atmungsferments".

▭(weißes Marmorkreuz) Friedh. Dahlemer Dorfkirche (Annenkirche; 23, Nr. 124/125; W-B.)

**August v. Wassermann** (1866 Bamberg – 1925 B.), Bakteriologe und Serologe

> *Wassermann und ich hatten an diesem Abend bei Borchardt zwei Flaschen Burgunder getrunken, und wir gingen danach vergnügt Arm in Arm durch die Friedrichstraße, als uns einige der zu dieser späten Stunde dort promenierenden Mädchen ansprachen. Wassermann, obwohl Bayer, wehrte in gutem Berliner Dialekt ab: „Ihr Meechens, wenn ihr wüßtet, daß hier ein Wassermann positiv vor euch steht, dann würdet ihr gleich abziehen."*
>
> Theodor Brugsch (Arzt seit fünf Jahrzehnten, 1957)

Seit 1898 Prof. in B.; 1906 Abteilungsvorstand im Koch'schen Inst., 1913 Leiter des KWI f. experim. Therapie B.-Dahlem. Die W.sche Reaktion (1906) dient zum Nachweis der Syphilis.

▭Urnenfriedh. an der Gerichtsstr., B.-Wedding, (W-B.) Ehrenplatz in der Westhalle des Krematoriums, parterre.

**Alfred Wegener** [Abb. 26, 66] (1880 B. – 1930 Grönland), Geophysiker und Grönlandforscher[29]

> *Über den Menschen Alfred Wegener scheut man sich fast, etwas zu sagen. Seine Person trat immer hinter seinem Werk zurück. Er war von einer inneren Ruhe und Abgeklärtheit, wie man sie selten findet.*
>
> Der Astronom A. Kopff in einem Nachruf (Astron. Nachr. 1931)

Der Vater von W. war Prediger und in B. Leiter des Schindler'schen Waisenhauses. Alfred W. studierte in Heidelberg, Innsbruck, B., Promotion in Astronomie, Meteorologe am Aeronaut. Observatorium Lindenberg, habilitiert in Marburg, 1919 Abt.-Leiter an der Dt. Seewarte Hamburg, 1924–30 o. Prof. in Graz. W. nahm an 4 Grönland-Expeditionen teil; auf der letzten, die er selbst leitete, fand er den Forschertod. Der vielseitige Forscher wurde weltweit bekannt durch die Hypothese der Kontinentalverschiebung, die freilich erst nach seinem Tode weite Anerkennung fand und – mit anderer Begründung – in der modernen „Plattentektonik“ erneut im Vordergrund steht. – Der Bruder Kurt W. (1878–1964) war gleichfalls Meteorologe.

Geburtshaus nicht erhalten. **GT** (1980) am ehemaligen Cöllnischen Gymnasium[30], das W. besuchte (Wallstr., Ecke Inselstr., B.-Mitte, O-B.; jetzt Wohnheim). – 1908/09 wohnte W. in B.-Halensee (Georg-Wilhelm-Str. 20, W-B.).
→ Zechlinerhütte, Hamburg, Graz, Kamarujuk-Fjord

Abb. 26. A. Wegener, Berlin

**Karl Weierstraß** [Abb. 122] (1815 Ostenfelde – 1897 B.), Mathematiker

*Der alte Herr mit seinem schönen Kopf und weißem Lockenhaar saß beim Vortrag in einem Sessel neben dem Katheder, weil er einst beim Stehen an der Tafel einen Schwindelanfall erlitten hatte. Ein schon vorgeschrittener Student schrieb die zugehörigen Formeln an die Tafel. Dabei korrigierte er wortlos ein gelegentliches kleines Versehen des Vortragenden, unterlag aber dabei auch selbst mitunter einem Irrtum.*

Loth. Heffter über Weierstraß in Berlin, 1883/84 (Beglückte Rückschau auf neun Jahrzehnte, 1952)

Der berühmte Mathematiker lehrte seit 1856 in B.

▭ St. Hedwigs-Friedh. B.-Mitte (Liesenstr. 8; O-B.); im Zusammenhang mit dem Mauerbau wurden alle Gräber eingeebnet, doch für W. ein **GStein** errichtet[7].
→ Ostenfelde

**Konrad Zuse** (geb. 1910 in B.), Ingenieur, entwickelte 1941 den ersten elektromech. Digitalrechner der Welt (Z 3).

**GT** (W. v. Siemens-Ring-Stiftung 1976) in der TU[14]

**Bermersheim v. d. Höhe** (nördl. Alzey, Rheinpfalz)

B. gilt als Geburtsort (1098) der **Hildegard von Bingen** [Abb. 27].

**Δ**(moderne Statue, Kalkstein) an der Kirche.
→ Bingen, Andernach

Abb. 27. Hildegard v. Bingen, Bermersheim

**Bern**
Universitätsstadt seit 1834

**Albert Einstein** [Abb. 124] (1879 Ulm – 1955 Princeton/USA), Physiker u. Nobelpreisträger

> *Es war eine Art Lebensrettung, ohne die ich wohl zwar nicht gestorben, aber geistig verkümmert wäre.*
>
> Einstein über seine Anstellung am Patentamt Bern (Brief an die Witwe von Marcel Grossmann, 1936)

E. lebte seit 1895 in der Schweiz; Studium der Physik in Zürich, 1902 technischer Experte 3. Klasse am Eidgenöss. Patentamt in B., 1908 habilitiert in B., dann Prof. an der Univ. Zürich, Dt. Univ. Prag, ETH Zürich, 1913 Berlin.

**GT** in den Lauben der Kramgasse 49 (sein Wohnhaus 1903-05)
→ Ulm, Aarau, Zürich, Berlin, Caputh, Potsdam

**Albrecht von Haller** (1708 B. – 1777 B.), Arzt, Naturforscher, Dichter. Der berühmte Forscher, der einer alten B.er Patrizierfamilie entstammte, verbrachte seine Jugend- und Altersjahre in B., seine wirkungsreichsten Lebensjahre aber in Göttingen.[31]

**Δ**(Standbild, H. Siegwart 1908) auf der Gr. Schanze (über dem Bhf.), vor der Univ.
→ Münsingen, Göttingen, Goumoens-le-Sux

**Bernhard Studer** (1794 Büren – 1887 B.), Geologe. S. studierte erst Theologie, dann Naturwiss.; Lehrer am Gymnasium B., seit 1834 Prof. d. Min. in B. Er gab 1851 eine erste geol. Gesamtdarstellung der Schweiz.

Der S.-Stein, ein eiszeitlicher Findling in den Anlagen auf der Gr. Schanze, nahe der Schanzenstr., erinnert an ihn.
→ Combe Varin

Im Alpinen Museum (Helvetia-Platz) Erinnerungsstücke an **L. Agassiz** (→ Môtier, Neuchâtel, Pierrabot), **E. Desor** (→ Combe Varin, Pierrabot), **F. J. Hugi**[32] (→ Grenchen).

---

**Bernkastel-Kues** siehe unter Kues

---

**Bex** (an der Rhone, Ktn. Waadt)

In B. wirkte **Jean de** (Johann v.) **Charpentier** (1786 Freiberg i. Sachsen – 1855 Les Devens). Sein Vater war Joh. Friedr. Wilh. v. Ch., Prof. an der Bergakademie Freiberg i. Sachsen. Ch. studierte bei A. G. Werner; bergmännisch tätig in Oberschlesien und den Pyrenäen, seit 1813 Leiter der Salinen von B. Er begründete eingehend die einst größere Verbreitung der Gletscher in der Schweiz in dem Standardwerk „Essai sur les glaciers du bassin du Rhône" (1841). In seinen späteren Jahren schrieb er nur französich, fühlte sich aber doch als Deutscher. Er wohnte in dem Dörfchen Les Devens nahe B.; sein Haus ist erhalten, aber ohne GT.[33]

**Δ**(großer Gneisfindling mit Medaillon von R. Lugeon, dem Bruder des Geologen Maurice Lugeon, 1920) an der Reform. Kirche B. Die Tafel an dem Stein wurde vom Grab Ch.'s hierher übertragen. (Abb. in Schwarzbach 1981[7a].)
→ Monthey, Combe Varin, Pierreabot

**Biberach** (an der Riss)

**Joseph Probst** (1823 Ehingen/Donau – 1905 B.), Pfarrer im nahen Mettenberg und in Unteressendorf, beschäftigte sich als tüchtiger Heimatgeologe besonders mit Fauna und Flora des Tertiärs in Oberschwaben.[34]

**GStein** (eiszeitl. Findling aus grauem Sandstein) nördl. vom Kath. Friedh., Weingartenbergstr.

**Bielefeld**

Am Mädchengymnasium B. wirkte lange Jahre **Bernhard Bavink** (1879 Leer – 1974 B.). Das Gymnasium trägt seit 1947 seinen Namen; eine steinerne, wenig auffallende Tafel ganz unten am Haupttreppeneingang weist darauf hin.[35]

▭Alter Sennefriedh.
→ Leer

**Bilin** (Bilina; Böhmen, CSSR)

B. ist der Geburtsort des Paläontologen **August Emanuel Ritter von Reuss** (1811 B. – 1873 Wien), Prof. in Prag, seit 1863 in Wien. Auch sein Vater **Franz Ambros Reuss** (1761 Prag – 1830 B.), Badearzt in B., war eifrig geologisch tätig.

**Δ**(in B.-Sauerbrunn, jetzt Lazne Kyselka) für Vater und Sohn, mit Kopf-Reliefs. Die dt. Inschriften sind entfernt.

**Bingen**

**Hildegard von Bingen** [Abb. 27] (1098? Bermersheim, Krs. Alzey – 1179 Bingerbrück bei B.), trat in das Benediktinerinnen-Kloster auf dem Disibodenberg (südw. Kreuznach, als Ruine erhalten) ein, wurde dort Äbtissin und gründete 1147 ein Kloster auf dem Rupertsberg (südl. von Bingerbrück, jetzt Stadtteil von B., 1632 von den Schweden zerstört). H. gilt nicht nur als bedeutende Mystikerin und Heilige, sondern gab auch als erste genaue, auf eigener Anschauung begründete Beschreibungen von Heil- und Nutzpflanzen.

An der Kath. Kirche Bingerbrück (Koblenzer Str.) eine Statue der Heiligen; an der Mauer eine **GT**, die stilisiert das Kloster vom Rupertsberg zeigt mit dem Hinweis, daß dort von 1147–79 „die Seherin St. Hildegard" lebte.
→ Bermersheim, Andernach

**Bohlsbach** (bei Offenburg, Ortenaukreis, Baden)

**Lorenz Oken** (1779 B. – 1851 Zürich), Zoologe und Naturphilosoph, Gründer der Gesellsch. Dt. Naturf. und Ärzte (→ Jena).

**GT** am Geburtshaus, Okenstr. (nahe der Kirche)
→ Offenburg, Jena, Pfannenstiel, Zürich

**Bonn**

Universitätsstadt 1786–97 und seit 1818. Zahlreiche Gräber Bonner Professoren sind auf dem „Alten Friedhof" (Karte 1) und dem alten Poppelsdorfer Friedhof erhalten.[37]

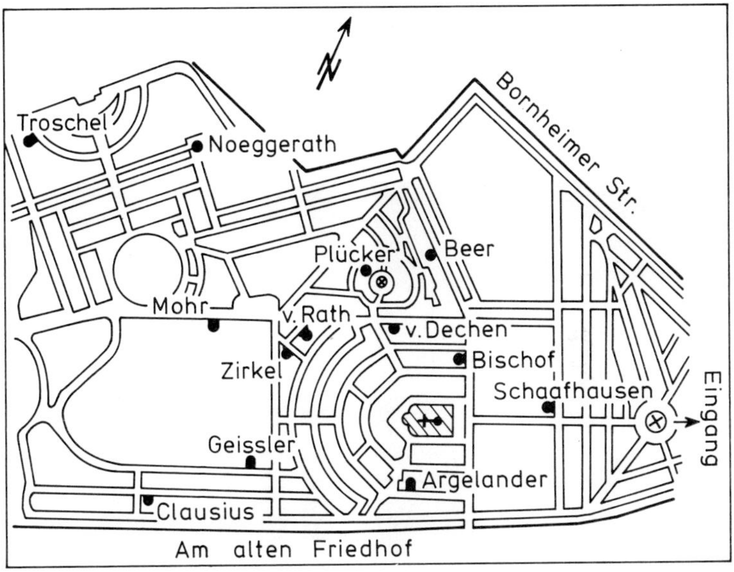


Karte 1. Alter Friedhof, Bonn

**Friedrich W. A. Argelander** [Abb. 28] (1799 Memel/Ostpreußen – 1875 B.), Astronom

> *Argelander war ein Meister der Beobachtungskunst, zugleich durch seine große Erfahrung und sein leuchtendes Beispiel ein unvergleichlicher Lehrer dieser edlen Kunst... Für die Einführung eines Jüngers der Astronomie in die große praktische Arbeit konnte weder ein besserer Lehrer noch ein besserer Aufenthalt gedacht werden, als die Bonner Sternwarte mir damals darbot.*
>
> Wilh. Foerster über seine Bonner Studentenzeit 1852–54 (Lebenserinnerungen, 1911)

A. war Schüler von Bessel in Königsberg, dann an den Sternwarten Turku und Helsinki; 1836 nach B. berufen, wo er nach Plänen Schinkel's eine neue (heute nicht mehr benutzte) Sternwarte an der Poppelsdorfer Allee errichtete. Das von A. geschaffene Kartenwerk aller Sterne des Nordhimmels bis zur 9. Größe („Bonner Durchmusterung“, mit 300 000 Sternörtern) ist noch heute ein Standardwerk. Die wissenschaftliche Beobachtung der veränderlichen Sterne wurde von A. begründet.

□ m. Marmorbüste (Rob. Cauer), Alt. Friedh.

Abb. 28. F. W. Argelander, Bonn

Abb. 29. A. Kekulé, Bonn

**Heinrich v. Dechen** [Abb. 92] (1800 Berlin – 1889 B.), Geologe. Über sein Leben → Königswinter! ▭ (mit Medaillon) Alt. Friedh. B.

**Wilhelm v. Freeden** (1822 Norden/Emsland – 1894 B.), gründete 1867 die Norddt. (später Dt.) Seewarte. 1876 gab er die Leitung ab und lebte bis 1894 in B., wo er sich besonders mit engl. geogr. Literatur (und deren Übersetzung) beschäftigte und auch politisch tätig war (M. d. R.). Er förderte die 1. dt. Nordlandexpedition.

▭Alt. Poppeldorfer Friedh.

**Heinrich Geißler** (1815 Igelshieb/Thür., jetzt Neustadt a. Rennwege – 1879 B.), Mechaniker. In seiner Bonner Werkstatt für chem. und physik. Apparate konstruierte er für die Untersuchungen von → Plücker über Gasspektren die „G.schen Röhren" und 1855 eine Quecksilberluftpumpe; 1868 Dr. h. c. der Univ. B.

▭Alt. Friedh. B.

**Georg Aug. Goldfuss** (1782 Thurnau b. Bayreuth – 1848 B.-Poppelsdorf). Zoologe und Paläontologe, zuerst Dozent in Erlangen, seit 1818 Prof. in B. und Dir. des Naturhist. Museums. Die monographische Darstellung der dt. Fossilien („Petrefacta Germaniae") mit 205 Taf. war für seine Zeit grundlegend.[38]

▭Alt. Poppeldorfer Friedh., mit großem, liegendem Grabstein und seinem Wahlspruch „Thu nur das Rechte in deinen Sachen, das andere wird sich von selber machen".

**August Kekulé von Stradonitz** [Abb. 29] (1829 Darmstadt – 1896 B.), Chemiker

> *Die Methanformel und die Benzolformel, das waren die leuchtenden Sternbilder, nach denen die Erforscher organischer Verbindungen jahrzehntelang dankbar ihren Kurs gesteuert haben.*
>
> R. Willstätter (Aus meinem Leben, 1949)

Nach seinen genialen Untersuchungen in Heidelberg und Gent kam K. 1867 nach B. und wirkte dort bis 1896.

▭m. lorbeergeziertem Medaillon, Poppelsd. Friedh.
**Δ**(Standbild) vor dem alten Chem. Inst., Meckenheimer Allee
→ Heidelberg

**Hugo Laspeyres** (1836 Halle/Saale – 1913 B.), Mineraloge, Erforscher des vulkanischen Siebengebirges.

▭Alter Kessenicher Friedh. (schöner Blick von seinem Grab auf das Siebengebirge!)

**Friedrich Mohr** (1806 Koblenz – 1879 B.), Pharmazeut; studierte in B., Heidelberg (bei L. Gmelin) und Berlin, übernahm 1840 die väterliche Mohren-Apotheke in Koblenz, 1859 Privatdozent und seit 1867 Prof. d. Pharmazie in B. Auf M. geht die M.sche Waage zur Dichtebestimmung von Flüssigkeiten zurück.

□ Alt. Friedh. B., mit Medaillon und der Inschrift: „Das Erkennen der Natur ist die erhabenste Aufgabe des menschlichen Geistes".

**Johann Jakob Noeggerath** [Abb. 30] (1788 B. – 1877 B.), Geologe

> *Oberbergrat Noeggerath aus Bonn, von dem Verein der Naturforscher aus Berlin zurückkehrend, war heute an Goethes Tisch ein sehr willkommener Gast. Über Mineralogie ward viel verhandelt; der werte Fremde gab besonders gründliche Auskunft über die mineralogischen Vorkommen und Verhältnisse in der Nähe von Bonn.*
>
> J. P. Eckermann, Gespräche mit Goethe, 20. 10. 1828

N. war Autodidakt; zuerst Bergkommissar in französichen Diensten (B. stand 1794–1814 unter französicher Herrschaft), dann im preußischen Bergwerksdienst; nach der Gründung der Univ. B. seit 1818 auch Prof. d. Mineral. und Bergwerkswissensch. Außer wissenschaftlichen Arbeiten (u. a. über das rheinische Erdbeben von 1846) hat N. auch viele populäre Aufsätze geschrieben, sowie als Stadtverordneter und im Landtag gewirkt. Bereits 1829 setzt er sich für die Erhaltung des durch Steinbrüche bedrohten Drachenfels ein. Von seinen 19 Kindern lebten noch 9, als er, fast 90 Jahre alt, starb.[39]

□ m. Δ (Sitzbild, von A. H. Küppers) Alt. Friedh. B.

Abb. 30. J. J. Noeggerath, Bonn

**Julius Plücker** [Abb. 31] (1801 Elberfeld – 1868 B.), Mathematiker und Physiker

> *Plücker kam mir zuerst etwas vornehm vor, wie es die Bonner Professoren meistens sein sollen, nachher aber wurde es ganz gemüthlich, als er auf den Einfall kam, meine Anwesenheit durch eine ganz besonders gute Flasche Wein zu verherrlichen.*
>
> Helmholtz über seine erste Begegnung mit Plücker in Bonn, 1853

Prof. in Halle, in B. 1836. P. arbeitete u. a. über projektive Geometrie. Seine Untersuchungen (unter Mitwirkung von → H. Geißler) über Fluoreszenzwirkung und magnetische Ablenkbarkeit von Kathodenstrahlen führte sein Schüler J. W. Hittorf weiter (1824 B. – 1914 → Münster). Ein anderer bedeutender Schüler von P. war Felix Klein (→ Düsseldorf, Göttingen).

□ m. Marmorbüste in einer Säulenhalle, Alt. Friedh. B.

**Gerhard vom Rath** (1830 Duisburg – 1888 Koblenz), Geologe und Mineraloge, Prof. in B. seit 1863. R. ist viel gereist, besonders in Italien. Das Mineral Tridymit und das Eruptivgestein Tonalit wurden von ihm benannt.

□ mit Marmormedaillon, Alt. Friedh. B.

Abb. 31. J. Plücker, Bonn

Abb. 32. F. Zirkel, Bonn

**Hermann Schaafhausen** (1916 Koblenz – 1893 B.), Anatom. Sch. lehrte seit 1844 in B.; beschrieb die 1856 entdeckten Skelettreste aus dem → Neandertal und erkannte sie – im Gegensatz zu R. Virchow – als prähistorische Menschenreste. 1883 wies er durch seine Ausgrabungen am Martinsberg bei Andernach nach, daß der Bimsausbruch vom Laacher See jünger als der vorzeitliche Mensch war.

□ Alt. Friedh. B.

**Gustav Steinmann** (1856 Braunschweig – 1929 B.), Geologe

> *Als ich am andern Morgen [in Jena] abfuhr, stieg ein noch jüngerer Mann zu mir ins Abteil, geleitet von einer Schar junger und älterer Herren, über die als Universitätsprofessoren nach Aussehen und Auftreten kein Zweifel bestehen konnte. Es war der Geologe Steinmann, der am Abend abgefeiert wurde, wie mir Haeckel erzählt hatte, weil er im Begriff stand, einem Ruf nach Freiburg zu folgen. Er war schon damals als ungemein vielseitiger und anregender Mann bekannt.*
>
> E. Korschelt über Steinmann 1886 (Das Haus an der Minne, 1939)

St. war Schüler von Zittel in München, Privatdozent in Straßburg, 1885 Prof. in Jena, seit 1886 in Freiburg i. Br., seit 1906 in B. Die Neubauten der Geol. Inst. in Freiburg und B. entstanden unter seiner Leitung. St. arbeitete über die Geologie Südamerikas und der Alpen und entwickelte eigene (freilich nicht unwidersprochene) Gedanken zur Stammesgeschichte. 1910 gründete er die Geol. Vereinigung (heute die größte geol. Ges. in Deutschland) und die „Geol. Rundschau". Die Geol. Vereinigung verleiht eine Gustav-St.-Medaille.

□ Grabstein aus rötlichem Kalktuff (mit 2 gekreuzten Hämmern und Goethe's „Wer immer strebend sich bemüht, den können wir erlösen") im Urnenhain des Poppeld. Friedh.[40]

**Ferdinand Zirkel** [Abb. 32] (1838 B. – 1912 B.), Mineraloge

> *Deren Natur deine Forschung Leben gab, sie bleiben ein Denkmal dir: Erz und Stein.*
>
> Grabinschrift von F. Zirkel

Prof. in Lemberg, Kiel, Leipzig und B. Er arbeitete besonders über mikroskopische Gesteinsuntersuchungen.

□ Alt. Friedh.

**Braunschweig**
Seit 1745 Collegium Carolinum, seit 1877 TH (jetzt TU)

**Carl Friedrich Gauß** [Abb. 56, 154] (1777 B. – 1855 Göttingen), „Princeps mathematicorum" („Fürst der Mathematiker")

> *Wir gingen auch zweye zu Fus zu seinen Eltern nach Braunschweig; wo mich wo Gauß nicht in der Stube war seine Mutter fragte, ob aus ihrem Sohn etwas werde? und auf meine Antwort der erste Mathematiker in Europa in Tränen zerflos.*
>
> W. Bolyai[41] an Sartorius v. Waltershausen, 13. 7. 1856

Vater „Bürger und Gassenschlächter". G. zeigte schon als Kind erstaunliche mathematische Begabung. Studium in Göttingen, Promotion 1799 bei J. F. Pfaff in → Helmstedt. Schon 1796 hatte er die geometrische Konstruktion des Siebzehnecks gefunden; durch seine Methode der Bahnbestimmung von Planeten wurde er bei den Astronomen (→ Bremen: Olbers) und im Ausland bekannt; 1807 nach Göttingen berufen.

Geburtshaus Wilhelmstr. 30 (unweit der Katherinenkirche) im Kriege durch Bomben zerstört; **GT** an einem Neubau, am Eingang zum „G.-Keller".
**Δ**(Standbild; F. Schaper, 1879) am G.-Berg (Ecke Inselwall/Schubertstr.); der Granitsockel trägt die Inschrift: „Dem erhabenen Denker, der die verborgensten Geheimnisse der Wissenschaft der Zahlen und des Raumes entschleierte, der die Gesetze der himmlischen und irdischen Naturerscheinungen ergründet und dem Wohle der Menschheit dienstbar gemacht hat, zur Saecularfeier seines Geburtstages in seiner Vaterstadt Braunschweig gewidmet von der dankbaren Nachwelt." **GT** (1977, wenig auffällig), im Eingang des Altgebäudes der Techn. Univ. (Pockelstr. 4), neben den „Schwarzen Brettern"; sie erinnert daran, daß an dieser Stelle einst ein G.scher Triangulationspunkt der Landesvermessung von Hannover lag. Eine Messingmarke „TP [Trigonometr. Punkt] 1802–07" wurde 1977 im Fußboden eingelassen.[42]
→ Helmstedt, Göttingen, Hoher Hagen, Wilseder Berg (Karte 5)

**Bremen**

**Wilhelm Olbers** [Abb. 33, 34] (1758 Arbergen b. B. – 1840 B.), Arzt und Astronom

> *Ich weiß dem Planeten keinen schöneren Namen als den der Göttin, die die Völker alter Zeiten zur Schutzgöttin der reinen Sitten, der makellosen Tugend und des häuslichen Glücks machten. Finden Sie also meine Wahl nicht unschicklich, so heiße Ihr Töchterchen Vesta.*
>
> Gauß am 14. 4. 1807 an Olbers; O. hatte diesen gebeten, dem wenige Tage zuvor entdeckten kleinen Planeten einen Namen zu geben.

Der Pfarrerssohn O. studierte in Göttingen Medizin, daneben auch Mathematik, praktizierte in Wien und wirkte dann als angesehener praktischer Arzt in B. Nebenbei und seit 1820 (als er aus Gesundheitsgründen seine Praxis aufgab) hauptsächlich widmete er sich astron. Studien und öffentlichen Angelegenheiten. Seine „Abhandlung über die leichteste und bequemste Methode, die Bahn eines Kometen zu berechnen", durch Zach 1797 veröffentlicht, machte ihn weit bekannt. Er war mit Gauß eng befreundet und stand auch mit anderen Astronomen in lebhaftem Briefwechsel. Zum Jahreswechsel 1801/02 – genau ein Jahr nach der Entdekkung des ersten kleinen Planeten Ceres durch Piazzi in Palermo – fand ihn O. (und bereits am 7. 12. 1801 von Zach) auf Grund der Berechnungen von Gauß wieder auf, und O. entdeckte bald darauf einen zweiten Planetoiden, Pallas, und 1807 Vesta. Als sein größtes Verdienst bezeichnete er es aber, das Genie von F. W. Bessel entdeckt und gefördert zu haben (→ Minden, Lilienthal).

□ umgebettet, seit 1901 auf dem Riensberger Friedh.
**GT** an einem Haus Ecke Sandstr. 16/Violenstr. (seitl. des Doms).
**Δ** (Marmorstandbild; C. Steinhäuser, 1848) in den Anlagen bei der Kunsthalle; am Sockel Reliefdarstellungen (O. als Astronom und als Arzt, sowie Pallas und Vesta).

In B. gibt es eine O.-Ges., die sich der Pflege der Astron. widmet und eine moderne Sternwarte im Neubau der Seefahrtsschule betreibt.

Abb. 34. Relief am Olbers-Denkmal, Bremen

Abb. 33. W. Olbers, Bremen

**Gerhard Rohlfs** [Abb. 43] (1831 Vegesack, jetzt B. – 1896 Rüngsdorf, jetzt Bonn), Afrikaforscher. Als Kind kränklich; 1855–61 in der franz. Fremdenlegion, seit 1861 große Forschungsreisen in Nordafrika: 1864 bis In-Salah (Algerien), 1865–67 von Tripolis zum Tschadsee und nach Lagos, 1869 Siwa, 1873–74 in die Lybische Wüste (mit dt. Gelehrten), 1878–79 Kufra-Oasen.

**Δ**an der Kreuzung Gerhard-R.-Str./Fährgrund in V. (hohes, abstraktes Bronze-Gebilde mit afrik. Motiven; P. Halbhuber, 1961)
→ El Hager

**Albr. Wilh. Roth** (1757 Dötlingen/Oldenburg – 1828 Vegesack, jetzt B.), Arzt und eifriger Botaniker, verfaßte 1788 eine erste dt. Flora.

▭(Kreuz, mit Medaillon) neben der Vegesacker Kirche.

---

**Breselenz** (Dorf bei Dannenberg/Elbe, Niedersachsen)

Der Mathematiker **G. F. Riemann** wurde 1826 in B. geb. Das Geburtshaus (das alte Pfarrhaus) ist nicht mehr erhalten; eine Straße ist nach R. benannt.

**Δ** (Findling mit **GT**; 1976) an der Kirche
→ Göttingen

Abb. 35. G. Mendel, Brünn

**Brünn** (Brno, Tschechoslowakei)

**Gregor Mendel** [Abb. 35] (1822 Heinzendorf/Österr. Schlesien – 1884 B.), Vererbungsforscher, trat in das Augustinerkloster B. ein; Studium in Wien, Lehrer in B., 1868 Abt seines Klosters. Seine berühmten Kreuzungsversuche mit der Gartenerbse wurden 1866 veröffentlicht, blieben aber vergessen. Erst 1900 haben Correns (→ Tübingen), De Vries (Amsterdam) und Erich Tschermak (→ Wien) die „M.schen Gesetze" unabhängig voneinander wieder entdeckt, auf denen sich die moderne Vererbungsforschung aufbaut.

▭Zentralfriedh. B., Augustiner-Gruft. **Δ** im Altbrünner Klostergarten (Standbild; die dt. Beschriftung wurde nach 1945 entfernt).[43]
→ Gumpenstein

**Büdingen** (altertümliche Residenzstadt in Hessen, 35 km nordöstl. Frankfurt/Main)

**Ludwig Johann Wilhelm Thudichum** (1829 B. – 1901 London), „Pionier der Gehirnchemie", studierte Medizin hauptsächlich in Gießen, wanderte 1853 nach London aus, wo er als Arzt, Chemiker und Lecturer tätig war.

**GT** am Geburtshaus, einem alten Fachwerkhaus („Luckischer Hof"), Schloßstr. 11. Die GT wurde aus Anlaß des 16. Mosbacher Kolloquiums „Über Lipoide" von der Ges. f. Physiol. Chemie angebracht.

**Cairo**

Für den deutschen Arzt **Theodor Bilharz** wurden 1962, 100 Jahre nach seinem Tode, **GT** an seinem Grab und an seiner alten Wirkungsstätte, dem Hospital Kasr El Ain, angebracht.[44]
→ Sigmaringen

**Caputh** (Dorf an der Havel, südwestl. v. Potsdam)

**Albert Einstein** [Abb. 124] (1879 Ulm – 1955 Princeton/USA), Physiker und Nobelpreisträger.
Das Haus Waldstr. 7 baute sich E. 1929 als Wohnsitz; seit seinem 100. Geburtstag (1979) der Ostberliner Akad. d. Wiss. übergeben und Gedenkstätte.
→ Ulm, Aarau, Zürich, Bern, Berlin, Potsdam

## Celle

**Albrecht Thaer** [Abb. 97] (1752 C. – 1828 Möglin), „Vater des landwirtschaftlichen Fortschritts", war zuerst angesehener Arzt in C., der sich erfolgreich mehr und mehr auch mit der Verbesserung landwirtschaftlicher Methoden beschäftigte; aus diesem Grund 1806 in preußische Dienste berufen, Staatsrat und 1810-19 Prof. an der Univ. Berlin. In Möglin (Oderbruch, bei Wriezen) gründete er ein landwirtschaftliches Lehr- und Forschungsinstitut. Th. führte naturwissensch. Methoden in der Landwirtschaft ein; er wirkte auch bei der Bauernbefreiung mit.

**GT** am Geburtshaus (Schuhstr. 56), am alten Fachwerkhaus Poststr. 6, wo er seine Jugend verlebte (mit Halbrelief des Kopfes), und (seit 1928) am Hause Rundestr. 3, wo er 1781–1804 wohnte.
**Δ**(Marmorstandbild) im südl. Teil der Schloßanlagen (von C. F. Hartzer, 1873, der, wie Th., in Celle geboren wurde)
→ Göttingen, Möglin, Leipzig

*In C. wurde auch der Astronom* ***Moritz Lud. Georg Wichmann*** *(1821 C. – 1859 Königsberg/Ostpreußen) geboren.*

## Chemnitz (jetzt Karl-Marx-Stadt)

**Georg Agricola** (latinisiert aus Georg Bauer; 1494 Glauchau – 1555 Ch.), Arzt und einer der ersten Geowissenschaftler. A. studierte in Leipzig; Schulmeister in Zwickau. Dann med. Studium in Italien; 1527 Stadtarzt in der durch Silber- (und viel später Uran-) Erze berühmten Bergstadt Joachimsthal im Erzgebirge, seit 1533 in Ch. Stadtarzt, mehrmals auch Bürgermeister. Das Hauptwerk „De re metallica" („Vom Bergbau und Hüttenwesen"), in dem A. das damalige Gesamtwissen vom Bergbau zusammenfaßt, ist 1556 in Basel erschienen (Neuausgabe 1956–63; eine engl. Übersetzung rührt von dem amerikanischen Präsidenten H. Hoover her). Da A. dem Katholizismus treu geblieben war, verweigerte man ihm im protestantischen Ch. ein Grab auf dem Friedh. Er wurde daher in Zeitz beigesetzt.

**GT** und Büste unter den Arkaden neben dem Fladehaus am Markt gegenüber dem Standesamt
→ Glauchau, Zeitz

**Joh. Traugott Sterzel** (1841 Missouri/USA – 1914 Ch.), Lehrer und Museumsdir. in Ch., Pflanzenpaläontologe. St. bearbeitete die vielerwähnten verkieselten Baumstämme („Versteinerter Wald") aus dem Rotliegenden der Umgebung (schöne Fundstücke am Naturhist. Museum an der „Straße der Nationen"). Nach ihm heißt ein Ausstellungsraum mit rotliegender Flora im Museum „Sterzeleanum".

**Clausthal-Zellerfeld/Harz**
Bergschule in Clausthal seit 1775, Bergakademie seit 1864 (jetzt TU)

**Joh. Wolfg. v. Goethe** war 1777 in C. bei dem Berghauptmann **C. F. v. Reden** [Abb. 72] (→ Hameln) und befuhr am 8. 12. 1777 die Erzgruben Dorothea-Caroline-Benedicte. (Am 10. 12. bestieg er den Brocken.)

**GT** am Oberbergamt. Der alte Anfahrweg der Bergleute von C. zum Dorothea-Zechenhaus wurde am 8. 12. 1977 in Goethe-Weg umbenannt. Erwähnt sei auch G.s 2. Harzreise 1783, auf der er mit dem Viceberghauptmann Friedr. Wilh. v. Trebra am Rehberger Grabenweg Beobachtungen über den Kontakt von Granit und Grauwackenhornfels anstellte. Auch 1784 war G. zusammen mit Herzog Carl August bei dem mit ihm befreundeten Trebra (→ Freiberg/Sa.) zu Gast.

**Robert Koch** [Abb. 36] (1843 C. – 1910 Baden-Baden), Arzt und Bakteriologe

*Aus der Welt im kleinen*
*Schufst du deine Größe*
*Und erobertest den Erdkreis,*
*Der dankerfüllt dir den*
*Unverwelklichen Kranz*
*Der Unsterblichkeit reicht.*

Inschrift der Robert-K.-Medaille

Nach dem Med.-Studium in Göttingen und ärztlicher Praxis kam K. als Kreisphysikus nach Wollstein (Prov. Posen). Hier begann er seine bahnbrechenden bakteriologischen Untersuchungen, besonders gefördert durch den Breslauer Botaniker F. Cohn, zunächst über Milzbrand. Seit 1880 wirkte er in Berlin.

**GT** am Geburtshaus (Osteröder Str. 13) und Kronenplatz 12: „In diesem Haus verlebte Robert K. seine Jugendzeit 1854–1862".
→ Göttingen, Berlin

Abb. 36. R. Koch, Clausthal

**Friedr. Adolf Roemer** [Abb. 37] (1809 Hildesheim – 1869 C.), Geologe. R. studierte wie seine 2 Brüder Jus, trieb aber als Justizbeamter eifrig Geologie. 1836–43 erschienen seine grundlegenden Monographien über Versteinerungen der norddt. Kreide, des Jura und des Harzgebietes, 1844 wurde er Bergassessor in C., 1861 Vorstand der Bergschule, die vor allem durch seine Tatkraft 1864 zur Bergakademie erhoben wurde.

**Δ**(aus Harzgesteinen, mit Medaillon) an der ev. Kirche, Marktplatz
→ Hildesheim

---

**Combe Varin** (Örtlichkeit im Hochtal Les Ponts, Schweizer Jura, 15 km westl. Neuchâtel, 1 km nördl. Noiraigue; 1021 m; Bl. 1163 [Travers] 1: 25 000. – Combe, kelt., = Mulde)[45]

In einem Landhaus wohnte 1859–81 jeden Sommer der Geologe **Eduard Desor** (1811 Friedrichsdorf/Hessen – 1882 Nizza), Sekretär und Mitarbeiter von Agassiz, dem er nach den USA folgte; 1882 Rückkehr nach Neuchâtel, Prof. d. Geologie, auch politisch tätig.
→ Friedrichsdorf, Pierrabot

In sein Landhaus lud D. zahlreiche Naturforscher ein. Ihre Namen malte er auf die Rinde der Bäume einer Allee. Die Beschriftung ist seitdem immer wieder mit weißer Farbe aufgefrischt worden. Namentlich aufge-

Abb. 37. F. A. Roemer, Clausthal

Abb. 38. F. Roemer u. a., Combe Varin

zählt seien hier nur diejenigen, die auch an anderen Stellen dieses Buches vorkommen (nur für vier sonst nicht weiter vorkommende Forscher der Abb. 38 folgen einige nähere Angaben):
Dove (→ Berlin), Arn. Escher (→ Zürich), O. Fraas (→ Stuttgart), Gressly (→ Bärschwil), Guyot (→ Neuchâtel), O. Heer (→ Ndr. Uzwil), J. Liebig (→ Darmstadt), Pictet (→ Genf), F. Roemer [Abb. 38] (→ Hildesheim), Schönbein (→ Metzingen), Th. v. Siebold (→ München), Studer (→ Bern), Tyndall (→ Belalp), R. Virchow (→ Berlin), C. Vogt (→ Genf), Wöhler (→ Frankfurt), Zittel (→ Bahlingen).

**Pompejus Alexander Bolley** [Abb. 38] (1812 Heidelberg – 1870), Chemiker, seit 1838 an der Kantonsschule Aarau, seit 1855 Prof. d. Chemie am Polytechn. Zürich.

**Heinrich Gerlach** [Abb. 38] (1822 Madfeld/Westf. – 1871 Furka), Lagerstättengeologe im Wallis und in der Toskana. „Er starb, weil ein von einer weidenden Ziege abgelöster Stein ihm auf den Hinterkopf fiel“ (Balmer 1975, S. 77).

**Charles-Frédéric Martins** [Abb. 38] (1806 Paris – 1889 Paris), franz. Botaniker, Prof. in Montpellier, reiste u. a. in Spitzbergen und (mit Desor und Escher) in der Sahara.

**Moritz Wagner** [Abb. 38] (1813 Bayreuth – 1887 München), Geograph, Zoologe und Forschungsreisender in Algier, am Schwarzen Meer, USA, Mittelamerika, Ecuador; gegen die Selektionstheorie von Darwin stellte er 1868 sein Migrationsgesetz.

---

## **Cuxhaven**/Elbe

**Jonathan Zenneck** (1871 Ruppertshofen/Württemb. – 1959 München), Prof. in Danzig, Braunschweig und München, ein Pionier der Funktechnik, machte 1898/1900 an der Elbemündung Versuche mit drahtloser Telegraphie und erzielte eine Reichweite von 52 km.

**GStein** (Kalkstein, mit Kopfrelief, 1956) an der Kugelbake.[46]

---

## **Dannenfels** (Krs. Kirchheimbolanden, Pfalz)

Der Geologe **Wilhelm Karl** (seit 1882 von) **Gümbel** (1823 D. – 1898 München), wurde in der Revierförsterei geboren.
→ München

## Darmstadt

**August Kekulé von Stradonitz** [Abb. 29] (1829 D. – 1896 Bonn), Chemiker. Erinnerungsstücke im Inst. f. Chem. Techn. wurden im 2. Weltkrieg zerstört.
→ Heidelberg, Bonn

**Justus Liebig** [Abb. 54, 100] (1803 D. – 1873 München), Chemiker. L. trat zunächst eine Apotheker-Lehre in Heppenheim an; studierte dann in Bonn und Erlangen und vor allem in Paris bei Dulong, Thénard, Gay-Lussac (1822–24; mit Hilfe eines Stipendiums des hessischen Großherzogs). Auf Empfehlung von A. v. Humboldt kam er 1824 als Prof. nach Gießen, wo seine eigentliche ruhmreiche Laufbahn begann.
Das Geburtshaus wurde im 2. Weltkrieg durch Bomben zerstört. An der Stelle steht heute das Justus-L.-Haus der Volkshochschule; in deren Eingangshalle **GT** mit dem Kopf von L. und Hinweis auf das Geburtshaus. **Δ**(eine allegorische Frauengestalt von H. Jobst, 1913) für L. auf dem Luisenplatz an der Merck-Apotheke.
→ Heppenheim, Gießen, Bad Salzhausen, Köln, München, Combe Varin

**Heinrich Emanuel Merck** (1794 D. – 1855 D.), Chemiker. 1668 gelangte die Engel-Apotheke in den Besitz der Familie Merck, die noch heute diese Apotheke (seit 1836 am Luisenplatz) betreibt. Auf Heinrich Emanuel M. geht die Gründung des großen pharmaz.-chem. Unternehmens E. Merck (1827) zurück. Emanuel M. war Schüler von J. B. Trommsdorff (1770–1837) in Erfurt; er hatte enge Verbindungen u. a. zu Klaproth und Liebig.
▭Alt. Friedh. Darmstädter Str.[7]

Abb. 39. K. E. v. Baer, Dorpat

**Dillingen** (an der Donau, Bayern)
1554–1804 Universitätsstadt

In D. wurde **Wilh. Sebastian Valentin Bauer** geb. (1822 D. – 1875 München), der sich seit 1849 mit der Herstellung von Unterseebooten beschäftigte; **GT** am Geburtshaus[47]

**Donaueschingen** (an der Donauquelle)

Im Fürstenbergschen Park, ostsüdöstlich vom Schloß, **Δ** (Büste) für den Arzt und Geologen **Wilh. Georg Rehmann** (1792 D. – 1840 D.), Leiter des Fürstl. Naturalienkabinetts.

**Dorpat** (jetzt Tartu, Estland)

**Karl Ernst von Baer** [Abb. 39] (1792 Piep/Estland – 1876 D.), Naturforscher[48]

> *Von St. Petersburg war der große Naturforscher und Nestor der Embryologen, der Entdecker des Säugetier-Eies, Karl Ernst von Baer eingetroffen. Aufrechten Ganges, schlicht und einfach, trat er in den bereits gefüllten Sitzungssaal der Sektion für Anatomie und Physiologie. Da erhoben sich, wie von* ***einem*** *Gefühl der Verehrung hingerissen, alle Anwesenden, und der Vorsitzende, es war Helmholtz, wenn ich nicht irre, begrüßte ihn mit herzlichen Worten. Es war ein unvergeßlicher Augenblick.*
>
> A. Kußmaul über die Tagung der Ges. dt. Naturf. u. Ärzte 1858 in Karlsruhe (Aus meiner Dozentenzeit, 1903)
>
> *Der Mann, der so zerstreut war, weil er gesammelt war.*
>
> A. v. Harnack über K. E. v. Baer (in F. Schmidt-Ott, Erlebtes und Erstrebtes, 1952)

B. entstammt einer alten baltendt. Adelsfamilie, studierte Medizin; Prof. d. Zool. und Anatomie in Königsberg/Ostpreußen und St. Petersburg, dort Mitglied der Akad. d. Wiss.; grundlegende Forschungen über die Entwicklungsgeschichte der Tiere, doch stand er Darwin und Haeckel ablehnend gegenüber. Zahlreiche Forschungsreisen. Das asymmetrische Querprofil großer Ströme erklärte er durch die Einwirkung der Erdrotation („B.sches Gesetz“; → Zürich, A. Heim).

▭ Raadi-Friedh., Alt. Johannesfriedh.[7] **Δ** (Sitzbild; Opekušin, 1886) auf dem Domberg (estn. Toomemägi)
→ Neapel

## Dresden

**Carl Gustav Carus** (1789 Leipzig – 1869 D.), Arzt, Naturforscher, Maler und Philosoph

> *Ich glaube an die Einheit unsers deutschen Vaterlandes und das geistige Bestreben der Menschen. Die, welche – wie Sie und ich – den Wissenschaften leben und die Freuden, welche die Intelligenz gewähren kann, jeder andern vorziehen, müssen unablässig dahin arbeiten, das Band, welches alle wissenschaftlichen Institute verbinden soll, inniger zu knüpfen.*
>
> A. v. Humboldt an C. G. Carus, 15. 6. 1828

Der Mediziner C. wurde 1814 Prof. der Entbindungskunst in D., 1827 königl. Leibarzt. 1828 erschienen seine „Grundzüge der vergleichenden Anatomie und Physiologie". C. war mit Goethe eng befreundet und hat später über ihn „zu dessen Verständnis" geschrieben. Seine philosophischen Werke haben bis in unsere Zeit fortgewirkt. Auch als romantischer Landschaftsmaler hat er sich einen Namen gemacht.

▭Trinitatisfriedh. (unweit des Haupteingangs Trinitatisstr.; an der Friedhofsmauer), mit Bronzemedaillon auf hellem Marmor. Das Medaillon stammt von Ernst Rietschel, Schöpfer des Goethe-Schiller-**Δ** in Weimar und Schwiegersohn von C.; er liegt (wie der Maler C. D. Friedrich) ebenfalls auf dem Trinitatisfriedh.

**Abraham Gottlob Werner** [Abb. 48, 136] (1749 Wehrau – 1817 D.), Mineraloge und Geologe

> *Kaum wendet der edle Werner den Rücken,*
> *zerstört man das Poseidaonische Reich;*
> *wenn alle sich vor Hephästos bücken,*
> *ich kann es nicht sogleich.*
>
> Goethe, Zahme Xenien
>
> *Werner? Ja! Sie führen ihn tod hierher wieder zurück, und es schien fast, als sey er des Pomps wegen, mit welchem diese Zurückfahrt geschah, in D. erst gestorben.*
>
> Trebra aus Freiberg an Goethe, 5. 8. 1817

Der berühmte Gelehrte starb in D. Sein Leichnam wurde in feierlichem Staatsbegräbnis nach Freiberg überführt; an der Stadtgrenze von D., Kesselsdorfer Str., wo er bei nächtlichem Fackelschein den Vertretern Freibergs übergeben wurde, errichtete man eine Gedenkstätte (mit Basaltsäulen, die auf W.s. „neptunistische" Deutung des Basalts hinweisen, aber damit „eigentlich seine Irrtümer verewigen", wie C. G. Carus bemerkte). Die Gedenkstätte an der Kesselsdorfer Str. ist nicht mehr vollständig und nicht mehr genau an der ursprünglichen Stelle.
→ Wehrau, Freiberg

*Der* ***Math.-Phys. Salon D.*** *enthält zahlreiche Ausstellungsstücke zur Geschichte der Physik (→ Brunn – Annaberg, Gärtner – Quatitz)*

**Dudweiler** (nordöstl. Saarbrücken)

> *Ein starker Schwefelgeruch umzog uns; die eine Seite der Höhle war nahezu glühend, mit rötlichem, weißgebranntem Stein bedeckt; ein dicker Dampf stieg aus den Klunsen hervor, und man fühlte die Hitze des Bodens auch durch die dicken Sohlen. Ein so zufälliges Ereignis – denn man weiß nicht, wie diese Strecke sich entzündete – gewährt der Alaunfabrikation den großen Vorteil, daß die Schiefer, woraus die Oberfläche des Bergs besteht, vollkommen geröstet daliegen.*
>
> J. W. v. Goethe, Dichtung und Wahrheit, 10. Buch

**Goethe** besuchte 1770, von Straßburg kommend, den damals berühmten „Brennenden Berg“ (seit 1688 brennendes Steinkohlenflöz).

**GT** (1908, Verschönerungsverein; 1925 wieder errichtet vom Pfälzerwald-Verein) an einer Felswand. 1979 wurde die GT gestohlen, aber 1980 durch einen Nachguß ersetzt.

---

**Bad Dürkheim** (Pfalz)

**Gottlieb Wilh. Bischoff** (1797 D. – 1854 Heidelberg), Botaniker. 1839 Prof. und Dir. d. Bot. Gartens in Heidelberg. Relief im Naturkundl. Heimatmuseum Pollichia.

**Philipp Fauth** (1867 D. – 1941 Grünwald b. München), Volksschullehrer und begeisterter, anerkannter Mondforscher; seit 1937 mit dem Titel „Prof.“.

**GT** am Haus Ecke Phil.-F.-Str./Leopoldstr. (an der Kreissparkasse; 1967).

*In der Heilquelle von D. entdeckte **Robert Bunsen** mit Hilfe der von ihm und Kirchhoff begründeten Spektralanalyse 1860 das neue Element Caesium, 1861 das Rubidium.*

---

**Düsseldorf**[49]

**Johann Friedrich Benzenberg** [Abb. 40, 158] (1777 Schöller – 1846 Bilk b. Düsseldorf), Astronom

> *Daß Benzenberg's Buch viele Beweise von Querköpfigkeit an den Tag legt, ist nicht zu verkennen ... Inzwischen scheint mir diese Querköpfigkeit doch nicht viel mehr zu sein, als bloß einige Steigerung von dem, was Benzenberg von jeher gewesen ist.*
>
> C. F. Gauß an H. C. Schumacher, 11. 9. 1831

B. studierte in Göttingen bei Lichtenberg, promovierte 1800 in Duisburg; Lehrer am Lyzeum D. Bereits als Göttingen Student wies er 1798 zusam-

men mit seinem Studiengenossen H. W. Brandes durch korrespondierende Beobachtungen den kosmischen Ursprung der Sternschnuppen nach (hielt sie freilich später für Auswürflinge von Mondkratern!). Zu seinen Fallversuchen (u. a. im Michaelisturm Hamburg und in einem westfälischen Steinkohlenschacht) lieferte Gauß einen mathematischen Beitrag. In D. gründete er eine Sternwarte. Sie befand sich zunächst auf dem Jesuitengymnasium (heute Stadthaus), Mühlenstr., dann in D.-Bilk. Der tolerante und liberale B. war auch politisch tätig.
Nach B. führten 1847–51 **Franz Brünnow,** 1851–1900 → **Robert Luther** und 1900–37 dessen Sohn **Wilhelm Luther** astron. Beobachtungen an der Bilker Sternwarte weiter.
An diese und die vier Astronomen erinnert das „Astronomendenkmal" (1952) an der alten Bilker Kirche (am Südende der Martinstr.): auf hohem Sockel ein Fernrohr, das aus den Trümmern der Sternwarte (zerstört am 12. 6. 1943 bei einem Bombenangriff) geborgen wurde; die Inschrift erwähnt: die vier Forscher „erwarben sich auf der Bilker Sternwarte für die astronomische Wissenschaft unsterbliche Verdienste und unverwelklichen Ruhm".

**GT** mit Reliefdarstellung (B. als Lehrer) am Stadthaus, Mühlenstr.
→ Wuppertal-Schöller

**Franz Grashof** [Abb. 82] (1826 D. – 1893 Karlsruhe), Prof. an der Polytechn. Schule Karlsruhe, „Mitbegründer des wissenschaftl. Maschinenbaus" (G.-Gedenkmünze des VDI).

**GT** mit Medaillon (1926) am Geburtshaus Citadellstr. 2 (nahe dem Rhein in der Altstadt).
→ Karlsruhe

Abb. 40. J. F. Benzenberg, Düsseldorf

Abb. 41. F. Klein, Düsseldorf. Rechts Spiegelung des Thyssen-Hochhauses

**Felix Klein** [Abb. 41, 59] (1849 D. – 1925 Göttingen), Mathematiker. Als Schüler erhielt K. astron. Anregungen von → Robert Luther. Mit 23 Jahren o. Prof. in Erlangen, dann an der TH München, in Leipzig und seit 1886 in Göttingen.

**GT** am modernen Bankhaus Lampe (Jägerhofstr. 10): „In diesem Hause wurde der Mathematiker Felix Klein am 25. April 1849 geboren".
→ Erlangen, Göttingen

**Robert Luther** (1822 Schweidnitz i. Schlesien – 1900 D.), Astronom, 1851–1900 an der Bilker Sternwarte tätig (→ Benzenberg). Er entdeckte u. a. 1884 den kleinen Planeten Germania, nach dem die Germania-Str. in D.-Bilk benannt ist (dort auch eine Benzenberg-, Robert-L.-, Sternwart-, Planeten-Straße und andere mit „astronom." Namen.
Das Wohn- und Sterbehaus von L. (Martinstr. 102) ist nicht mehr vorhanden.

**Joachim Neander**, ev. Pastor und Kirchenliederdichter, der aus Bremen stammte, aber 1674–79 als Rektor der Lateinschule in D. wirkte. Er war zwar kein Naturforscher, jedoch wurde sein Name für die Geologen und Vorgeschichtler durch das Tal, das er gern besuchte und → Neandertal genannt wurde, und den „Neandertaler Menschen" verewigt.
Die Kirche in der Bolker Str. in D. (in der Altstadt, schräg gegenüber von Heine's Geburtshaus) heißt Neander-Kirche.

## Duisburg
Universitätsstadt 1655–1818

**Gerhard Mercator** [Abb. 42, 127] (latinisiert aus Kremer, 1512 Rupelmonde/Flandern – 1594 D.), Geograph und Kartograph

> *Wer du auch seist, müßig ist es, daß du dich etwa sorgst, dem hier begrabenen Mercator könnte dies bißchen Erde schwer sein. Leicht ist die ganze Erde dem Mann, der als Atlas auf seinen Schultern schon immer das ganze Gewicht der Welt getragen hat.*
>
> Dt. Übersetzung der lat. Schlußworte auf dem Epitaph von Mercator in D.

M. lebte seit 1522 bis zu seinem Tode 1594 in D. 1538 erschien seine erste Weltkarte, 1552 eine große Karte von Europa. Für Seekarten wandte er die nach ihm benannte (aber nicht von ihm erfundene) M.-Projektion an. Das Wohnhaus von M. (Oberstr.) wurde im 2. Weltkrieg durch Bomben zerstört; **GT** im dort errichteten Komplex der Berufsschule.
M.-Brunnen mit **Δ** (Standbild, 1878) vor dem Rathaus.
Epitaph aus Schiefer im südl. Nebenchor der nahen ev. Salvatorkirche mit lateinischer Inschrift für den „Hofrat des römischen Kaisers Karl V., Kosmograph des klevisch-jülischen Herzogs Wilhelm und seines Sohnes Wilhelm", „dem bei weitem ersten Mathematiker seiner Zeit". – Den Namen von M. trägt auch die M.-Halle (nahe dem Hbf.); davor eine moderne Kugelplastik aus Chrom-Nickel-Stahlplatten (v. Friedr. Werthmann, 1963–65) „Hommage à Mercator".
→ Rupelmonde

Abb. 42. G. Mercator, Duisburg

*An der Univ. D. lehrte der Mediziner* ***Johann Leidenfrost*** *(1715 Rosperwenda, Krs. Sangerhausen – 1794 D.), der als einer der ersten das physikalische Phänomen des „L.schen Tropfen" beschrieb.*

---

**Edenkoben** a. d. Weinstraße (südl. Neustadt – W.)

In E. steht das Geburtshaus (Weinstr. 77; **GT**) des Anatomen und Physiologen **Philipp Friedrich Arnold** (1803 E. – 1890 Heidelberg), Prof. in Zürich, Freiburg, Tübingen und seit 1852 Heidelberg. Seine „formvollendeten" „Tabulae anatomicae" erschienen 1838–42.

---

**Eferding** (Ober-Österreich, westl. Linz)

**Johannes Kepler** [Abb. 64, 137, 139] (1571 Weil der Stadt – 1630 Regensburg), Astronom

> *Susanne Reuttinger „obsiegte durch ihre Liebe und durch das Gelöbnis von Bescheidenheit, Sparsamkeit, Fleiß, Liebe zu den Stiefkindern, auch gefiel mir an ihr, daß sie verwaist und ohne Anhang war".*
>
> J. Kepler über seine zweite Frau (aus 11 Kandidatinnen ausgesucht)

J. Kepler, damals in Linz tätig, heiratete am 30. 10. 1613 in der großen Pfarrkirche von E. in zweiter Ehe die „hiesige Bürgerstochter Susanne Reuttinger". Die Hochzeit wurde im alten Gasthaus zum Goldenen Löwen (Stadtplatz 37) gefeiert (**GT**, 1906).[50]
→ Weil der Stadt, Leonberg, Graz, Linz, Regensburg (Karte 13)

---

**Eichtersheim** (Kraichgau, südöstl. Wiesloch b. Heidelberg)

**Friedr. Ratzel** (1844 Karlsruhe – 1904 Ammerland/Starnberger See), Geograph

> *Wenn es die Kressensaat zu schnell verrät,*
> *was für ein Name dir im Herzen steht,*
> *so nimm und mische alles zum Salat*
> *und salze ihn mit Tränen, dies mein Rat,*
> *doch iß die Kresse jung, wenn sie recht zart,*
> *und sprich dazu: Mein Herze, werde hart.*
>
> Verse eines Mädchens Luise, deren Anfangsbuchstaben „L" der Apothekerlehrling Ratzel aus einem Beet sprießen ließ (Jugenderinnerungen, 1904)

R. lernte 4 Jahre in der Apotheke in E.[51]

**GT** (1959) an der ehemaligen Schloßapotheke, Friedr.-Hecker-Str. 7
→ Karlsruhe

**Einbeck** (nördl. von Göttingen)

**Friedr. Wilh. Sertürner** [Abb. 129] (1788 Schloß Neuhaus – 1841 Hameln), Pharmazeut und Chemiker, wirkte in E. 1806–20, wo er die heutige Ratsapotheke errichtete.[52]

**GT** am Haus Lange Brücke 6, in dem S. wohnte (gegenüber die S.-Apotheke, die jedoch keine besonderen Beziehungen zu S. aufweist). S. starb in Hameln, wurde aber in der Bartholomäi-Kapelle in E. (am Ost-Ausgang der Stadt, an der Bundesstraße 3), der Familiengruft seiner Schwiegereltern, beigesetzt. Der Sarg wurde 1917 durch R. Stich identifiziert. Nach der Straße zu ein Felsblock mit der Inschrift „Friedrich Sertürner, dem Entdecker des Morphiums, 1783–1841".
→ Schloß Neuhaus, Paderborn, Hameln

**Elberfeld** siehe Wuppertal

**El Hager** bei Kasser (Dachla-Oase, West-Ägypten)

**Gerhard Rohlfs** [Abb. 43] (1831 Vegesack – 1896 Rüngsdorf) gelangte hierhin im Januar 1874 als Leiter einer dt. Expedition, an der drei weitere Wissenschaftler teilnahmen. An einer Säule des nur als Ruine erhaltenen Ammonstempels (1. Jhd. n. Chr.) eine Inschrift, die die Teilnehmer der Expedition einmeißelten – eine Art „Umweltverschandelung", aber auch eine Erinnerung an die dt. Naturforscher Ascherson, Jordan und Zittel.[53]
→ Bremen

Abb. 43. Ascherson, Jordan, Rohlfs, Zittel, El Hager

**Paul Ascherson** [Abb. 43] (1834 Berlin – 1913 Berlin), Botaniker
→ Berlin

**Wilhelm Jordan** [Abb. 43] (1842 Ellwangen – 1899 Hannover), Geodät; 1868 Prof. in Karlsruhe, 1881 in Hannover, Verfasser eines Hdb. d. Vermessungskunde.

**Karl Alfred Zittel** [Abb. 43] (1839 Bahlingen – 1904 München), Paläontologe.
→ Bahlingen, Combe Varin

---

**Eltingen** (jetzt Ortsteil von Leonberg b. Stuttgart)

**Katharina Gundermann,** die Mutter von Kepler, ist 1547 in E. geboren. Sie wurde 1615 in einen Hexenprozeß verwickelt, der sich über 6 Jahre hinzog. Obgleich Kepler seit seiner Jugendzeit keine gute Meinung von der Mutter hatte, setzte er sich jetzt selbstlos für sie ein und erreichte ihren Freispruch, doch starb sie bald darauf, 74 Jahre alt.

**GT** am Geburtshaus (Carl-Schmincke-Str. 54)
→ Weil der Stadt, Leonberg, Linz

---

**Elze** (im Leine-Tal)

**Louis Krüger** (1857 E. – 1923 E.), Geodät, Prof. und Abt.-Dir. am Geodät. Inst. Potsdam. Er bearbeitete den geodät. Nachlaß von Gauß.[54]

□ Friedh.
**GT** am Geburtshaus, Hauptstr. 33. Denkstein im Stadtpark.

---

**Erl** (Tirol, nördl. Kufstein)

**Adolf Pichler** (seit 1877 Ritter v. Rautenkar; 1819 E. – 1900 Innsbruck), Dichter und Geologe. Der Sohn eines Zollamtsschreibers studierte Medizin; 1848 Tiroler Freiheitskämpfer gegen Italien, seit 1867 o. Prof. d. Mineralogie und Geol. in Innsbruck. Er hat als erster den bis heute viel diskutierten „Bimsstein“ von Köfels (Ötztal) beschrieben und eine erste geol. Darstellung Tirols gegeben. Den Tirolern ist er freilich hauptsächlich als Heimatdichter und Patriot bekannt – diesem gelten GT und **Δ**.

**GT** (mit Kopfrelief) am Geburtshaus, dem alten Zollhaus am österr.-dt. Fußgänger-Übergang 2 km südl. E. nach Ndr. Audorf, unmittelbar am Inn.
→ Innsbruck

## Erlangen
Universitätsstadt seit 1743

**Carl Friedrich Philipp** (später von) **Martius** ]Abb. 125] (1794 E. – 1868 München), Botaniker. M. erforschte 1817–20 Brasilien; seit 1826 Prof. d. Botanik in München. Seine Monographien über die bras. Flora sind Standardwerke.

**GT** für den „Kgl. Geheimrath" am Geburtshaus, der Hofapotheke (Ecke Apothekergasse/Neustädter Kirchenplatz)
→ München, Rio de Janeiro

**Georg Simon Ohm** [Abb. 112] (1787 E. – 1854 München), Physiker

> *In dieser engsten Wohnung nun habe ich bei den Meinigen die ersten 19 Jahre meines Lebens zugebracht, mit Inbegriff dreier Universitätsjahre.*
>
> Martin Ohm (jüngerer Bruder von Georg Simon Ohm) über das ärmliche Geburtshaus

Vater kenntnisreicher Schlossermeister. Nach Studium, Promotion und Erwerbung der facultas legendi in E. hielt O. 1811–12 Vorlesungen in der Erkerstube des Hauses Friedrichstr. 20 (**GT**; auch sein Bruder Martin, Mathematiker, hielt dort 1812–17 Vorlesungen).[55]

**GT** auch am Geburtshaus, Fahrstr. 11, in dem Joh. Wolfg. O. „als wahrer Meister seine später berühmten Söhne" „erzog und lehrte".
→ Köln, Nürnberg, München

**K. H. Christian v. Staudt** (1798 Rothenburg o. T. – 1867 E.), Mathematiker, wirkte 1833–67 als Prof. der Math. in E. Sein Nachfolger war Felix Klein, dessen „Erlanger Programm" (1872) in der Geschichte der Geometrie eine Rolle spielt.

**GT** am Haus Ob. Karlstr. 14, in dem S. starb (▭ jedoch in → Rothenburg o. T.!)

---

**Eschersheim** siehe unter Frankfurt a. M.

---

**Esens** (Ostfriesland; 30 km östl. Norden)

Der „Fabriciusweg" erinnert an den Pfarrer und Astronomen **David Fabricius** [Abb. 121] geb. 1564 in E.
→ Osteel

## Essen

Das Gut Barkhoven in E.-Heidhausen ist die Geburtsstätte von **Ludger Mintrop** (1880 E. – 1956 E.). Der Markscheider M. promovierte 1911 in Göttingen (bei E. Wiechert), war grundlegend an der Entwicklung der Sprengseismik beteiligt, die er seit 1923 erfolgreich in den USA anwendete, Mitbegründer der „Seismos", 1928–45 Prof. d. Markscheidekunde und Geophysik an der TH Breslau.

Gedenkstätte (1965) in E.-Heidhausen an der Straße Am Clemensborn (Ecke Albermannstr.; an der Stelle ist eine schöne Falte von Karbon-Schichten aufgeschlossen).[55a]
Die nahe M.-Straße und GT und GStein am Gut Barkhoven erinnern an den Maler Theodor M. (1814–70)

## Esslingen am Neckar

**Carl Deffner** (1817 E. – 1877 E.), tüchtiger einheimischer Geologe.

**GStein** (schwarzer errat. Kalksteinblock aus Oberschwaben) am Schelztor.

**Ferdinand** (später Ritter von) **Hochstetter** [Abb. 44] (1829 E. – 1884 Ober-Döbling, jetzt Wien), Geologe. Vater Prof. am ev. Schullehrerseminar, eifriger Botaniker. H. war Schüler von Quenstedt in Tübingen und kam 1852 an die Geol. Reichsanst. Wien. 1857–59 leitete er die österr. Novara-Weltumseglung, Erforscher Neuseelands; seit 1860 Prof. an der TH Wien, seit 1876 Intendant des Naturalienkabinetts Wien, dessen geol. u. anthropol. Abt. er einrichtete.

**GT** mit Halbrelief des Kopfes am Geburtshaus (der heutigen Sekt-Kellerei Kessler), Archivstr./Ecke Marktplatz.-Zehntgasse
→ Wien

Abb. 44. F. v. Hochstetter, Esslingen

## **Euskirchen** (südl. Köln)

**Emil Fischer** [Abb. 13, 45, 106] (1852 E. – 1919 Berlin), Chemiker und Nobelpreisträger

> *Der Junge ist zum Kaufmann zu dumm, so soll er denn in Gottes Namen studieren.*
>
> Der Vater von Emil Fischer über seinen Sohn[56]

Der Vater war Kaufmann. F. war Schüler von A. v. Baeyer in Straßburg, 1882 Prof. in Erlangen, 1885 Würzburg, 1892 Berlin.

**GT** am Geburtshaus Kölner Str. 19 („Für einen der größten Meister auf dem Gebiet der organischen Chemie"). Am Emil-F.-Gymnasium **GT** (mit Medaillon) des Rhein. Bezirksvereins der Ges. dt. Chemiker.
→ Berlin, Mülheim

Abb. 45. E. Fischer, Euskirchen

## **Eutin** (Holstein)

**Julius Schmidt** (1825 E. – 1884 Athen), Astronom

> *Er hat die Astronomie von den Hyperboreern den Hellenen zurückgebracht.*
>
> Baedeker's Reiseführer Griechenland (1888)

Ohne studiert zu haben, war S. an den Sternwarten Bilk b. Düsseldorf, Bonn (1846–53, bei Argelander) und Olmütz tätig und schließlich von 1858 bis zu seinem Tode Direktor der von ihm begründeten Sternwarte in Athen, „freilich ohne zur Gründung eines Hausstandes die Zeit erübrigen zu können". Er untersuchte veränderliche Sterne und schuf (vor dem Einsatz der Fotografie) eine detaillierte Mondkarte von 2 m Durchmesser, war auch vulkanologisch interessiert (Vesuv, Santorin) und versuchte auf Anregung von Noeggerath in Bonn, bei dem rheinischen Erdbeben von 1846 die Geschwindigkeit der Erdbebenwellen zu berechnen (was allerdings wegen der völlig ungenügenden Beobachtungsgrundlagen zu einem ganz falschen Ergebnis führte). Dr. h. c. der Univ. Bonn.

**GT** am Geburtshaus, Stolbergstr. 19

*In E. wurde um 1620* ***Nikolaus Mercator*** *geboren, Mathematiker und Wasserkunstingenieur, der die Wasserkünste von Versailles errichtete und die logarithm. Reihe entdeckte.*

---

## Frankfurt a. M.

Universitätsstadt seit 1914

**Paul Ehrlich** (1854 Strehlen/Schlesien – 1915 Homburg), Serologe

> *Ehrlichs Raum war für den Besucher erschütternd schlicht und einfach. Eine Eremitenhöhle der Wissenschaft, von deren Wänden die Stalaktiten hochgestapelter Zeitschriften, loser Blätter, Tabellen und statistischer Tafeln den Dunst der Wissenschaft nur so herabträufelten, und mitten durch diese Grotte von papiernen Gedankenkristallen, in einem schmalen Gäßchen durch den Wust von Protokollen gelangte man zu dem Hans-Sachsen-Sessel dieser kleinen Majestät der Wissenschaft. Hier saß und empfing er, immer rauchend und sofort Importen anbietend, die Gesandten aus allen Reichen, Domänen, Statthalterschaften und wohl auch exotischen und antarktischen Provinzen der Medizin.*
>
> C. L. Schleich (Besonnte Vergangenheit, 1920)

E. studierte Medizin; seit 1890 war er Mitarbeiter von R. Koch, 1896 Leiter eines Inst. f. Serumforschung in Berlin, 1899 eines neugebauten Inst. f. experim. Therapie in Frankfurt a. M., Sandhofstr. 4, 1908 auch des Georg-Speyer-Hauses in Frankfurt (einer Forschungsstätte für chemotherapeutische Untersuchungen). Mit R. Koch und Behring wurde E. zum Mitbegründer der modernen Chemotherapie bei Infektionskrankheiten. Am bekanntesten wurde die Entdeckung des Salvarsan (1910, zusammen mit dem Japaner S. Hata) als wirksames (heute allerdings kaum noch verwendetes) Mittel gegen Syphilis und andere Krankheiten. 1908 Nobelpr. f. Physiol. und Med.

▭ Jüd. Friedh. (am Hauptfriedh., Eingang Rat-Beil-Str. gegenüber Spohrstr.) – 1899–1915 wohnte E. im Hause Westendstr. 62

Das Gmelin-Institut f. anorg. Chemie (MPI) erinnert mit seinem Namen an **Leopold Gmelin** (→ Heidelberg; direkte Beziehungen zu F. bestehen nicht).

**Otto Hahn** (1879 F. – 1968 Göttingen), Chemiker und Nobelpreisträger. Das Geburtshaus ist nicht erhalten, aber an dessen Stelle ein Erinnerungsmal errichtet (Knud Knudsen; Kopf und **GT**); Ziegelgasse (früher Bockgasse).→ Marburg, Berlin, Mainz, Göttingen

**Philipp Reis** [Abb. 46, 50] (1834 Gelnhausen – 1874 Friedrichsdorf) hat das von ihm erfundene „Telefon“ (dessen Namen er prägte) im Physikalischen Verein F. (damals im Haus der Senckenberg. Naturf. Ges. am Eschenheimer Turm) am 26. 10. 1861 erstmals einem größeren Kreis vorgeführt. Die Übertragung von Musik und Sprache erfolgte über 100 m Entfernung aus dem Bürgerhospital zum Vortragssaal.

ΔEschenheimer Anlage (gegenüber Oederweg, nahe Eschenh. Turm; Fr. Hausmann, 1919); große Büste aus Stein auf hohem Sockel, rechts und links „zwei nackte Jünglinge, von denen ein Spötter behauptet, sie telefonierten einander die letzten Börsenkurse zu“[57].
→ Gelnhausen, Friedrichsdorf

**Matthias Schleiden** (1804 Hamburg – 1881 F.), Botaniker, begründete mit Th. Schwann (→ Neuß) die Zellentheorie der Organismen.

□Hauptfriedh.[7]

**Johann Christian Senckenberg** (1707 F. – 1772 F.), Arzt und Stadtphysikus in F., vermachte sein Vermögen einer Stiftung für naturwiss. Einrichtungen, Bibliothek, Bürgerhospital. Die angesehene „Senckenbergische naturforsch. Ges.“ wurde 1817 nach einem Aufruf Goethe's gegründet.

Δ(Büste) vor dem Naturmuseum S., S.-Allee

Abb. 46. Ph. Reis, Frankfurt

Abb. 47. S. Th. Soemmering, Frankfurt

**Samuel Thomas** (seit 1808 von) **Sömmering** [Abb. 47] (1755 Thorn/Westpreußen – 1830 F.), Anatom

> *Bürger sagt mir, Sie wären, wie er glaube, verliebt. Recht so. Mich freut es immer, wenn ich von einem verliebten Anatomiker und Physiologen höre; da schneiden sie und zerlegen und betrachten die Partes und raisonnieren, und am Ende müssen sie doch die ganze unzerstückelte Maschine nehmen, um vergnügt zu sein.*
>
> G. Ch. Lichtenberg an Sömmering, 2. 6. 1786

S., ein vielseitig interessierter Forscher, wurde 1779 Prof. d. Anatomie in Kassel, 1784 in Mainz, 1804–20 an der Akad. d. Wiss. München und Leibarzt, seit 1820 in F. Als erster beschrieb er den „Gelben Fleck" in der Netzhaut. 1809 erfand er einen elektr. Telegraphen.

▭Hauptfriedh. (Nr. 178 an der Mauer Rat-Beil-Str., gleich dahinter, mit Medaillon, ▭ seines Sohnes D. W. S.). Das 1897 errichtete **Δ** in der Bockenheimer Anlage steht nicht mehr.

**Friedrich Wöhler** [Abb. 61] (1800 F.-Eschersheim – 1883 Göttingen), Chemiker. W. wirkte hauptsächlich in Göttingen.

**GT** am Geburtshaus in Eschersheim. (Die Mutter von W., die wegen einer Kontroverse ihres Mannes mit dem Kurprinzen von Hessen-Kassel ihre Wohnung in Hanau verlassen mußte, hatte bei ihrem Schwager, dem Pfarrer von Eschersheim, Zuflucht gefunden.) – In dem Haus befindet sich heute das Wöhlerheim, dessen Stiftung auf den Vater von W. zurückgeht.
→ Göttingen, Combe Varin

---

**Franzensbad** (heute: Františkovy Lázně) bei Eger

2 km südl. von dem kleinen Badeort Fr. in Nordböhmen hat der kleine Kammerberg (oder Kammerbühl), aus basaltischen Schlacken aufgebaut, eine wichtige Rolle im Streit der „Neptunisten" und „Plutonisten" (→ A. G. Werner, Freiberg) gespielt. **Goethe** besuchte ihn mehrmals (1822 in Begleitung des schwedischen Chemikers J. J. Berzelius), ebenso A. G. Werner, und Goethe veranlaßte seinen Freund, den böhmischen Grafen und Paläobotaniker **Caspar von Sternberg**, den kleinen Vulkan durch einen Stollen genau zu untersuchen.[58]

Der Kopf Goethe's ist in einen der Basaltfelsen eingemeißelt mit der Inschrift „Goethe, dem Erforscher des Kammerbuehls, 1802–1822". Der noch erhaltene Stolleneingang trägt die Inschrift „Den Naturfreunden gewidmet von G. K. Sternberg", 1837. Graf Sternberg (1761 Prag – 1838 Horni Stupno) liegt in einem Mausoleum in Horni Stupno bei Radnice, zwischen Prag und Pilsen, begraben.

**Freiberg** i. Sachsen

Die Bergakademie, 1765 als älteste der Welt gegründet, brachte der alten Bergbaustadt zur Zeit A. G. Werner's Weltruhm ein.[59] – Karte 2.

**Leopold v. Buch** [Abb. 69] (1774 Stolpe – 1852 Berlin), Geologe

> *Man soll nicht einseitig sein, auch nicht in der Geognosie. Ein goldener Grundsatz, ohne welchen arge Verirrungen nicht zu vermeiden sind.*
>
> L. v. Buch, 1809

B. studierte 1790–92 bei A. G. Werner. Die „einseitigen" neptunistischen Ansichten seines Lehrers, den er trotzdem verehrte, hat B. (wie auch A. v. Humboldt) später mit widerlegt. (Freilich hat auch B. einseitige Meinungen heftig vertreten!) Die mehr als 60jährige Freundschaft zwischen B. und Humboldt begann in F.

**GT** am alten Hauptgebäude der Akademie
→ Stolpe, Göttingen, Berlin, Großraming

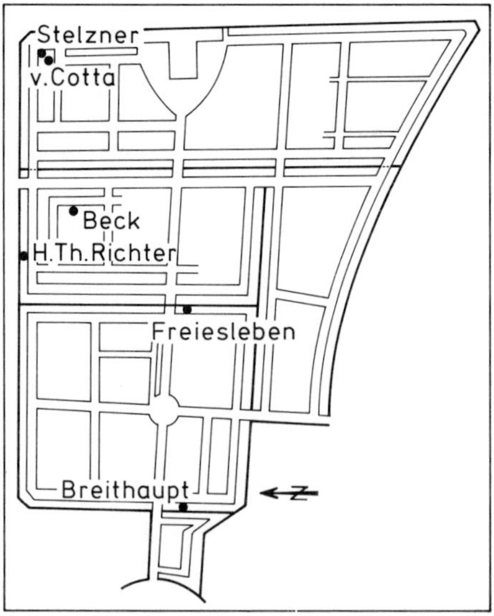


Karte 2. Neuer Donatsfriedhof, Freiberg i. Sa. (Nach einer Karte von O. Wagenbreth)

**Joh. Friedr. Wilh. v. Charpentier** (1728 Dresden – 1805 F.), „berühmter Berg- und Hüttenmann, Gebirgsforscher und Mineralog"

*Der ist der Herr der Erde,*
*wer ihre Tiefen mißt*
*und jeglicher Beschwerde*
*in ihrem Schoß vergißt.*
*Wer ihrer Felsenglieder*
*geheimen Bau versteht*
*und unverdrossen nieder*
*zu ihrer Werkstatt geht.*

Novalis (1772–1801), Bergmannslied

Ch. stammte aus einer Hugenottenfamilie; 1767 Prof. d. Mathematik und Zeichenkunst an der neuerrichteten Bergakad. F., zuletzt Berghauptmann; erste geognost. Karte von Kursachsen; manchmal anderer Meinung als A. G. Werner. **Joh. v. Ch.** (→ Bex, Monthey) war sein Sohn.

Wohnhaus Burgstr. 11 (jetzt Karl-Marx-Str.); **GT** erinnert an den Bergbaustudenten (1797–99) und Dichter Novalis (Friedr. v. Hardenberg), der mit Julie v. Ch. verlobt war.

**Bernhard v. Cotta** (1808 Zillbach b. Eisenach – 1879 F.), Geologe

*Sie haben die Natur auf eine so vollkommene Weise nachgeahmt, daß man Ihre Arbeiten ebenso gut als die Originale dem Vergrößerungsglas unterwerfen und sich dadurch von Ihrer ebenso großen Aufmerksamkeit als Geschicklichkeit überzeugen muß.*

Goethe am 15. 3. 1832 (eine Woche vor seinem Tode) in einem Dankbrief an B. v. C. für dessen Tafelwerk über verkieselte Baumstämme, meist von Chemnitz

Vater war Heinr. C. (→ Tharandt). Bernh. C. war Prof. d. Geol. in F. 1842–74. Er hat in Sachsen, aber auch im Altai geologisch (nicht zuletzt paläobotanisch) gearbeitet und viel zur Popularisierung der geol. Wissenschaft beigetragen.

□ mit Granitplatte aus der Oberlausitz, Neuer Donatsfriedh.
**GT** mit Medaillon an seinem Wohnhaus (Beethovenstr. 7)

**Carl Freiesleben** (1774 F. – 1846 F.), Bergmann

*Mein einziger Umgang ist der Sohn des hiesigen Markscheiders Freiesleben, mit dem ich fast stündlich über und unter Tage beisammen bin, ein junger, überaus liebenswürdiger Mann, der einmal viel für die Wissenschaften verspricht. Mit ihm bin ich einen großen Theil von Böhmen bis Prag zu Fuß durchzogen. Wir hatten bloß noch einen Bergmann mit einem Schubkarren bei uns, der unsere Wäsche und Mineralien karrte. Ein sonderbarer Aufzug!*

A. v. Humboldt an A. Maclean; Freiberg, 14. 10. 1791

Vater war der Markscheider Johann Friedr. F., in dessen Haus Humboldt wohnte und dort Freundschaft mit Carl F. schloß. – Carl F. war zuletzt Oberberghauptmann; sein Name lebt in einem bekannten fossilen Fisch aus dem Mansfelder Kupferschiefer weiter (Palaeoniscus freieslebeni).[60]

□ Neuer Donatsfriedh.
**GT** (für Humboldt) an dem alten Patrizierhaus von Joh. Friedr. F., Weingasse 2

**Alexander v. Humboldt** [Abb. 19, 20] (1769 Berlin – 1859 Berlin)

> *Ich stehe alle Tage um 5 Uhr auf und gehe, da die Gruben alle ½ auf ¾ Stunden von F. entfernt sind, sogleich auf die Grube um anzufahren. Ein 5 Stunden beschäftige ich mich unter der Erde, bald um die natürl. Beschaffenheit der Gänge, bald die Art des Abbaus zu studieren. Ich habe die gemeinen Arbeiten auf dem Gesteine alle selbst gelernt, wie wir es nennen, meine Lehrhäuerschicht aufgefahren, und noch heute Morgen war ich mit Bohren und Schießen beschäftigt, Um 11 oder 12 Uhr komme ich aus der Grube und nun sind fast alle Stunden des Nachmittags mit Kollegien besetzt – Oryktognosie und Geognosie bei Werner, Markscheiden, Probieren auf Silber, Risse und Maschinenzeichnen.*
>
> A. v. Humboldt an A. Maclean; Freiberg 14. 10. 1791

**GT** am Haus von → Freiesleben, Weingasse 2, wo H. als Student wohnte. 1826 wohnte er für einige Tage im „Roten Hirsch".
→ Berlin, Arzberg, Goldkronach, Bad Steben, Vallendar, Köln.

**Friedr. Wilh. Heinr. v. Trebra** (1740 Altenstedt/Thür. – 1819 F.), zuletzt Oberberghauptmann in F.
Er war der erste Student der Bergakad. und eng mit Goethe (→ Clausthal) befreundet; T. beriet ihn beim Bergbau in → Ilmenau.

□ Alt. Donatsfriedh. Ein mächtiger Serpentinwürfel erinnert daran, daß ihm auch der Zöblitzer Serpentin-Abbau unterstand.
→ Clausthal

Abb. 48. A. G. Werner, Freiberg

Abb. 49. C. Winkler, Freiberg

**Abraham Gottlob Werner** [Abb. 48, 136] (1749, nicht 1750, wie man früher annahm! Wehrau am Queis – 1817 Dresden), Geologe und Mineraloge

> *Die kleine Schule in Freiberg, anfangs nur bestimmt, Bergleute für Sachsen auszubilden, erneuerte bald das Schauspiel der ersten Universitäten im Mittelalter; dorthin eilten Schüler aus allen nur einigermaßen zivilisierten Ländern. In den entferntesten Gegenden sah man Männer, schon in Jahren vorgerückt, Gelehrte, schon zu Ruf gelangt, sich angelegentlich mit Erlernung der deutschen Sprache beschäftigen, nur um die Fähigkeit zu erlangen, das große Orakel der Geologie zu verstehen.*
>
> G. Cuvier im Nachruf auf A. G. Werner in der Pariser Akademie.

W., der „Vater der dt. Geologie", der „alte Berggeist" (Carus), unverheiratet, wirkte als erfolgreicher Lehrer 1775–1817 in F. Er begründete die systematische Beschreibung der Mineralien und Gesteine und erkannte die erdgeschichtliche Aufeinanderfolge einzelner großer Schichtenkomplexe, aber er vertrat ganz irrige Auffassungen über die Vulkane und vulkanischen Gesteine, vor allem über Basalt und Granit, die er als Ablagerungen im Wasser erklärte („Neptunismus", im Gegensatz zum „Plutonismus"). Der mit ihm befreundete Goethe war einer seiner treuen Anhänger. Mit dem Tod W.s setzten sich die Plutonisten rasch durch. Seine berühmte Mineraliensammlung verkaufte W. für 40 000 Taler an die Bergakad.

□ seit 1861 am Dom (nahe der „Goldenen Pforte") mit der Inschrift: „Hier ruhet Abraham Gottlob Werner. Dieses Denkmal errichtete ihm schwesterliche Liebe. Ein bleibenderes Er selbst".
**Δ** mit gußeiserner Büste (E. Rietschel, 1850) in den Ring-Anlagen am Schloß Freudenstein (Otto-Nuschke-Platz, nahe der Stelle des ehemaligen Kreuztores). Der Name L. v. Buch's am Sockel weist auf dessen erheblichen geldlichen Beitrag an der Aufstellung hin. Im Gegensatz zur Büste trägt der Sockel das richtige Geburtsjahr von W.[61]
Ein Gebäude der Bergakad. in der Brennhausgasse heißt „Abr.-Gottl.-W.-Haus".

**Clemens Winkler** [Abb. 49] (1838 F. – 1904 Dresden)
W. war zuerst Chemiker im väterlichen Blaufarbenwerk, 1873 wurde er auf den Lehrstuhl f. Chemie in F. berufen, 1896 Leiter der Bergakad. Bei der Analyse des silberhaltigen F.er Minerals Argydorit erhielt er auffallende Fehlbeträge, hinter denen er ein unbekanntes Element vermutete; er isolierte es 1886: das Germanium. Wichtige Untersuchungen galten auch der techn. Gasanalyse und der Kontaktschwefelsäure-Synthese.

**GT** Brennhausgasse 5, wo W. 1873–1902 wohnte und arbeitete.
**Δ** mit Medaillon in den Anlagen südl. der Akad. Kampfbahn

Zwei Studenten der Bergakademie wurden als Dichter bekannt: **Friedrich von Hardenberg** (**Novalis;** → Charpentier) und **Theodor Körner** (1791–1813), **Δ** (Büste) Leipziger Str. 9, **GT** am Untermarkt. – Auf dem Donatsfriedh. liegen auch begraben **Carl R. Beck** (1858 Niederpfannenstiel b. Aue – 1919 F.), Lagerstättengeologe; **Aug. Breithaupt** (1791 Probstzelle – 1873 F.), Mineraloge und Lagerstättengeologe; **Hieronymus Theodor Richter** (1824 Dresden – 1898 F.), Chemiker, entdeckte zusammen mit **Ferd. Reich** 1863 in der schwarzen Zinkblende von F. das neue Element Indium.

---

## Freiburg im Breisgau
Universitätsstadt seit 1457

**Albertus Magnus** [Abb. 87, 94] (1193? Lauingen – 1280 Köln), Theologe und Naturforscher, lehrte auch in F.
Δ(große Bronze-Statue) an der Außenwand der Badischen Commun. Handelsbank (Rotteckring, Ecke Unterlinden), an der Stätte des 1944 durch Bomben zerstörten Predigerklosters
→ Lauingen, Köln, Hildesheim, Regensburg, Andernach

**Ludwig Aschoff** (1866 Berlin – 1942 F.), Pathologe

> *Als Aschoff zu uns kam, war er Mitte Dreißig; flott, von großer Lebendigkeit, höchst interessant, ein vorzüglicher Lehrer; als solcher wie als Mensch, weil er sich der Studenten annahm und sich wirklich um sie kümmerte, bei ihnen ungemein beliebt.*
>
> E. Korschelt (Das Haus an der Minne, 1939) über A. in Marburg

1903 Prof. in Marburg, 1906 in F. Er war ein vielseitiger Forscher auf pathologisch-anatomischem Gebiet, „einer der bedeutendsten Pathologen nach Virchow", gleichzeitig ein begeisterter Lehrer.

▭ Hauptfriedhof. – Bronzekopf im Pathol. Inst. (Albertistr.)

**Leopold Heinr. Fischer** (gest. 1886 F.), zuerst Arzt, später Prof. d. Mineralogie in F.

**GStein** (Granitblock aus der Endmoräne am Titisee) vor dem Geol. Inst., Hebelstr. 40

**Lothar Heffter** (1862 Köslin – 1962 F.), Mathematiker

> *Wenn ich selbst meine wissenschaftlichen Leistungen charakterisieren sollte, so würde ich mich als Mathematiker mittleren Ranges einstufen, dem vielleicht auch einige kleine „Spitzen" gelungen sind.*
>
> L. Heffter in seinen Lebenserinnerungen „Beglückte Rundschau auf neun Jahrzehnte" (1952)

H. war Prof. in Gießen, Bonn, Aachen, Kiel und (seit 1911) in F.

▭ Hauptfriedh. (Feld 48, am Nordrand des Weihers; Felsblock)

**Friedr. Oltmanns** (1860 Oberndorf, Land Hadeln – 1945 F.), Botaniker

> *Er ist zu jeder Arbeit willig (und daran haben wir keinen Mangel), und – wie das dem Apothekersohn ziemt – praktisch. Auch in der Fakultät hat er während meiner Abwesenheit durch den Eifer, mit dem er seinen Obliegenheiten nachkam, allgemein gefallen. Als einzigen Schatten kann ich, um das Bild nicht zu hell zu machen, eine sonderbare Ungeschicklichkeit im Präparieren, soweit es sich nicht um Schneiden handelt, anführen. Indes, das ist Übungssache und wird sich geben.*
>
> Goebel aus Straßburg an de Bary, 1. 6. 1886

O. beschäftigte sich vor allem mit Algen.

GT (mit Halbrelief des Kopfes) Bot. Inst., „von seinen Schülern zum 80. Geburtstag".

**Berthold Schwarz,** Franziskanermönch aus der Gegend von F.; erfand angeblich um 1300 das Schießpulver.

Δ(Sandstein) in der Franziskanerstr.

**Hans Spemann** (1869 Stuttgart – 1941 F.), Zoologe

> *Zuerst hatte mir Boveri vorgeschlagen, die Entwicklung der Geschlechtsorgane des Bandwurms zu bearbeiten, und erst als ich schüchtern einwandte, daß mich das in der rein juristischen Familie meiner Braut völlig komprimittieren würde, ging er lachend auf einen anderen Wurm über, dessen klangvoller Name Strongylus paradoxus einigermaßen damit aussöhnen konnte, daß er in der Lunge des Schweins zuhause ist.*
>
> H. Spemann (Forschung und Leben, 1943)

Sp. studierte zuerst Med., promovierte aber 1894 bei Boveri in Würzburg in Zool.; 1908 Prof. in Rostock, 1914–19 Dir. am KWI f. Biol. Berlin, 1919 Prof. in F. Er entdeckte, daß die Embryonalentwicklung der Organismen von „Organisatoren" gesteuert wird; die moderne Entwicklungsphysiologie wurde dadurch außerordentlich angeregt. Nobelpreis f. Physiol. und Med. 1935.

ΔBronzebüste im Zool. Inst., Eingangshalle
▭→ Stuttgart

**Hermann Staudinger** (1881 Worms – 1965 F.), Chemiker, lehrte seit 1926 in F. Er erhielt 1935 für seine Untersuchungen an Riesenmolekülen und organ. Kolloiden den Nobelpreis f. Chemie; Ehrenbürger von Worms und F.

▭Hauptfriedh. (Feld $66^{b}$-I-13–15; Granitsockel mit Bronze-Figur einer nackten Frau)

**August Weismann** (1834 Frankfurt a. M. – 1914 F.), Arzt und Zoologe

> *Weismann ist derselbe Schlaumeier, der den Tod als „Anpassungserscheinung" erklärte. Es kommt eben alles wieder, die Mode und der Unsinn der Naturphilosophie.*
>
> K. Goebel an J. Sachs, 25. 6. 1886

Nach dem Med.-Studium kam W. bei Leuckart in Gießen zur Zoologie. Seit 1865 war er Prof. in F., wo er das Zool. Inst. zu einem Mittelpunkt zool. Forschung machte. Er wurde „neben Haeckel zum wichtigsten Vertreter der Evolutionstheorie, nicht nur in Deutschland, sondern in der ganzen wissenschaftlichen Welt. Während Haeckel der glänzendste Popularisator der neuen Lehre wurde, war W. ihr scharfsinnigster und gründlichster Denker" (Meyer-Abich). Darwin's Lehre entwickelte er weiter (Neodarwinismus). Eine Grundlage seiner Vorstellungen ist die „Kontinuität des Keimplasmas".

▭ Hauptfriedh. (Feld 48, am Weiher, Krematoriums-Seite). – **Δ** Bronzebüste im Zool. Inst., Eingangshalle

**Heinrich Wieland** (1877 Pforzheim – 1957 München), Biochemiker. Studium in München im Inst. Baeyer's; 1909–21 wirkte W. in München, 1921–25 in F., seit 1925 wieder in München (Nachf. von Willstätter). W. untersuchte zuerst organ. Stickstoffverbindunge, später Naturstoffe und biol. Prozesse (Alkaloide, Krötengift, Gift des Knollenblätterpilzes, Gallensäuren). 1927 Nobelpreis f. Chemie.

**Δ**Bronzebüste im Chem. Inst., Hebelstr.
▭→ Starnberg

**Ernst Ziegler** (1849 Messen/Schweiz – 1905 F.), Pathologe; Prof. in Zürich, Tübingen und seit 1889 in F.

**Δ**Bronzekopf im Pathol. Inst., Albertistr.

Abb. 51. K. F. Braun, Fulda

Abb. 50. Ph. Reis, Friedrichsdorf

## **Friedrichsdorf** (am Taunus, nördl. Frankfurt a. M.; Hugenottensiedlung)

**Philipp Reis** [Abb. 46, 50] (1834 Gelnhausen – 1874 F.), Lehrer und Physiker, von 1858 bis zu seinem Tode in F. an der privaten Fachschule Garnier (Hugenottenstr. 117) als Lehrer tätig. Er baute in F. das erste Telefon (und prägte diesen Namen!) und führte es am 26. 10. 1861 erstmalig in Frankfurt a. M. vor.

▭ (Buntsandsteinsäule mit Bronzemedaillon) Ev. Friedh. (Taunusstr.), nahe dem Eingang
**GT** am Wohnhaus (Hugenottenstr. 93), das die Deutsche Bundespost 1950/51 zu einem kleinen Museum umgestaltete. Das Bundespostministerium stiftete 1952 eine Philipp-R.-Medaille; 1952 erschien auch eine ihm gewidmete Briefmarke. – Der Engländer A. G. Bell konstruierte 1876 ein besseres Telefon, so daß meist er als erster Erfinder betrachtet wird.
→ Gelnhausen, Frankfurt a. M.

*In F. wurde **Eduard Desor** 1811 geboren; → Combe Varin, Pierrabot.*

## Fulda

**Karl Ferdinand Braun** [Abb. 51] (1850 F. – 1918 Brooklyn), Physiker

> *Noch heute erinnere ich mich seiner glänzenden Versuche, seines eleganten, manchmal witzigen Vortrages. Ich sah und hörte mit Begeisterung.*
>
> v. Laue über Ferd. Braun 1898/99 in Straßburg (Selbstbiogr., 1952)

B. promovierte 1870 bei Quincke in Berlin; 1876 Prof. in Marburg, 1895 in Straßburg; dort beschäftigte er sich mit der Ausstrahlung elektromagn. Wellen (Kristalldetektor und Rahmenantenne wurden von ihm eingeführt). 1897 erfand er die Kathodenstrahlröhre („B.sche Röhre"), die für Radar und Fernsehempfang unentbehrlich wurde. 1909 Nobelpreis f. Physik (zusammen mit G. Marconi). B. starb als Zivilinternierter in den USA. Die Urne wurde 1921 nach Deutschland überführt und in F. beigesetzt.[62]

**GT** am Geburtshaus, einem alten Fachwerkhaus, an der Ecke Habsburger- und Kanalstr. (unweit vom Bonifacius-**Δ**). Vor der Landesbibliothek (Heinrich-v.-Bibra-Platz) ein B. gewidmetes abstraktes Denkmal, das wohl an die B.'sche Röhre erinnern soll. Ein anderes **Δ** (Felsblock mit Inschrift) in den Anlagen. Ehrengrab auf dem Alten Mittleren Friedhof, Künzelerstr. (Abb. Aubert[7]).

Ein kleines Museum mit Erinnerungsstücken im (Nord-)Turm des Schlosses (auch mit Erinnerungen an **Ferdinand Schneider,** gest. 1955, der sich in F. mit drahtloser Telegraphie beschäftigte).

## **Garmisch-Partenkirchen** (Ober-Bayern)

**Erich Dagobert von Drygalski** [Abb. 52] (1865 Königsberg/Ostpreußen – 1949 München), Geograph und Polarforscher

> *Für Drygalskis Expedition wurde ein besonders zweckmäßiges Schiff nach seinen Angaben erbaut, die „Gauß". Als vor ihrer Abfahrt der Internationale Geographenkongreß 1899 in Berlin stattfand, stieg beim Festmahl im Zoologischen Garten Fridtjof Nansen auf den Tisch, um ein Hoch auf die Deutsche Südpolar-Expedition auszubringen. Da verschiedene Nationen damals gleichartige Fahrten vorbereiteten, fragte ich ihn, weshalb er gerade die deutsche genannt habe. Er erwiderte: „Sie haben den Mann, das ist die Hauptsache."*
>
> F. Schmidt-Ott (Erlebtes und Erstrebtes, 1952)

D. promovierte bei Richthofen in Berlin; 1891 und 1892/93 Westgrönland-Expedition der Ges. f. Erdkd. Berlin, 1901/03 leitete er die besonders erfolgreiche Dt. Südpolar-Expedition mit der „Gauß"; seit 1906 Prof. in München.

▭ Friedh. Partenkirchen (Münchener Str.; Abt. IV, 8, 1, Südmauer, am Eingang Unterfeldstr.). Grabstein mit Windrose.

Auf dem Friedh. Garmisch (Nord-Mauer des ält. Teils) das Familiengrab Sapper mit dem ▭ von **Karl Sapper** (1866 Wittislingen/Bay. – 1945 G.), Geograph und Vulkanologe, zuletzt Prof. in Würzburg.

## **Gelnhausen** (alte Kaiserstadt an der Kinzig, Hessen)

**Philipp Reis** (1834 G. – 1874 Friedrichsdorf), Lehrer und Physiker, der in seinem späteren Wirkungsort Friedrichsdorf das erste Telephon baute.

**GT** (1884) am Geburtshaus, Langgasse 45. **Δ** (Bronzebüste) auf dem Untermarkt. Erinnerungsstücke im Heimatmuseum.
→ Friedrichsdorf, Frankfurt a. M.

## **Genf**
Universitätsstadt seit 1873 (Akademie seit 1559)

**Augustin Pyrame De Candolle** (1778 G. – 1841 G.), Schweizer Botaniker; auf ihn geht eine natürliche Einteilung des Pflanzenreichs zurück. Sein Sohn Alphonse Pyrame De C. (1806–1893) setzte diese Arbeiten fort.

**Δ** in den Anlagen an der Universität.
→ Zürich

**François Jules Pictet de la Rive** (1809 G. – 1872 G.), Prof. d. Zool. u. Anatomie.

**Δ**in den Anlagen an der Universität.
→ Combe Varin

**Carl Vogt** [Abb. 53] (1817 Gießen – 1895 G.), Zoologe

*Wir jungen Naturforscher empfanden anfänglich entschiedene Sympathien für ihn ... Die Jugend hat nun einmal das Vorrecht, naiv und grün zu sein. Wir hielten anfänglich Vogt für einen durchaus ehrlichen Idealisten, der Amt und Würde für seine Überzeugung geopfert hatte ... Unserem Lande bewies Vogt wenig Dankbarkeit. Nach seinem Tode erhob ein russischer Zoologe ... in der „Frankfurter Zeitung" öffentlich die Anklage, die Schweiz habe Carl Vogt hungern lassen! Wer nun Vogts Leibesumfang kannte und wußte, daß in seinem Hause die feinsten Diners genossen wurden, mußte diesen Vorwurf geradezu lächerlich finden.*

Der Schweizer Zoologe Conr. Keller (Lebenserinnerungen, 1928)

*Ein denkwürdiges Gemisch von Revolutionär u. Hofmann, dieser alte 48er, und ein gescheiter Mann, der viel durchgemacht.*

Der Mediziner B. Naunyn über einen Besuch des alten Vogt in Königsberg (Erinnerungen, 1925)

V. ist nicht so sehr durch seine eigenen zool. Arbeiten bekannt geworden, sondern zunächst vor allem als Mitarbeiter des Gletscherforschers und Fischzoologen Louis Agassiz (→ Môtier) und später durch seine politische Tätigkeit. Er war „Freidenker und Demokrat nach Art der Revolutionäre von 1848". 1848 war er einige Tage „Reichsverweser", mußte (wie schon 1835) fliehen und fand Zuflucht in der Schweiz. Seit 1852 Prof.

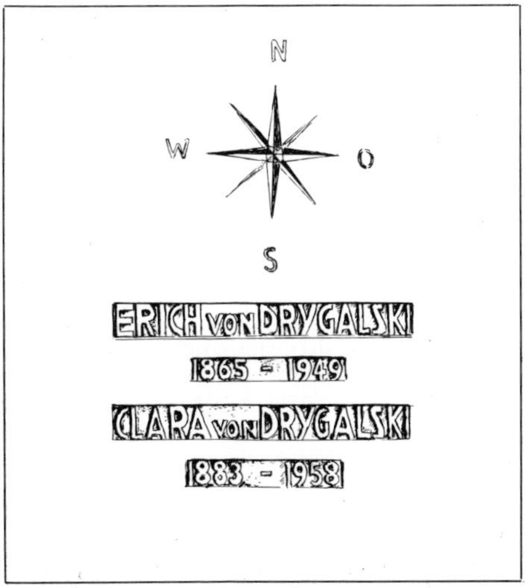


Abb. 52. E. v. Drygalski, Partenkirchen

Abb. 53. C. Vogt, Genf

f. Geol., dann f. Zool. in G. In populären Büchern trat er für Darwin ein. Karl Marx hat dem „Vulgärdemokraten", dem „kugelrunden", „hündisch-infamen Verleumder" V. der Genfer Zeit ein ganzes Buch gewidmet.

▭ Cimetière St. Georges.[7] Δ (Büste) vor der Univ.
→ Gießen, Combe Varin

---

**Georgenhof** (Bauernhof 3 km nördl. Feuchtwangen, Krs. Ansbach, nahe der Straße nach Rothenburg o. T.)

**Johann Georg** (seit 1825 von) **Soldner** (1776 G. – 1833 Bogenhausen bei München), Geodät und Astronom. Der Bauernsohn S. hatte sich seine math. Kenntnisse durch Selbststudium angeeignet; Schüler des Berliner Astronomen Joh. Elert Bode; lehnte 1805 einen Ruf als Dir. der Sternwarte Moskau ab, leitete die Vermessung der (damals preuß.) Grafschaft Ansbach, dann die von Bayern. Die math. Grundlagen der Landesvermessung Bayern (und dann auch zahlreicher anderer Staaten) gehen auf ihn zurück.

**GT** (1912 durch den „Verein der höh. bayer. Vermessungsbeamten" angebracht) am (später umgebauten) Geburtshaus für den „Steuerrat der Kgl. unmittelb. Steuer-Kataster-Kommission, Hof-Astronomen und Vorstand der Münchner Sternwarte, ord. Mitglied der bayer. Akademie der Wissenschaften".
→ München

---

**Gießen**

Universitätsstadt seit 1607[63]

**Rudolf Buchheim** (1820 Bautzen – 1879 G.), Prof. in Dorpat und G.; mit Osw. Schmiedeberg gilt er als Begründer der experim. Pharmakologie.

**GT** Ludwigstr. 12, wo er wohnte und starb.

**Ernst Küster** (1874 Breslau – 1953 G.), Botaniker, angesehener Zellforscher, beschäftigte sich u. a. eingehend mit den pflanzlichen Gallen.

Ein Felsblock im Botanischen Garten galt seinem Andenken (z.Z. unzugänglich).

**August Wilh.** (seit 1888 von) **Hofmann** [Abb. 18] (1818 G. – 1892 Berlin), Chemiker, Schüler von J. Liebig, habilitiert in Bonn, Leiter des College of Chemistry in London. Zu seinen Schülern dort gehörte William Crookes. 1865 kehrte H. nach Berlin zurück.

Das Geburtshaus ist nicht erhalten; dessen große **GT** (mit Kopf-Relief von H.) steht jetzt im Liebig-Museum in G.
→ Berlin

**Justus** (seit 1845 Freiherr von) **Liebig** [Abb. 54, 110] (1803 Darmstadt – 1873 München), Chemiker

> *Meine Anstellung in G. war den meisten Professoren ein Greuel, da man sie darüber nicht gefragt hatte, denen aber, welche entweder Töchter zu verheiraten hatten oder die Wissenschaften zu befördern suchten, nichts weniger als unangenehm.*
>
> J. Liebig

L. verdankt die Univ. (seit dem 2. Weltkrieg Justus-L.-Univ.) ihren Hauptruhm. 1824–52 wirkte er hier als begeisternder Lehrer und hervorragender Forscher der organ. Chemie (Benzoe- und Harnsäure, Chloroform usw.) und der Agrikulturchemie (Ernährung der Pflanzen, Mineraldüngung). Zu seinen Schülern in G. gehörten A. W. Hofmann, Kekulé, Pettenkofer, Ch. Gerhard und viele andere.

Ein klassizistisches „Wachthaus" wurde 1824 L.s „Laboratorium"; später erweitert, zuletzt 1839 durch das Auditorium (Liebigstraße, nahe dem Bahnhof). Das Gebäude ist seit 1920 L.-Museum. Die Räume sind in ihrer ursprünglichen Art wiederhergestellt. Besonders eindrucksvoll ist der ärmliche Hörsaal (mit den originalen Bänken).
Ein bescheidenes **Δ** (Säule mit dem Kopf von L.) in der Ost-Anlage (gegenüber der Kreisverwaltung). Das ursprüngliche große **Δ** wurde im 2. Weltkrieg zerstört.[64]
→ Darmstadt, Heppenheim, Köln, Salzhausen, München, Combe Varin

Abb. 54. Laboratorium von J. v. Liebig, Gießen

**Wilhelm C. Röntgen** (1845 Lennep – 1923 München), Physiker und Nobelpreisträger. R. war 1879–88 Prof. in G., bevor er nach Würzburg berufen wurde.

Abstraktes R.-**Δ** (mit Relief-Medaillon; Erich F. Reuter, 1962) an der Süd-Anlage, nahe dem Stadttheater.
R. starb in München, liegt aber in G. auf dem Alten Friedh. (Licher Str.) begraben.
→ Remscheid-Lennep, Zürich, Würzburg, München

In G. wurde 1817 **Karl Vogt** geb. (→ Genf)[65]

---

## Glarus (Schweiz)

Ein gewaltiger Felsblock – südlich von G. an dem schmalen Fußweg nach Schwanden gelegen (daher „Gässlistein" genannt) – trägt eine **GT** für **Jakob Oberholzer** (1862–1939), Lehrer in G., Dr. h. c., Erforscher der Glarner Alpen.

---

## Glauchau (Sachsen)

**Georg Agricola** (Georg Bauer); (1494 G. – 1555 Chemnitz), Arzt und Begründer der Bergbaukunde.

**Δ**(Standbild, 1958) in einer Anlage nahe dem Bhf.
→ Chemnitz (Karl-Marx-Stadt)

---

## Görlitz

**Bartholomäus Scultetus** (eigentlich „Schultz"; 1568 G. – 1614 G.), „berühmter Vertreter der Mathematik und Sphärik". Briefwechsel mit Tycho Brahe (der mit ihm in Leipzig Mathematik studierte). Gymnasiallehrer in G., mehrmals Bürgermeister; Peucer und Kepler besuchten ihn. S. beschäftigte sich u. a. mit Kalenderreform und der Herstellung von Karten (Oberlausitz, Meißener Land); Gegner der Metaphysik (und des Schuhmachers und Philosophen Jakob Böhme in G.).

▭ Alter Nicolaifriedh. (Nicht mehr erhalten?). Die Grabinschrift lautete: „Quid agam, requiris? Tabesco. Scire, quis sim, cupis? Fui, ut es; eris ut sum".[66]
**GT** im Flur Peterstr. 4, wo S. „1570–1614" wohnte.

## Göttingen

Universitätsstadt seit 1736. – Eine vollständige Zusammenstellung aller Gedenktafeln veröffentlichte W. Nissen (Göttingen, 1962, Ergänzungen 1975). – Karten 3–4.

> *Die Stadt Göttingen, berühmt durch ihre Würste und Universität, gehört dem Könige von Hannover und enthält 999 Feuerstellen, diverse Kirchen, eine Entbindungsanstalt, eine Sternwarte, einen Karzer, eine Bibliothek und einen Ratskeller, wo das Bier sehr gut ist.*
>
> Heinr. Heine, Harzreise, 1826

**Arthur** (seit 1912 von) **Auwers** (1838 G. – 1915 Berlin), Astronom. A. wirkte hauptsächlich in Berlin.

**GT** am Geburtshaus Reitstallstr. 1 (der Vater war Univ.-Stallmeister)
→ Berlin

**Richard Becker** (1887 Hamburg – 1955 G.), Physiker. Prof. an der TH Berlin-Charlottenburg, seit 1936 in G. (Nachfolger von M. Born).

**GT** (1977) Herberger Landstr. 58

**Arnold Berthold** (1803 Soest – 1861 G.), Arzt und Zoologe. Seit 1835 Prof. d. Zool. in G.

**GT** Goetheallee 21 (Hotel „Stadt Hannover")

**Johann Friedrich Blumenbach** (1752 Gotha – 1840 G.), Anatom und Anthropologe

> *Blumenbach ist alt, aber von lebhaftem und heiterem Ausdruck; er hat sich die ganze Beweglichkeit der Jugend zu bewahren gewußt. Sein Benehmen ist der Art, daß man nicht denkt, daß man einen Gelehrten vor sich habe. Seine Herzlichkeit ist frei und froh; er macht keine Umstände, und man ist bald mit ihm auf einem sehr bequemen Fuß.*
>
> J. P. Eckermann, 10. 10. 1822 (Gespräche mit Goethe, 1836)

B. war 1776–1840 Prof. der Medizin in G. und einer der bekanntesten Naturforscher seiner Zeit. Das Mammut verdankt ihm seinen wissenschaftlichen Namen Elephas primigenius.

▭ Albani-Friedh. (3 Grabsteine: für B., seine Frau und seine Tochter). **GT** (1974, mit Kopfrelief) an einem Neubau Neustadt 12, wo B. einst sein Wohnaus hatte, durch Senatsbeschluß „frei von allen ordinären öffentlichen Abgaben in dankbarer Anerkennung der großen Verdienste um das Wohl hiesiger Stadt".
→ Gotha

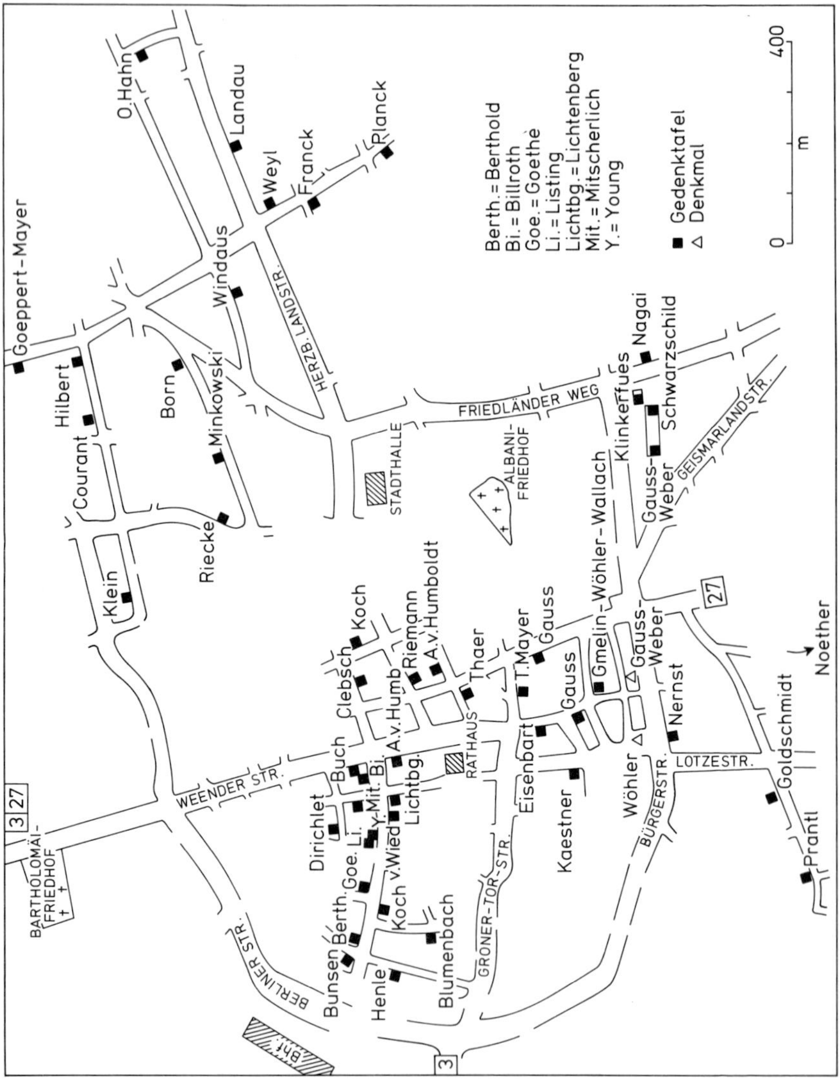
Goeppert-Mayer
O.Hahn
Landau
Planck
Weyl
Franck
Windaus
HERZB. LANDSTR.
Hilbert
Born
Minkowski
Courant
Riecke
Klein
STADTHALLE
FRIEDLÄNDER WEG
ALBANI-FRIEDHOF
Berth. = Berthold
Bi. = Billroth
Goe. = Goethe
Li. = Listing
Lichtbg. = Lichtenberg
Mit. = Mitscherlich
Y. = Young
■ Gedenktafel
△ Denkmal
0
m
400
Nagai
Schwarzschild
Klinkerfues
Gauss-Weber
GEISMARLANDSTR.
Gmelin-Wöhler-Wallach
27
Noether
Goldschmidt
Prantl
LOTZESTR.
BÜRGERSTR.
Nernst
Wöhler
Gauss-Weber
Gauss
T.Mayer
Gauss
Eisenbart
Kaestner
Thaer
RATHAUS
Riemann
A.v.Humboldt
Koch
Clebsch
Buch
A.v.Humb
Lichtbg.
Bi.
Mit.
Y.
v.Wied
Dirichlet
Goe. Li.
Berth.
Koch
Bunsen
Henle
Blumenbach
GRONER-TOR-STR.
WEENDER STR.
BERLINER STR.
Bhf.
3
3 27
BARTHOLOMÄI-FRIEDHOF

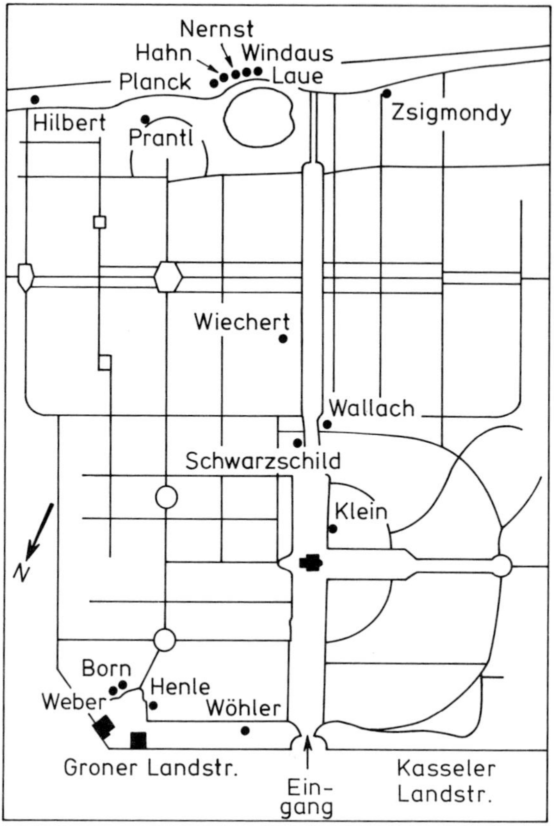


Karte 4.
Stadtfriedhof
Göttingen

**Max Born** [Abb. 55] (1882 Breslau – 1970 G.), Physiker

> *Born ist stets eine ruhige, edle, musikalische Seele gewesen; es gab nichts Schöneres für ihn, als mit seiner Frau vierhändig Klavier zu spielen. Er war der bescheidenste Gelehrte, den ich kannte, und erst 1954, nachdem er andere zu Arbeiten hingeführt hatte, die ihnen den Nobelpreis eintrugen, erhielt er ihn selber.*
>
> N. Wiener (Mathematik – mein Leben, 1965)

Promotion in G. bei Runge. 1915 Prof. d. theor. Physik in Berlin, 1919 Frankfurt, 1921 G. (bis 1933). 1933 emigrierte B. nach Cambridge, dann nach Edinburgh, 1954 Rückkehr nach Deutschland. B.s wichtigste Arbeiten betrafen die Quanten- und Relativitätstheorie und ihre statistische Interpretation; 1954 Nobelpreis f. Phys. Zahlreiche bedeutende Schüler (Fermi, Goeppert-Mayer, Heisenberg, P. Jordan, J. v. Neumann, Pauli, E. Teller).

▭ Stadtfriedh. (nahe dem Eingang, Feld 7, neben W. Weber), mit der Formel $pq - qp = \frac{h}{2\pi i}$. **GT** (1971) Planckstr. 21

→ Bad Pyrmont

**Leopold von Buch** [Abb. 69] (1774 Stolpe – 1853 Berlin), Geologe. B. studierte 1795 Cameralia in G.

**GT** Weender Str. 37
→ Stolpe, Freiberg, Berlin, Großraming

**Robert Wilhelm Bunsen** [Abb. 74] (1811 G. – 1899 Heidelberg), Chemiker. In G. hat B. studiert und sich habilitiert.

**GT** Unt. Maschstr. 30 (heute zu Gebhardts Hotel gehörig).
→ Marburg, Heidelberg

**Alfred Clebsch** (1833 Königsberg/Ostpreußen – 1872 G.), Mathematiker. Prof. in G. Einer seiner Schüler war Felix Klein. C. starb während seines Rektorats an Diphterie.

□(mit Medaillon) Bartholomäi-Friedh. **GT** an seinem Wohnhaus (dem heutigen Kuratoriumsgebäude) Theaterstr. 7

**Richard Courant** (1888 Lublinitz/Oberschles. – 1972 New Rochelle, USA), Mathematiker

> *Courant griff einen alten Plan Kleins auf, ein großes mathematisches Institut in Göttingen zu errichten – mit modernen Hörsälen und einer großen Bibliothek, in der die hervorragende Büchersammlung ordentlich untergebracht werden konnte. Es gelang ihm, die Rockefeller-Foundation für das Projekt zu interessieren, und 1927 entstand neben dem physikalischen Laboratorium ein schönes Gebäude, das Kleins Hoffnungen voll erfüllt hätte.*
>
> Max Born (Mein Leben, 1975)

Prof. in Münster und (1927–33) in G., seit 1934 in den USA.

**GT** (1978) Wilhelm-Weber.Str. 21

**Peter Gustav Dirichlet** (eigentlich **Lejeune-D.**; 1805 Düren/Rheinl. – 1859 G.), Mathematiker

> *Dirichlet gratuliere ich, wenigstens schriftlich, nicht, da er's über's Herz hat bringen können, mir auch bei diesem Anlaß nicht ein Wort zu schreiben, er hätte doch wenigstens schreiben können: 2 + 1 = 3.*
>
> Abrah. Mendelssohn, Schwiegervater von D., an seine Tochter Rebekka nach der Geburt des ersten Kindes

D. studierte in Paris, kam durch A. v. Humboldt nach Berlin, dort seit 1831 Prof. d. Math., Heirat mit einer Schwester von Felix Mendelssohn-Bartholdy. 1855 als Nachfolger von Gauß nach G., wo er bald erkrankte und starb. D. beschäftigte sich vor allem mit Zahlentheorie und Reihen.

□Bartholomäi-Friedh. **GT** Mühlenstr. 1

**James Franck** (1882 Hamburg – 1964 auf einer Deutschlandreise, G.), Physiker

*Nach einem besonders netten Abend, der alten Erinnerungen gewidmet war und für den er sich am nächsten Morgen, am 21. Mai 1964, noch telefonisch bedankt hatte, starb er ganz plötzlich an einem Herzschlag. Ein beneidenswerter Tod!*

O. Hahn (Mein Leben, 1968)

Zuerst am KWI f. Phys. Chem., 1920–33 Prof. in G., seitdem Prof. in Baltimore und Chicago. 1926 erhielt er (zusammen mit G. Hertz) den Nobelpreis f. Physik. Im 2. Weltkrieg arbeitete er über die techn. Verwertung der Kernenergie und warnte vor dem Einsatz der Atombomben („F.-Report").

**GT** am jetzigen Fridtjof-Nansen-Haus, Merkelstr. 4, wo er 1921–33 wohnte.

**Carl Friedr. Gauß** [Abb. 56, 154] (1777 Braunschweig – 1855 G.), Mathematiker

*Ich lese in diesem Winter zwei collegia für drei Zuhörer, wovon einer nur mittelmäßig, einer kaum mittelmäßig vorbereitet ist und dem dritten sowohl Vorbereitung als Fähigkeit fehlt. Das sind nun einmal die „onera" einer mathematischen Profession.*

Gauß an Bessel, 7. 1. 1810

*Ich werde nicht mißverstanden werden, wenn ich sage, daß er in unserer Gelehrtenrepublik ungefähr die Rolle spielte, wie der Löwe im Thierstaate der Fabel.*

Rudolf Wagner 1855

Abb. 55. M. Born, Göttingen

Abb. 56. Gauß-Weber-Denkmal, Göttingen

G. studierte in G., wurde aber in Helmstedt promoviert (bei J. F. Pfaff); von 1807–55 war er Prof. in G. und Dir. der von ihm errichteten Sternwarte. Er begründete den Weltruhm der Univ. als Hochburg der Mathematik, hat aber auch als Astronom, Geodät (→ Hoher Hagen, Wilseder Berg) und durch systematische erdmagnetische Messungen als Geophysiker Hervorragendes geleistet. Zu seinem gold. Dr.-Jubiläum 1849 wurde er Ehrenbürger von G. und Braunschweig.

▭m. Medaillon Albani-Friedh.
**GT** ursprünglich Gotmarstr. 11, wo er als Student wohnte (jetzt Kaufhaus); außerdem Kurze Str. 15 (Wohnhaus 1806–16) und an der Südseite der Sternwarte (Geismarlandstr. 11), seiner späteren Dienstwohnung. Die Inschrift dort erinnert gleichzeitig an den ersten elektromagn. Telegraphen, den er Ostern 1833 zusammen mit W. Weber konstruierte; der Draht verband die Sternwarte über den Johanniskirchturm mit dem physik. Kabinett am Kollegienplatz. – Die Zusammenarbeit der beiden wird

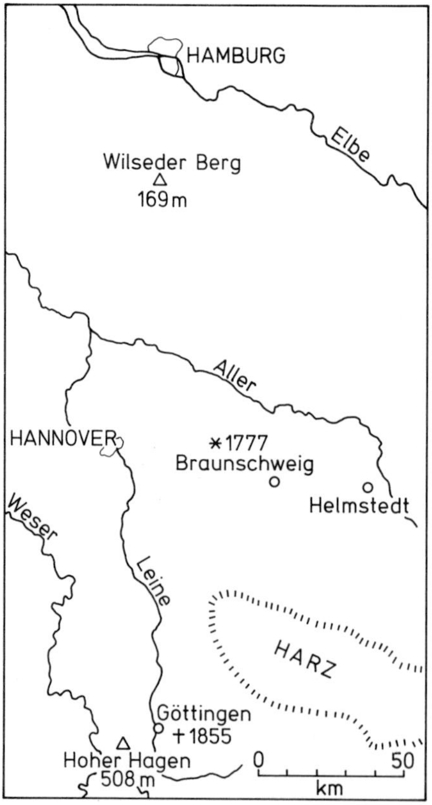


Karte 5. Gauß-Stätten zwischen Göttingen und Hamburg

besonders verdeutlicht durch das Gauß-Weber-**Δ** (am Wall zwischen Nikolai- und Kurze Geismarstr.; 1899, von C. F. Hartzer).[67]
→ Braunschweig, Helmstedt, Hoher Hagen, Wilseder Berg (Karte 5)

**Johann Friedrich Gmelin** (1749 Tübingen – 1804 G.), Chemiker, seit 1775 Prof. f. Med. Sein Sohn war der Chemiker Leopold G. (→ Heidelberg).

▭Albani-Friedh. – **GT** (auch für Wöhler und Wallach) Hospitalstr. 10 (chem. Labor und Wohnhaus von G.; heute Univ.-Seminargebäude).

**Maria Goeppert-Mayer** (1906 Kattowitz/Oberschlesien – 1972 La Jolla/Kalifornien), Physikerin

> *Maria war ein hübsches lebhaftes Mädchen, und als sie unter meinen Hörern auftauchte, war ich ziemlich erstaunt. Sie nahm mit großem Fleiß und Gewissenhaftigkeit an allen meinen Kursen teil und blieb zugleich ein fröhliches, witziges Mitglied der Göttinger Gesellschaft, das gern lachte, tanzte und scherzte.*
>
> M. Born (Mein Leben, 1975)

Der Vater, Friedr. G., war Prof. d. Kinderheilkunde in G., Nachkomme des „Vaters der Paläobotanik" Heinr. Rob. G. (1800–1884) in Breslau. Maria G. promovierte bei M. Born über ein Problem der Quantenmechanik (drei Nobelpreisträger prüften sie im Examen), heiratete Edw. Mayer, einen jungen Amerikaner, der in G. bei J. Franck und Born arbeitete und folgte ihm nach den USA. Sie war zuletzt Prof. d. Physik in St. Diego, Kalifornien, und erhielt 1963 zusammen mit Jensen den Nobelpreis für Physik.

**GT** (1974) Herm.-Föge-Weg 7, wo sie 1920–30 wohnte (dort auch GT für ihren Vater Friedrich G.).

**Viktor Moritz Goldschmidt** (1888 Zürich – 1947 Oslo), Mineraloge und einer der Begründer der Geochemie, 1929–35 Prof. in G.

**GT** am Min.-Petrogr. Inst. (Lotzestr. 16–18; GT an der Fassade Böttingerstr.). – Büste im Geol. Inst., Oslo

**Otto Hahn** [Abb. 15, 57] (1879 Frankfurt a. M. – 1968 G.), Kernchemiker und Nobelpreisträger

> *„Einer der glänzendsten Vorträge, die je gehalten wurden!" – hört man allenthalben. Da tritt plötzlich Otto Hahn in die Runde. Er zündet sich eine Zigarre an und fragt mit listigem Lächeln: „Haben Sie das verstanden?" Und mit entwaffnender Offenheit: „Ich nicht!"*
>
> Von einer Tagung der Nobelpreisträger in Lindau. (H. L. Schrader im Nachwort zu O. Hahn, Mein Leben, 1968)

Nach dem 2. Weltkrieg wurde H. in G. Präsident der MPG (bis dahin KWG). Erst 1960 legte der nun 81jährige dieses Amt nieder.

▭Stadtfriedh. (Feld 83). **GT** (1969) Gervinusstr. 5
→ besonders Berlin

**Albrecht** (seit 1749 von) **Haller** (1708 Bern – 1777 Bern), Arzt, Naturforscher, Dichter

*In's Innre der Natur dringt kein erschaffner Geist.*
*Glückselig! wem sie nur die äußre Schale weist.*

A. v. Haller

H. studierte in Tübingen und vor allem Physiologie bei Boerhaave in Leiden. 1728 in Basel; seine berühmte Versdichtung „Die Alpen“ wies erstmalig auf deren Schönheiten hin; 1730 Arzt in Bern, 1736 als Prof. d. Med. und Bot. an die neu errichtete Univ. G. berufen, „der Zergliederung und Kreuterwissenschaft ordentlicher Lehrer“. Er gründete in G. das Anat. Inst. und den Bot. Garten und war Mitbegründer der „Societät d. Wiss.“ (der späteren Akad. d. Wiss.) und bis zu seinem Tod deren Präsident. Seit 1753 wieder in Bern. Die physiol. Forschung hat H. grundlegend entwickelt.[68]

**GT** im Bot. Garten, Karspüle (1977)
→ Bern, Münsingen, Goumoens-le-Jux

**J. F. Ludwig Hausmann** (1782 Hannover – 1859 G.), Geologe und Mineraloge, seit 1811 in G.

▭ Bartholomäi-Friedh. (Marien-Kirchh.). **GT** am Wohnhaus (Goetheallee 3)

**F. G. Jacob Henle** (1809 Fürth – 1885 G.), Anatom, seit 1862 Prof. in G., ein Meister der mikroskopischen Forschung. Rob. Koch war sein Schüler.

▭ Stadtfriedh. – **GT** Geiststr. 3

Abb. 57. O. Hahn, Göttingen

Abb. 58. D. Hilbert, Göttingen

**David Hilbert** [Abb. 58] (1862 Wehlau b. Königsberg/Ostpreußen – 1943 G.), Mathematiker

> *Wir müssen wissen, wir werden wissen.*
>
> Grabinschrift von D. Hilbert (vgl. dazu Du Bois-Reymond's berühmtes „Ignoramus, ignoramibus"! → Berlin)

Studium in Königsberg, 1895-1943 Prof. in G.; Max von Laue bezeichnete ihn „als das vielleicht größte Genie, das ich mit Augen gesehen habe". Nacheinander beschäftigten ihn die Invariantentheorie, Theorie der algebr. Zahlenkörper, Grundlagen der Geometrie, Analysis: Dirichlet'sches Prinzip, Variationsrechnung und besonders Integralgleichungen, physik. Grundlagen der Math. Bei H. sind 69 Dissertationen angefertigt worden.

□Stadtfriedh. (Feld 83). **GT** am Wohnhaus (Wilh.-Weber-Str. 29)

**Alexander von Humboldt** [Abb. 19, 20] (1769 – 1859 Berlin)

> *Die Collegia haben heute angefangen. Ich höre Archeologie bei Heyne in dem großen Bibliothekssaale mit Abgüssen von Antiken und Kupferwerken umringt, bei Spitteler Geschichte der neuesten Welthändel, bei Lichtenberg ein Privatissimum über Licht, Feuer und Electricität, bei Beckmann Oekonomie und bei Heyne die Iliade, wo um 50 Zuhörer sind.*
>
> A. v. Humboldt an W. G. Wegener aus Göttingen, 1789

H. studierte hier 1789. „In G., dieser berühmten Hochschule, habe ich den edleren Teil meiner Bildung empfangen."

**GT** Weender Str. 23, wo H. beim Metzger Krische wohnte. Eine andere **GT** (Rote Str. 4) erinnert an die Gründungssitzung der dt. Philologen- und Schulmännerversammlungen, die H. und Friedr. Thiersch 1837 leiteten.
→ Berlin, Freiberg, Vallendar, Arzberg, Goldkronach, Bad Steben, Köln

**Abraham Gotthelf Kaestner** (1719 Leipzig – 1800 G.), Mathematiker und Philosoph

> *Dem Kinde bot die Hand zu meiner Zeit der Mann;*
> *da streckte sich das Kind und wuchs zu ihm heran:*
> *jetzt kauern hin zum lieben Kindlein*
> *die pädagogischen Männlein.*
>
> A. G. Kaestner

K. war seit 1756 Prof. d. Math. und Physik in G.; bekannt auch durch Epigramme. (Gauß: Er ist unter den Dichtern der beste Mathematiker und unter den Mathematikern der beste Dichter gewesen).

□(Buntsandstein-Obelisk) Bartholomäi-Friedh. (alter Jakobi-Friedh.). **GT** am Wohnhaus (Nikolaistr. 25)

**Felix Klein** [Abb. 41, 59] (1849 Düsseldorf – 1925 G.), Mathematiker

> *Mein Besuch bei Klein begann mit einem gesellschaftlichen faux pas. Als die ältliche Haushälterin an der Tür erschien, fragte ich in meinem besten Deutsch: „Ist der Herr Professor zu Hause?“ Sie erwiderte zurechtweisend: „Der Herr Geheimrat ist zu Hause!“*
>
> N. Wiener (Mathematik – mein Leben, 1965)
>
> *Er war der blendendste Dozent, aber für mich zu brillant.*
>
> M. Born über F. Klein (Mein Leben, 1975)

Prof. in Erlangen, TH München, Leipzig und (seit 1886) G., hier später der Älteste in dem nicht wieder übertroffenen Trio math. Genies Klein-Hilbert-Minkowski.

□Stadtfriedh. (Feld 34), mit der Inschrift „Sincere et constanter.“
**GT** Wilh.-Weber-Str. 3
→ Düsseldorf

**Wilhelm Klinkerfues** (1827 Hofgeismar – 1884 G.), Astronom und Meteorologe. Prof. f. Astron. in G. und Dir. der Sternwarte, einer der Begründer wissenschaftlicher Wetterbeobachtungen; volkstümliche Persönlichkeit.

□Stadtfriedh. – **GT** an der Sternwarte, Geismarlandstr. 11 (östl. Nebengebäude)
→ Hofgeismar

**Robert Koch** [Abb. 36] (1843 Clausthal – 1910 Baden-Baden), Bakeriologe und Nobelpreisträger

> *Nunquam otiosus.*[69]
>
> Kennwort, das Koch seiner Bearbeitung der Preisaufgabe der Med. Fakultät voranstellte, 1864

K. studierte 1862–66 in G. und wurde hier promoviert.

**GT** Burgstr. 22/23 (rechte Seite) und Goethealle 4
→ Clausthal, Berlin

Abb. 59. F. Klein, Göttingen

**Edmund Landau** (1877 Berlin – 1938 Berlin), Mathematiker.

*L. kam aus einer reichen Bankierfamilie und war selbst eine Art Wunderkind gewesen... Er besaß Intelligenz, aber weder Geschmack noch Urteilsvermögen oder philosophisches Denken. Er glaubte nicht an mathematischen Stil, und darum lesen sich seine Bücher auch wie ein Versandhauskatalog.*

N. Wiener (Mathematik – mein Leben, 1965)

L. war 1909–33 Prof. in G.

**GT** Herzberger Landstr. 48

**Max von Laue** [Abb.109] (1879 Pfaffendorf b. Koblenz – 1960 Berlin), Physiker und Nobelpreisträger. v. L. wurde in G. beigesetzt.

□Stadtfriedh. (Feld 83)
→ Koblenz, München

**Georg Christian Lichtenberg** (1742 Ober-Ramstadt – 1799 G.), Physiker und Schriftsteller

*Die Wälder werden immer kleiner, das Holz nimmt ab, was wollen wir machen? O zu der Zeit, wenn die Wälder aufhören, können wir sicherlich so lange Bücher brennen, bis wieder neue aufgewachsen sind.*

G. Ch. Lichtenberg (Sudelbücher, F, 1776–79)

L. studierte in G. und lehrte dort seit 1770 als Prof. f. Physik. Zweimal hielt er sich in England auf. Mit dem Buchhändler J. Ch. Dieterich, in dessen Haus er wohnte, gab er den „Göttinger Taschenkalender“ heraus, in dem er zahlreiche eigene, naturwissenschaftliche und philosophische Beiträge veröffentlichte.

□Bartholomäi-Friedh. (alter Johannis-Friedh.; zwei einfache Steinkreuze für ihn und seine Frau, die ihn 49 Jahre überlebte). **GT** am Hause von Dieterich (Gotmarstr. 1). Im 1. Stock des Hauses befand sich der Hörsaal. Am Gartenhaus (nicht erhalten) legte L. 1780 den ersten Göttinger Blitzableiter an; ebenso an einem anderen Gartenhaus, das 1908 abgerissen und im Brauweg 34 neu aufgebaut wurde (der Blitzableiter ist im Städtischen Museum G.).
→ Ober-Ramstadt, Seeheim

**Johann Benedikt Listing** (1808 Frankfurt a.M. – 1882 G.), Physiker. L. studierte in G. und war dort 1839 bis zu seinem Tode Prof. Er hat viel mit dem G.er Geologen Sartorius von Waltershausen (u. a. am Ätna) zusammengearbeitet.

**GT** Prinzenstr. 2 (Michaelis-Haus, Hofseite), wo L. zeitweise wohnte.

**Johann Tobias Mayer** (1723 Marbach/Württemb. – 1762 G.), Mathematiker und Astronom. Autodidakt; 1751 – ohne je studiert zu haben – als ord. Prof. d. Astron. nach G. berufen; Mondforscher (Mondkarten; Nachweis des Fehlens einer Atmosphäre). Seine Sternwarte befand sich auf einem (nicht mehr erhaltenen) Festungsturm, der auch als Spritzenhaus diente.

**GT** Lange Geismarstr. 50, wo er wohnte.
→ Marbach

**Hermann Minkowski** (1864 in Rußland – 1909 G.), Mathematiker

*Es war schon fast Sommer, gerade vor den kurzen Pfingstferien, als eines Morgens, während wir uns im Hörsaal versammelten, ein schweres Gewitter über uns tobte. Gerade als Minkowski zur Tür hereinkam, krachte ein ungeheurer Donnerschlag über uns. Er ging langsam auf das Pult zu und sagte mit seiner sanften, tief vibrierenden Stimme und einem betrübten Grinsen in seinem Gesicht: „Der Himmel ist über meinen Hochmut erzürnt. Mein Beweis ist ebenfalls falsch.“*

M. Born über Minkowski, als dieser glaubte, einen Beweis für das „Vier-Farben-Problem“ der Kartographen gefunden zu haben (Mein Leben, 1975)

Der geniale Mathematiker (besonders Zahlentheoretiker) wurde 1895 Nachfolger von Hilbert in Königsberg, 1902 kam er als ebenbürtiger Fachgenosse zu Hilbert und Klein nach G.

**GT** Planckstr. 15

**Eilhard Mitscherlich** [Abb. 22] (1794 Neuende – 1863 Berlin), Chemiker

*Du hast ein großes Talent, lieber Mitscherlich, kurz und lehrreich zu sein. Ich erkenne ohne Mißbehagen Deine Vorzüge an. In einem bist Du jedoch noch zurück, nämlich in der Geschwindigkeit.*

Berzelius an seinen Schüler Mitscherlich; Stockholm, 27. 8. 1832

M. studierte 1814–18 in G. und wechselte hier von den orientalischen Sprachen zur Medizin und Chemie über.

**GT** Stumpfebiel 6 (1908)
→ Neuende-Wilhelmshaven, Jever, Berlin

**Walther Nernst** (1864 Briesen/Westpreußen – 1941 Ober-Zibelle/Oberlausitz), Physiker und Chemiker

*Überall in der Welt werden die Dinge von der Gravitation beherrscht. Nur in der Visitenkartenschale gilt sie nicht. Hier liegen die schwersten Objekte immer oben, z. B. dort das Glückwunschtelegramm des Reichspräsidenten.*

W. Nernst bei einem Jubiläum (mitgeteilt von J. Eggert)

Studium in Graz, Promotion in Würzburg (bei Kohlrausch), Assistent bei W. Ostwald. 1891 Prof. d. Physik und Elektrochem. in G. Im „Café National“ (heute „Stadtcafé“, Goetheallee 8) wurden 1897 die von ihm erfundenen „N.-Lampen“ erprobt. 1905 Berufung nach Berlin, 1922–24

Präsident der Phys.-Techn. Reichsanstalt. Aus seinen phys.-chem. Untersuchungen ging das „N.sche Wärmetheorem“ (der 3. Hauptsatz der Thermodynamik) hervor, für den er 1920 den Nobelpreis f. Chem. erhielt. Bekannt wurde er auch durch den mech.-elektr. Neo-Bechstein-flügel.[70]

Die sterblichen Überreste wurden von Ober-Zibelle nach Berlin und 1952 nach G. überführt. ▭ Stadtfriedh. (Feld 83, nahe ▭ von M. Planck). **GT** Bürgerstr. 30 (ursprünglich das Wohnhaus von N., seit 1896 Inst. f. Physikal. und Elektro-Chem.)

**Emmy Noether** (1882 Erlangen – 1935 Bryn Mawr, Pa.), Mathematikerin

> *Wahrscheinlich die beste Mathematikerin, die je gelebt hat... Sie sah stets wie eine energische und sehr kurzsichtigte Waschfrau aus, war jedoch ein sehr warmherziger Mensch, und ihre vielen Studenten scharten sich um sie wie eine Brut von Entchen um eine brave, mütterliche Glucke.*
>
> N. Wiener (Mathematik – mein Leben, 1965)

Die Tochter eines Mathematik-Professors wurde 1922 Prof. in G., emigrierte 1934 nach den USA. Ihre Arbeiten über moderne Algebra (Idealtheorie) waren bahnbrechend.

**GT** (1978) Stegemühlenweg 51

**Max Planck** [Abb. 24, 85, 89] (1858 Kiel – 1947 G.). Der berühmte Physiker und Nobelpreisträger fand nach dem 2. Weltkrieg, dessen Ende er in Rogätz b. Magdeburg erlebte, Zuflucht in G.

▭Stadtfriedh. (Feld 83). **GT** Merkelstr. 12, wo P. 1945–47 wohnte.
→ Kiel, Berlin

**Ludwig Prandtl** (1875 Freising i. Bay. – 1953 G.), Physiker, seit 1904 Prof. f. techn. Phys. 1925 Direktor des KWI (jetzt MPI) in G. für Strömungsforschung. P. ist einer der Begründer der modernen Hydro- und Aerodynamik.

▭Stadtfriedh. (Feld 64). **GT** am MPI für Strömungsforschung (Böttingerstr. 6)

**Eduard Riecke** (1845 Stuttgart – 1915 G.), Physiker. Schüler von Clebsch und W. Weber in G., seit 1873 Prof. in G. (Nachfolger von W. Weber).

▭Stadtfriedh. – **GT** an seinem Haus Bühlstr. 22

**Bernhard Riemann** (1826 Breselenz – 1866 Selasca am Lago Maggiore), großer Mathematiker

> *Dirichlet und Weber reden von ihm wie von einem Wunder... Er habilitierte sich nachher als Privatdocent... Zu Vorlesungen mag er wohl schwerlich schon gekommen sein (wir haben hier nicht weniger als sechs Mathema-*

*tiker als Docenten), gewiß zum Glück seiner Studien, dabei ist er aber ganz arm, denn er ist eines Landpredigers Sohn... Nach Jahrhunderten, wenn Riemann's Name neben denen von Euler, Newton, Gauß genannt wird, würde man sagen: dies zu werden war ihm nur möglich durch die Unterstützung des für alle höhere Wissenschaft begeisterten Königs Max II., von dem ein Zeitgenosse zu sein er das Glück hatte.*

F. Wöhler aus Göttingen an J. Liebig in München, 17. 11. 1857 (Liebig war Kanzler des 1853 gestifteten, mit einer geldlichen Zuwendung verbundenen Maximilian-Ordens für Wissenschaft und Kunst.)

R. war Schüler von Gauß; 1857–66 Prof. in G. (Nachfolger von Dirichlet).

**GT** Barfüßerstr. 18
→ Breselenz

**Karl Schwarzschild** [Abb. 60] (1873 Frankfurt a. M. – 1916 Potsdam), Astronom

*Schwarzschild begann mit der Frage: „Was würden Sie tun, wenn Sie eine Sternschnuppe sehen?“ Frech antwortete ich: „Oh, ich würde mir etwas wünschen“. Hilbert, der zuhörte, lachte herzlich, doch Schwarzschild blieb ernst und sagte: „So, wirklich? Aber was noch?“*

M. Born über seine mündliche Dr.-Prüfung in G. (1906)

Sch. – Schüler von Seeliger in München – wurde 1901 Prof. d. Astron. in G., 1909 Dir. des Astrophys. Observ. Potsdam. Er gilt als Schöpfer der modernen Astrophysik (Photometrie, Sonnenatmosph., Stellarstatistik) und als einer der bedeutendsten dt. Astronomen. Der amerikanische Astronom Martin Sch. ist sein Sohn.

□ (mit Himmelskugel) Stadtfriedh. (Feld 35). **GT** an der Südfront der Sternwarte, Geismarlandstr. (symmetrisch zur GT für den 1. Telegraphen von Gauß/Weber).
→ Potsdam, Tautenburg

**Gustav Tammann** (1861 auf der russischen Ostsee-Insel Oesel – 1930 G.), Chemiker. Studium und Prof. in Dorpat, seit 1902 bis zu seinem Tode Prof. d. anorg. Chem. in G. Er beschäftigte sich mit Schmelz- und Kristallisationsvorgängen.

□ Stadtfriedh. – **GT** am Inst. f. Phys. Chem. (Bürgerstr. 50)

**Albrecht Thaer** [Abb. 97] (1752 Celle – 1828 Möglin). Der Begründer der wissenschaftlichen Landwirtschaftslehre studierte 1770–71 in G.

**GT** Rote Str. 29
→ Celle, Berlin, Möglin, Leipzig

**Rudolf Wagner** (1805 Bayreuth – 1864 G.), Physiologe und Anatom. 1840 bis zu seinem Tode Prof. in G. (Nachfolger von Blumenbach).

**GT** Kurze Str. 2

**Otto Wallach** (1847 Königsberg/Ostpreußen – 1931 G.), Chemiker; Studium in G., arbeitete bei Kekulé in Bonn und habilitierte sich dort, Prof. in G. Er beschäftigte sich besonders mit den ätherischen Ölen; Nobelpreis f. Chem. für seine „grundlegenden Arbeiten über alicyclische Substanzen" 1910.

□Stadtfriedh. (Feld 26). **GT** Hospitalstr. 10 (heute Univ.-Seminargebäude), wo er bis 1915 wohnte.

**Wilhelm Weber** [Abb. 56] (1804 Wittenberg – 1891 G.), Physiker. Vater Theologieprof. 1831 wurde Wilh. W. auf Anregung von Gauß von Halle nach G. berufen. Ein Draht vom Physikal. Kabinett (am Kollegienplatz) über den Johanniskirchturm und die Frauenklinik bis zur Sternwarte stellte 1833 die erste elektromagnetische telegraphische Verbindung (zwischen W. und Gauß) her. Als einer der „G.er Sieben" 1837 abgesetzt; 1849 nach G. zurückberufen. 1886 Ehrenbürger von G. Auch zwei Brüder von W. waren angesehene Forscher.

□Stadtfriedh. (Feld 7, neben Max Born). Gauß-Weber-**Δ** (→ Gauß). **GT** Geismarlandstr. 11 (Sternwarte)

Abb. 60. K. Schwarzschild, Göttingen

Abb. 61. F. Wöhler, Göttingen

**Hermann Weyl** (1885 Elmshorn – 1955 Zürich), Mathematiker

> *Könnte man den Herrgot wirklich der Inkonsequenz anklagen, wenn er sich die Ihnen gefundene Gelegenheit zum Harmonisieren der physikalischen Welt gemäß Ihnen gemacht hätte, wäre nämlich Weyl II gekommen, um ihn vorwurfsvoll anzureden: „Lieber Gott, wenn es schon nicht in Deinem Ratschluß gelegen hat, der Kongruenz unendlich kleiner starrer Körper einen objektiven Sinn zu geben... warum hast Du, Unbegreiflicher, es dann nicht verschmäht, dem Winkel diese Eigenschaft zu belassen...?"*
>
> A. Einstein an H. Weyl 1918 zu dessen Erweiterung der allgemeinen Relativitätstheorie.

1913 Prof. in Zürich, 1930 G., 1933 in Princeton. Der Beschäftigung mit den Arbeiten von Einstein entsprang sein grundlegendes Buch „Raum, Zeit, Materie" (1918)

**GT** (1978) Merkelstr. 4

**Emil Wiechert** (1861 Tilsit/Ostpreußen – 1928 G.), Geophysiker, seit 1898 Prof. f. Geophys. in G., Begründer des Geophys. Inst. am Hainberg, führender Erdbebenforscher.

□(mit Medaillon) Stadtfriedh. (Feld 70). **GT** am Inst. f. Geophys., Herzberger Landstr. 180 (im Innern des Gebäudes Kopfrelief)

**Maximilian Prinz zu Wied** (1782 Neuwied – 1867 Neuwied), Erforscher Brasiliens; zuerst Offizier, studierte 1811–12 in G. (besonders bei Blumenbach), 1815–17 und 1832–34 Forschungsreisen in Amerika.

**GT** Prinzenstr. 2 (Commerzbank)
→ Neuwied

**Adolf Windaus** (1876 Berlin – 1959 G.), Chemiker. 1915 nach G. berufen (Nachfolger von Wallach). Für die Erforschung der Sterine und ihren Zusammenhang mit Vitaminen erhielt er 1928 den Nobelpreis f. Chem.

□Stadtfriedh. (Feld 83). **GT** Rohnsweg 22

**Friedrich Wöhler** [Abb. 61] (1800 Eschersheim b. Frankfurt a. M. – 1883 G.), Chemiker

> *Aluminium und künstlicher Harnstoff, freilich zwei sehr verschiedene Sachen, die so dicht aufeinanderfolgen, werden, mein Herr, als Edelsteine in Ihren Lorbeerkranz eingeflochten werden, und sollte die Quantität des artificiellen nicht genügen, so kann man leicht mit ein wenig aus dem Nachttopf supplieren. Sollte es nun gelingen, noch etwas weiter im Productionsvermögen zu kommen (vesiculae seminales liegen ja weiter vorn als die Urinblase), welche herrliche Kunst, im Laboratorium der Gewerbeschule ein noch so kleinen Kind zu machen.*
>
> J. Berzelius an Wöhler, Stockholm, 7. 3. 1828

W. studierte u. a. bei Leop. Gmelin in Heidelberg, vor allem aber bei Berzelius in Stockholm, mit dem er bis zu dessen Tode 1848 freundschaftlich verbunden blieb (ebenso mit dem temperamentvollen Liebig). 1825–31 Lehrer an der Gewerbeschule Berlin, wo W. 1827 als erster das Aluminium rein darstellte und bald darauf Harnstoff synthetisch herstellte – die erste, aufsehenerregende Synthese eines organischen Stoffes. Nach kurzer Tätigkeit in Kassel wurde W. 1836 als Prof. d. Med. und Chem. nach G. berufen, geistig rege bis ins hohe Alter. Auch Yttrium, Bor und Silizium hat W. entdeckt. 1857 wurde er Ehrenbürger von G.

▭ Stadtfriedh. („Von Gott zu einer höheren Thätigkeit abberufen, ruht hier die sterbliche Hülle"; Feld 4). **Δ** (Standbild: Hartzer, 1890) vor der Herbartschule, nahe dem alten Chem. Inst.; **GT** Hospitalstr. 10, wo W. 1836–82 wohnte und sich auch das Chem. Labor befand (heute Univ.-Seminargebäude)
→ Frankfurt-Eschersheim, Combe Varin

**Richard Zsigmondy** (1865 Wien – 1929 G.), Chemiker, beschäftigte sich vorwiegend mit Kolloiden; mit H. Siedentopf erfand er 1903 das Ultramikroskop. Nobelpreis f. Chemie 1925.

▭ Stadtfriedh. (Feld 61)

---

**Goldkronach** (ehemaliges Goldbergbaustädtchen im Fichtelgebirge)

**Alexander von Humboldt** [Abb. 19, 20] (1769 Berlin – 1859 Berlin), Naturforscher

> *In Goldkronach bin ich glücklicher als ich je wagen durfte, zu glauben.*
> A. v. Humboldt an C. Freiesleben, 20. 1. 1794

Der junge H. war 1793–94 tatkräftiger Oberbergmeister in den Herzogthümern Ansbach und Bayreuth, die damals zu Preußen gehörten. Er wohnte zeitweise in G.

**GT** am „Gasthaus zum Alexander v. Humboldt". (Das Haus, in dem H. wohnte, besteht nicht mehr, stand jedoch an dieser Stelle.)
→ Berlin, Göttingen, Freiberg i. S., Vallendar, Arzberg, Bad Steben

---

**Gotha** (Thüringen)

Auf dem Seeberg südöstl. von G. begründete Herzog Ernst II. 1787–91 eine **Sternwarte,** von der die erste Gradmessung Deutschlands ausging (1803–04), und an der angesehene Astronomen wirkten, so Franz Xaver v. Zach (1754 Preßburg – 1832 Paris), Joh. F. Encke, Peter Hansen, A. Auwers. 1798 fand hier der 1. Astronomenkongreß auf deutschem Boden statt und wurde 1800 die 1. dt. astron. Zeitschrift gegründet (durch Zach; „Monatliche Correspondenz zur Beförderung der Erd- und Himmelskunde" – Vorläufer der heutigen „Astron. Nachrichten"). Von der

Sternwarte (die 1856 durch eine neue ersetzt wurde) ist nichts mehr erhalten außer dem Steinsockel des Passageinstruments; Gedenksäule für Ernst II.
Eine Gaststätte dort heißt „Alte Sternwarte".

**Johann Friedrich Blumenbach** (1752 G. – 1840 Göttingen), Anatom und Anthropologe.

Geburtshaus Fritzelsgasse 1 (datiert 1621), im NW der Innenstadt (in der Nähe der B.straße). **Δ** jetzt in den Anlagen zwischen südöstl. Schloßrampe und Leinakanal; Porphyrblock (aus dem Rodebachtal) mit bronzenem Reliefporträt (Friedr. Drake, 1878)
→ Göttingen

**Peter Andreas Hansen** [Abb. 134] (1795 Tondern/Süd-Dänemark – 1874 G.), Astronom. H. war zunächst Uhrmacher, kam zu dem Astronomen H. Ch. Schumacher in Kopenhagen und Altona, 1825 Nachfolger Encke's an der Sternwarte G. (erst in der alten, dann in einer eigenen, schließlich in der neuen Sternwarte).

▭ (Hauptfriedh.), eingeebnet, Grabstein erhalten (Pyramide mit Erdkugel in Flachrelief)
→ Tondern

---

**Goumoens-le-Jux** (nördl. Echallens, Waadt, zwischen Lausanne und Yverdon)

**Albr. Haller** kaufte 1763 das Herrschaftshaus G.-le-Jux, war aber nur selten dort. Doch bezeichnete er sich seitdem gern als „Seigneur von G.-le-Jux" oder ähnlich.[71]

**GT** am Schulhaus
→ Bern, Göttingen, Münsingen

---

## Graz
Österreichische Universitätsstadt seit 1586

**Ludwig Boltzmann** [Abb. 143] (1844 Wien – 1906 Duino b. Triest), Physiker

> *Soll ich mit fremden Fraun in der Ferne mich nicht unterhalten?*
> *Sind sie von Allem, was hier, dir denn am ähnlichsten nicht?*
> *Oft schon küßt' ich dein Bild auf Pappe: Oh so verzeihe,*
> *wenn ich dein Bild auch geküßt, fand ich's in Fleisch und Blut!*
> *Zudem bin Theoretiker ich von der Zeh' bis zum Scheitel*
> *und so vertrau', daß ich auch nur theoretisch geküßt.*
>
> L. Boltzmann an seine Frau (Reise eines deutschen Professors ins Eldorado, 1905)

B. wirkte 1869–73 als Prof. f. theor. Physik, 1876–89 als Prof. d. Physik und Dir. des Phys. Inst. in G.

**GT** im Treppenhauseingang des Phys. Inst.
→ Wien

**Friedrich Peter Emich** [Abb. 62] (1860 G. – 1940 G.), Chemiker, Prof. in G., Begründer der anorgan. Mikroanalyse.

▭ Ev. Friedh. Petersgasse. **GT** am Geburtshaus (Attensgasse 10)

Abb. 62. F. P. Emich, Graz

**Karl v. Frisch** [Abb. 63] (1886 Wien), Zoologe. Priv.-Doz. in München, Prof. in Rostock, Breslau, München, 1946–50 G., dann wieder in München; 1973 Nobelpreis f. Physiol. u. Med. (mit K. Lorenz und N. Tinbergen) für seine sinnesphysiol. Untersuchungen, besonders an Bienen.

**GT** (für 5 Nobelpreisträger in G.) am Eingang der Univ.

**Victor Franz Hess** [Abb. 63] (1883 Schloß Waldstein b. Peggau/Steiermark – 1964 Mt. Vernon b. New York), Physiker. 1920–31 und 1937 Prof. in G. (dazwischen in Innsbruck). Für seine Untersuchungen der kosmischen Höhenstrahlung erhielt er 1936 den Nobelpreis f. Physik. Von den Nationalsozialisten entlassen, emigrierte er nach den USA.

**GT** (für 5 Nobelpreisträger in G.) am Eingang der Univ.

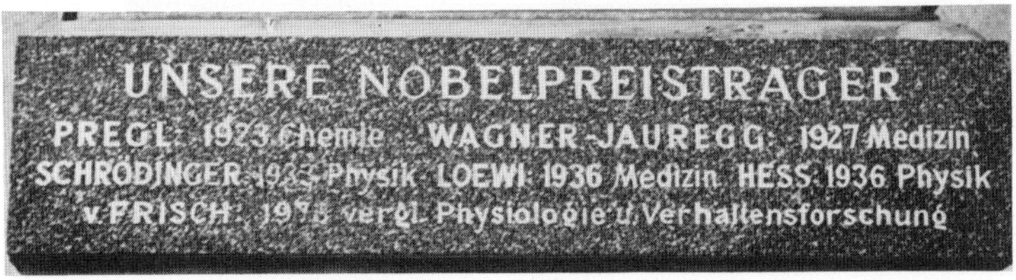


Abb. 63. Die 5 Nobelpreisträger in Graz

**Johann,** Erzherzog (1792 Florenz – 1859 G.), Gründer des Joanneums, war ein eifriger Förderer der Naturwissenschaften in G.

**Δ**(mit Brunnen) inmitten des Hauptplatzes

**Johannes Kepler** [Abb. 64, 137, 139] (1571 Weil der Stadt – 1630 Regensburg), Astronom

> *Kürzlich sandte ich zwei Exemplare meines Büchleins nach Italien. Sie wurden von einem Mathematiker Galilaeus – so unterschreibt er selbst – freundlich aufgenommen. Auch er ist seit vielen Jahren Anhänger der Kopernikanischen Ketzerei.*
>
> Kepler aus Graz an Mästlin in Tübingen, Sept. 1597

In G. wirkte K. 1591–1600 als Lehrer der Ethik und Mathematik an der protestantischen Landschaftsschule.

**GT** im Arkadenhof des „Landhauses" und am „Kepler-Keller" (Raubergasse) (1977 nicht vorhanden). **Δ** (Säule mit Büste) in den Anlagen des Schloßberges.
→ Weil der Stadt, Leonberg, Linz, Eferding, Regensburg (Karte 13)

**Otto Loewi** [Abb. 63] (1873 Frankfurt a. M. – 1961 New York), Physiologe und Pharmakologe. 1909–38 Prof. in G. Er beschäftigte sich u. a. mit dem vegetat. Nervensystem; 1936 Nobelpreis f. Physiol. und Med. (mit H. Dale).

Büste in der Univ. vor der Aula. **GT** (für 5 Nobelpreisträger in G.) am Eingang der Univ.

Abb. 64. J. Kepler, Graz

Abb. 65. F. Mohs, Graz

**Friedrich Mohs** [Abb. 65] (1773 Gernrode – 1839 Agordo/Dolomiten), Mineraloge. Schüler von A. G. Werner in Freiberg; Erzherzog Johann zog ihn nach Graz, um die Mineraliensammlung im Joanneum zu ordnen, 1817 Nachf. Werner's in Freiberg, 1826 Prof. in Wien, 1835 Bergrat bei der Hofkammer. Auf einer Reise zu den ital. Vulkanen starb er in Südtirol. M. ordnete die Mineralien in ein „auf bloße äußere Kennzeichen gegründetes System", nicht nach dem Chemismus. Die 10-stufige „M.sche Härteskala" wird noch heute verwendet.

**Δ**(mit Büste) im Innenhof-Garten des Joanneums (Eingang Raubergasse)
→ Wien

**Fritz Pregl** [Abb. 63] (1869 Laibach – 1930 G.), Chemiker. Seit 1913 Prof. f. angew. med. Chem. in G.; angeregt durch → Emich, wurde er einer der Begründer der quantit. Mikroanalyse organ. Verbindungen. 1923 Nobelpreis f. Chem.; Ehrenbürger von G.

Büste in der Univ. (vor der Aula). **GT** (für 5 Nobelpreisträger in G.) am Eingang der Univ.

**Erwin Schrödinger** [Abb. 63] (1887 Wien – 1961 Wien), Physiker

> *Weißt Du, es ist leichter mit einem Kanarienvogel zu leben als mit einem Rennpferd, aber mir ist ein Rennpferd lieber.*
>
> Anny Schrödinger über ihren Mann zu H. Thirring[72]

Sch. war Schüler von Hasenöhrl in Wien; 1927 Nachf. von Planck in Berlin. Obgleich nichtjüdisch, verließ er 1933 Deutschland; Prof. d. theor. Physik in Graz, von wo er 1938 abermals emigrierte; 1940–56 in Dublin, 1956–61 in Wien. Durch seine „Wellenmechanik" leistete er neue, wesentliche Beiträge zur Relativitätstheorie. 1933 Nobelpreis f. Physik.

**GT** (für 5 Nobelpreisträger in G.) am Eingang der Univ.
→ Alpbach

**Alfred Wegener** [Abb. 26, 66] (1880 Berlin – 1930 Grönland), Meteorologe und Geophysiker

> *Wir waren nahe daran, im schönen Graz in bürgerlichem Wohlsein zu versinken. Mein Mann lebte ganz seiner wissenschaftlichen Arbeit, Sonntags machten wir mit den Kindern unsere „Tieftouren", wie er zu sagen pflegte, im Herbst Hochtouren in den Alpen, im Winter Skiausflüge. Das schien so in alle Ewigkeit weiterzugehen ... Da besuchte uns Ostern 1928 Professor Meinardus aus Göttingen. Nur kurz auf der Durchreise, nur um anzufragen, ob Alfred Wegener bereit sei, als Leiter einer kleinen Unternehmung auf einer Sommerreise in Grönland Eisdickenmessungen auszuführen.*
>
> Else Wegener (Alfred Wegeners letzte Grönlandfahrt, 1932)

W. war von 1924 bis zu seinem Tode auf dem Inlandeis Grönlands im Nov. 1930 o. Professor in Graz.

Bronzebüste (W. Rex) in der Universität (vor der Aula). Die Straße, in der W. zusammen mit seinem Schwiegervater, dem Meteorologen W. Köppen, wohnte (Nr. 9), heißt jetzt Wegenergasse. (Köppen starb 93jährig 1940.)

**GT** (1980) Wegenergasse 9
→ Berlin, Zechlinerhütte, Hamburg, Kamarujuk-Fjord

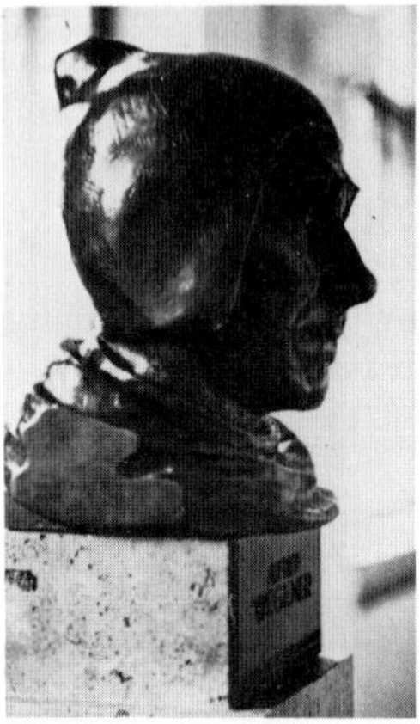

Abb. 66. A. Wegener, Graz (Universität)

---

**Grebenstein** (15 km nordnordwestl. Kassel)

**Wilhelm Pfeffer** (1845 G. – 1920 Leipzig), Botaniker; zunächst Apotheker (u. a. in Chur/Schweiz), später Prof. in Basel, Tübingen und seit 1887 Leipzig. „Das Leipziger Institut wurde durch P. zu einem Mekka der Pflanzenphysiologen“ (Mägdefrau). An 100 seiner Schüler wurden Hochschullehrer.

**GT** am Geburtshaus, der 1696 erbauten Löwenapotheke (Markt 3). Die in Holz geschnitzte Inschrift im Torbogen gibt an „In diesem Hause wurde Geh. Rat Prof. Dr. Pfeffer am 9. März 1845 geboren. Er erforschte das Wesen der Pflanzen und erkannte ihre Lebensgesetze. MDCCCCLV.“

---

**Greifswald**
Universitätsstadt seit 1456

**Otto Jaekel** (1863 Neusalz a. d. Oder/Niederschlesien – 1929 Peking), Paläontologe

> *Wer kann verlangen, daß bei so viel Licht die Schatten fehlen sollen? Niemand – denn hell und dunkel sind Schwestern wie Leben und Tod.*
>
> F. Drevermann über Jaekel[73]

J. promovierte bei Zittel in München; Prof. in Berlin, 1906–28 in G. Seine ideenreichen Arbeiten galten vor allem den fossilen Stachelhäutern, Fischen und Reptilien sowie der Abstammungslehre.

**GT** an seinem Wohnhaus

---

**Grenchen** (Stadt zwischen Solothurn und Biel, Schweiz)

**Franz Josef Hugi** [Abb. 67] (1796 G. – 1855 Solothurn), zuerst kath. Priester, konvertiert, Gründer und Konservator des Naturhist. Mus. Solothurn, Alpen- und Eiszeitforscher.

**GStein** (1865) Bielstr., vor dem Schulhaus I
→ Bern

---

**Grevenburg** (Schloß im Weserbergland, unweit Sommersell, 15 km nordwestl. Höxter)

Auf dem kleinen Friedhof der Familie Oeynhausen, nahe dem Schloß, befindet sich auch der einfache, bemooste Grabstein des „Kgl. Preuss. Berghauptmanns“ **Carl Aug. Ludw. v. Oeynhausen** [Abb. 68] (1795 G. – 1865 G.).
→ Bad Oeynhausen

Abb. 67.F. J. Hugi, Grenchen

Abb. 68. v.Oeynhausen, Grevenburg

**Großraming** (an der Enns, Österreich)
Karte 6

**Leopold von Buch** [Abb. 69] (1774 Stolpe – 1852 Berlin), Geologe

> *Der emsige, unverdrossene Leopold v. Buch, obgleich einer der ältesten in der Gesellschaft, stand immer an der Spitze der Expedition und als man um die Mittagszeit in einer ländlichen Wirtschaft einer Erfrischung eifrig oblag, konnte man ihn kaum vermögen, ein Glas Wein und Stückchen Brot anzunehmen. Nach wenigen Minuten drang er unaufhaltsam ganz allein vorwärts und schalt uns faule Leute.*
>
> F. Eser über die Tagung der dt. Naturf. und Ärzte in Freiburg i. Br. 1838

Eine über 6 m hohe, tektonisch verfrachtete Granitklippe mitten im Wald bei G. wurde auf Anregung der Ges. dt. Naturf. und Ärzte 1856 zu einem eindrucksvollen Denkmal für Leopold v. Buch umgestaltet „unter Mitwirkung zahlreicher Freunde der Naturwissenschaften in Deutschland, Italien, Belgien, Frankreich, England usw." Auf der Rückseite eine **GT** mit den schönen Worten, die B. 1814 in der Berliner Akad. dem Mineralogen D. L. G. Karsten widmete: „Mögen wir einst beweint werden, wie es Karsten geworden! Mögen unsere Ansprüche auf den Dank der Nachwelt den seinigen gleichen!"
→ Stolpe, Göttingen, Freiberg, Berlin

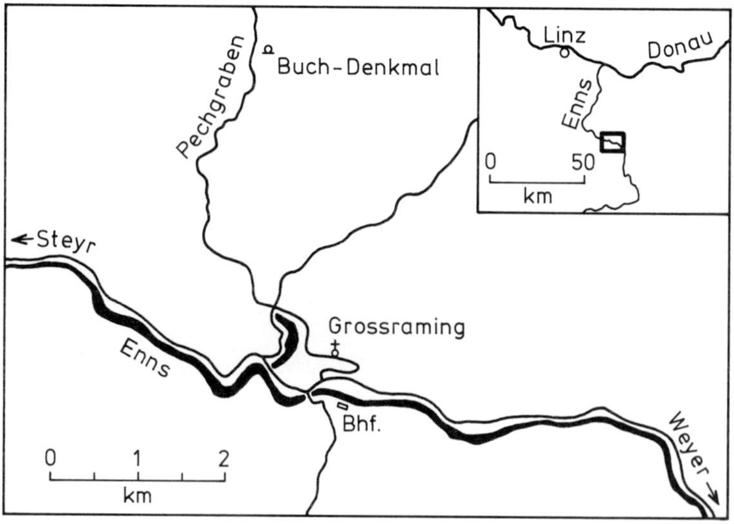

Karte 6. Großraming

## **Grossbothen** (bei Leipzig)

**Wilhelm Ostwald** (1853 Riga – 1932 Leipzig), physik. Chemiker und Philosoph

> *Wilhelm Ostwald, damals 34 Jahre alt, war eine schillernde und schon damals weltberühmte Persönlichkeit. Er besaß eine unglaubliche Vitalität, die das bemerkenswerte Tempo seiner Aktivitäten bis hin zu seinem Tod im Alter von beinahe 80 Jahren bestimmte ... Obwohl er auf seinem Gebiet ein bahnbrechender Forscher war, der 1909 den Nobelpreis erhielt, bestand sein Haupteinfluß darin, daß er anderen in dieser Wissenschaft den Weg wies.*
>
> Kurt Mendelssohn (Walther Nernst und seine Zeit, 1976)

Seit 1881 Prof. in Riga, 1887–1906 Prof. d. physik. Chemie in Leipzig; 1909 Nobelpreis f. Chemie für seine Arbeiten über Autokatalyse. Die Nobelpreisträger S. Arrhenius und W. Nernst waren Schüler von O. Er begründete 1887 mit Van t'Hoff die „Zeitschrift f. Physik. Chemie", 1889 die Schriftenreihe „Klassiker der exakten Naturwissenschaften". – In den letzten Lebensjahren beschäftigte er sich vorwiegend mit der Farbenlehre, Naturphilosophie (Materie als Energie), der Geschichte der Naturwissenschaften und kämpfte für den „Monismus" Haeckel's. In G. wohnte O. seit 1906, als er seine Tätigkeit an der Univ. aufgab, bis zu seinem Tode im Haus „Energie"; heute Sitz des O.-Archivs.

▭(Urne) im Garten des Hauses

Abb. 69. L. v. Buch, Großraming

**Gumpenstein** (bei Steinach-Irdning, zwischen Salzburg und Leoben, nahe dem Enns-Tal)

Eine **GT** aus Marmor (auf einem Felsblock) in der Bundesversuchsanstalt für alpenländ. Landwirtschaft erinnert seit 1956 an den Vererbungsforscher **Gregor Mendel** (1822 Heinzendorf/Österr. Schlesien – 1884 Brünn).
→ Brünn

**Gunzenhausen** (Kreisstadt in Mittelfranken)

Die Simon-Marius-Str. und ein Marius-Gymnasium erinnern an den Fürstl. Hofmathematiker und -astronomen **Simon Marius** (Mayer) (1573 G. – 1624 Ansbach), der noch vor Galilei 4 Jupitermonde entdeckte.

**Halle** (Saale)

Ein eigenes Museum in Halle (Domstr. 5) ist in erster Linie den großartigen Funden aus den alttertiären Braunkohlenschichten des Geiseltals südl. von H. gewidmet. Die jahrelangen Ausgrabungen, die Präparation der Funde, der Aufbau des Museums sind hauptsächlich der Tatkraft von **Johannes Weigelt** (1880 Reppen b. Frankfurt/Oder – 1948 Gr. Gerau) zu verdanken, der 1929–45 den Lehrstuhl f. Geologie in H. innehatte.

**Hamburg**
Universitätsstadt seit 1919

**Carl Hagenbeck** (1844 H. – 1913 H.), Tierhändler und Gründer des ersten gitterlosen Tierparks (H.-Stellingen).
**Δ**(Bronze-Statue mit Löwe, 1926) am Eingang zum Tierpark

In der Familiengrabstätte Hertz auf dem Ohlsdorfer Friedhof (Q 24, 20) sind beigesetzt die bedeutenden Physiker **Heinrich Hertz** [Abb. 70, 83] (1857 H. – 1894 Bonn; → Karlsruhe) und dessen Neffe **Gustav Hertz** (1887 H. – 1975), Prof. in Halle, Berlin, Leipzig, 1845–54 am Kernforschungs-Institut Suchumi am Schwarzen Meer; 1925 Nobelpreis f. Physik, zusammen mit James Franck (gleichfalls geb. in H.; → Göttingen).

Der Fernsehturm (Planten un Blomen) trägt in ca. 20 m Höhe die nach NO gerichtete Inschrift „Heinrich Hertz, dem Sohn der Stadt Hamburg".

**Johann Georg Repsold** [Abb. 71] (1771 Wremen b. Bremerhaven – 1830 H.), Mechaniker

> *„Scheintod ist nicht meine Partie; recht todt oder gar nicht" und fügte nach einer Pause hinzu: er wünsche sich einen schnellen, unerwarteten Tod.*
>
> Repsold bei einem Mittagsgespräch an seinem Todestage, 14. 1. 1830[73a]

R. war „Obersprützenmeister" der Feuerwehr in H. und kam auf einer Brandstätte durch einen einstürzenden Giebel ums Leben. Er gründete eine angesehene, von Benzenberg, Bessel, Gauß, Schumacher u. a. hochgeschätzte, von seinen Nachkommen erfolgreich fortgeführte Werkstatt für astronomische Instrumente. 1802 errichtete er die erste Sternwarte in H. (auf der Anhöhe des heutigen Bismarck-Denkmals). Die Volkssternwarte im Wasserturm am Stadtpark trägt seinen Namen.
**Δ**(Bronzebüste; Chateauneuf, 1833) in den Wall-Anlagen nahe südl. vom Mus. f. Hamburgische Geschichte

**Friedlieb Ferdinand Runge** (1795 Billwerder, jetzt H.-Billwerder – 1867 Oranienburg), Chemiker

> *Nachdem Goethe mir seine größte Zufriedenheit ... ausgesprochen, übergab er mir noch eine Schachtel mit Kaffeebohnen, die ein Grieche ihm als etwas ganz Vorzügliches gesandt. Auch diese können Sie zu Ihren Untersuchungen gebrauchen, sagte Goethe. Er hatte recht; denn bald darauf entdeckte ich darin das wegen seines großen Stickstoffgehaltes so berühmt gewordene Koffein.*
>
> F. F. Runge über seinen Besuch bei Goethe, 1819

Der Pfarrerssohn studierte nach pharmazeutischer Tätigkeit Medizin in Jena, dann Chemie in Berlin, wo er sich auch habilitierte. 1828–31 a. o.

Abb. 70. H. Hertz, Hamburg

Abb. 71. J. G. Repsold, Hamburg

Prof. f. Technol. in Breslau; von dort kam er nach Oranienburg. R. entdeckte das Koffein und Atropin und begründete durch die Auffindung von Anilin und Phenol im Steinkohlenteer die Teerfarbenchemie.

**GT** (mit Medaillon, 1936) am Geburtshaus Billwerder, Billdeich 140
→ Oranienburg

**Heinr. Christian Schumacher** (1780 Bramstedt/Holstein – 1850 Altona, jetzt H.), Astronom, ursprünglich Jurist, 1810 Prof. d. Astron. in Kopenhagen, 1813–15 Sternwarte Mannheim, 1815 o. Prof. in Kopenhagen, doch wohnte er gewöhnlich im damals dänischen Altona, wo er eine Sternwarte gründete und seit 1821 die noch heute bestehenden „Astronom. Nachrichten" herausgab. Sch. war befreundet mit Gauß.

□ ehem. Heiliggeistfriedh. Ecke Behnstr. (früher Palmaillenstr.)/Struenseestr. (am U-Bhf. Königstr.)
→ Mannheim

*In H. wurde 1793 der Astronom Friedr.* ***Georg Struve*** *geb., der die bedeutende Sternwarte Pulkowa b. St. Petersburg gründete (dort gest. 1864, □ erhalten); der Familie entstammen weitere angesehene Astronomen. – Vier Geophysiker und Meteorologen der ehem. Dt. Seewarte (jetzt im Dt. Hydrograph. Institut aufgegangen) wurden durch Straßennamen geehrt: nahe dem Hydrograph. Institut (und der Jugendherberge) ihr Gründer* ***Georg v. Neumayer*** *(1826–1909; → Kirchheimbolanden) und* ***Alfred Wegener*** *(1880–1930; → Berlin, Zechlinerhütte, Graz); in H.-Großborstel* ***Wladimir Köppen*** *(1846 St. Petersburg – 1940 Graz) und* ***Johannes Georgi*** *(1888 Frankfurt a. M. – 1972 H.). Köppen war der Schwiegervater von A. Wegener; er gehörte der Seewarte 44 Jahre an und leitete in Großborstel die meteorologische Drachenstation, schuf eine noch heute wichtige Klima-Klassifikation. Georgi nahm 1929 und 1930/31 an den Grönlandexpeditionen von Wegener teil.*

Abb. 72. F. W. v. Reden, Hameln

Abb. 73. C. Herschel, Hannover

## **Hameln** (Weser)

**Friedrich Wilhelm Graf v. Reden** [Abb. 72] (1752 H. – 1815 Buchwald i. Riesengebirge), Oberberghauptmann in Schlesien und preuß. Bergwerksminister; auf ihn geht die Entwicklung des oberschlesischen Bergbaus zurück. Ein ungewöhnlich mächtiges Steinkohlenflöz in Oberschlesien trug den Namen „Redenflöz“. R. begleitete Goethe 1790 auf dessen Reise nach Schlesien und Galizien.

**GT** am Geburtshaus (dem Adelssitz Redenhof, Obertorwall 37); „zum 200. Geburtstag in Dankbarkeit die Schlesier und die Heimatstadt“.
→ Clausthal

**Friedr. Wilh. Sertürner** [Abb. 129] (1783 Schloß Neuhaus – 1841 H.), Pharmazeut, 1820–41 Apotheker in H. (▭ Einbeck).[52]

**GT** (1904 errichtet, 100 Jahre nach Entdeckung des Morphiums durch S., vom Dt. Apothekerverein) am „Hochzeitshaus“, Markt
→ Schloß Neuhaus, Paderborn, Einbeck

## **Handegg** (Handeck; im oberen Aare- oder Hasli-Tal, zwischen Guttannen und Grimselpaß)

> *Wir waren so erfreut über die herrliche Bestätigung, welche diese ausgezeichnete Lokalität unseren Ansichten gab, daß wir der Versuchung, eine Spur unseres Besuches zu hinterlassen, nicht widerstehen konnten. Wir meißelten mit großen Buchstaben an den Rand des Weges Agassiz Namen mit dem Worte „Eisschliff“ und der Jahreszahl 1838 ein.*
>
> Agassiz' und seiner Freunde geologische Alpenreisen (ed. C. Vogt), 1847

Am alten Saumpfad, der von Handegg zur Grimsel führt, schöne Gletscherschliffe im Granit („Helleplatten“), durch die Pionieruntersuchungen von **L. Agassiz** und seiner Begleiter bekanntgeworden. Am oberen Ende einiger eingehauener Stufen ist die Inschrift von 1838 noch erkennbar.[74]
→ Môtier, Neuchâtel, Pierrabot, Bern

## **Hannover**

TH seit 1831 (jetzt TU)

**Caroline Herschel** [Abb. 73] (1750 H. – 1848 H.), Schwester von Wilhelm H. und seine tüchtige astronomische Gehilfin

> *Ein ganz kleines, dritthalbfüßiges [Teleskop], womit Miss Herschel neulich den Kometen entdeckte, ist sehr portativ; sie trägt es bald hier- bald dorthin mit sich herum, auf den Boden, in den Garten – und nennt es her little sweeper, weil sie damit den Himmel kehrt. Herschel nannte seine Schwester his little Comet-catcher.*
>
> Georg Forster (Ansichten vom Niederrhein usw., 1790) über Herschel's Sternwarte in Slough bei Windsor.

Caroline folgte ihrem Bruder nach England, kehrte aber 1822 nach dessen Tod nach H. zurück. Sie war Mitglied der „Kgl. Irländischen Akad. zu Dublin und der Kgl. Astronom. Ges. in London" (Grabinschrift).

▭ auf dem alten kleinen Friedh. an der Gartenkirche, Marienstr.; flach liegende Grabplatte mit langer, von ihr selbst verfaßter Inschrift: „Der Blick der Verklärten war hieniden dem gestirnten Himmel zugewandt, die eigenen Cometen-Entdeckungen und die Theilnahme an den unsterblichen Arbeiten ihres Bruders zeugen davon in die späte Nachwelt ... In dem Alter von 97 Jahren, 9 Monaten, 24 Tagen entschlief sie mit heiterer Ruhe und bei völliger Geisteskraft ..."

**Gottfried Wilh. Leibniz** [Abb. 96] (1646 Leipzig – 1716 H.), Philosoph und „Universalgelehrter"

> *Auf der Überfahrt von England nach Holland bin ich durch widrige Winde einige Zeit in der Themsemündung zurückgehalten worden. Da ich keine Beschäftigung hatte und sich außer den Matrosen niemand auf dem Schiff befand, überdachte ich diese Dinge und sann vor allem meinem alten Plan einer rationalen Sprache oder Schrift nach, zu deren geringsten Leistungen es zählen würde, verschiedenen Nationen eine allen gemeinsame Verständigung zu erlauben. Ihr Hauptzweck wäre es, nicht das Wort, sondern die Gedanken darzustellen ... Wenn wir eine Sprache oder Schrift besäßen, wie ich sie meine, dann könnten wir metaphysische oder moralische Fragen fast ebenso behandeln wie geometrische oder algebraische Probleme.*
>
> Leibniz an Gallois, 1677

L. wurde 1676 von Herzog Johann Friedrich nach H. berufen. Mit der späteren Kurfürstin Sophie und deren Tochter Sophie Charlotte, später Gemahlin der ersten preußischen Königs, schuf L. „die hohe geistige Atmosphäre des hanoverschen Hofes". In Berlin gründete er 1700 auf Anregung der Königin Sophie Charlotte die Preuss. Akad. d. Wissensch.

▭ in der St. Johanniskirche (Neustädter Kirche) mit einer Marmorplatte und der Inschrift „Ossa Leibnitii". – „Leibnizhaus" Schmiedestr. 10, Ecke Kaiserstr., Renaissance-Wohnhaus von L. 1676–1716, im 2. Weltkrieg durch Bomben zerstört, soll (an anderer Stelle) wieder aufgebaut werden. – „L.-Tempel" mit Marmorbüste in H.-Herrenhausen, Georgengarten (nordwestl. von der Techn. Univ.)
→ Leipzig, Altdorf

*In H.-Buchholz erinnert das „Alfred-Bentz-Haus" (Bundesanst. f. Geowissenschaften und Rohstoffe) an den ersten Präsidenten der Bundesanstalt* ***Alfred Bentz*** *(1897 Heidenheim/Brenz – 1964 England), der Stille-Weg (an dem das Haus liegt) an den bedeutenden Geologen* ***Hans Stille*** *(1876 Esbeck bei H. – 1966 H.), Prof. in H., Leipzig, 1913 Göttingen, 1932–50 Berlin, der grundlegend über Tektonik arbeitete, aber den neueren Anschauungen über kontinentale Drift ablehnend gegenüberstand.*

## **Hasserode** (Dorf bei Wernigerode/Harz)

Im Drenge-Tal an der Straße nach Dreitannen-Hohne Granit-Obelisk mit Bronzeplakette (1896) für den Geologen und Erforscher des Harzes **Karl August Lossen** (1841 Kreuznach – 1893)

## **Hassfurt** (am Main, zwischen Bamberg und Schweinfurt)

Die 1867 erbaute Main-Brücke trägt eine **GT** für ihren Konstrukteur **Heinrich Gerber** (1832 Hof – 1912 München).[14]
→ Bamberg

## **Heidelberg**

Universitätsstadt seit 1386. – Karte 7

> *Es heißt, die übergroße Mehrheit der Heidelberger Studenten arbeite fleißig und nutze alle Möglichkeiten gründlich; sie habe keine überschüssigen Mittel, die sie zum Vergnügen ausgeben könne, und keine Zeit für lustige Streiche ... Ihre Manieren sind ganz fabelhaft.*
>
> Mark Twain über die Heidelberger Studenten, 1878

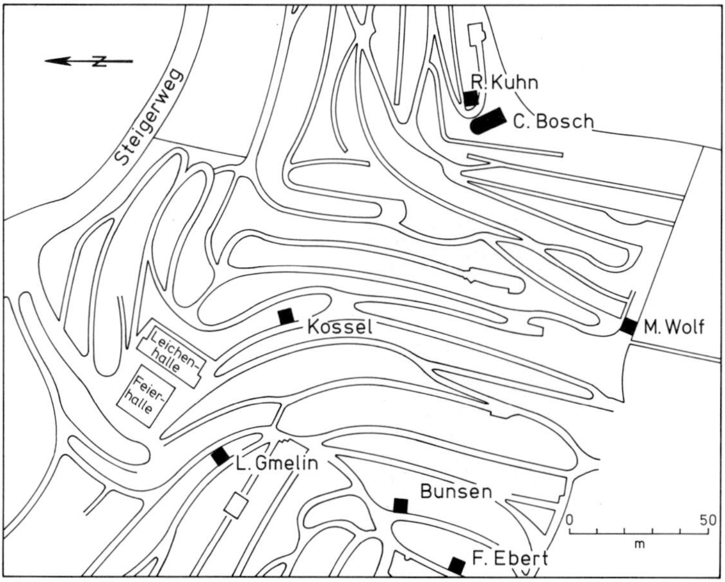


Karte 7. Bergfriedhof Heidelberg

**Carl Bosch** (1874 Köln – 1940 H.), Chemiker

*Dann arbeiten wir eben einmal 100 Jahre ohne Physik und Chemie!*

Hitler 1933 zu Bosch, als dieser auf die schwere Beeinträchtigung hinwies, die der dt. Physik und Chemie durch die Maßnahmen der Regierung drohe.

Als Chemiker kam B. 1899 zur Badischen Anilin- und Sodafabrik; später maßgebender Wirtschaftsführer, 1937 auch Präsident der KWG (Nachfolger von M. Planck). Für seine Verdienste um die technische Entwicklung der Ammoniaksynthese (Haber-Bosch-Verfahren, Leunawerk) und der Kohlehydrierung erhielt er 1931 (mit F. Bergius) den Nobelpreis f. Chem. – Robert B. (1861 Albeck b. Ulm – 1942 Stuttgart), dessen Name mit der Autozubehör-Industrie untrennbar verbunden ist, war sein Onkel.

▭(gr. Granitfels) Bergfriedh.
→ Köln

**Robert Wilh. Bunsen** [Abb. 74] (1811 Göttingen – 1899 H.), Chemiker

*Verheiraten? Ach nein. Wenn man nach Hause kommt, sitzt dann auf jeder Treppenstufe ein ungewaschenes Kind. Um das Abschreckende dieses Bildes gut zu begreifen, muß man sich die schöne, runde Steintreppe seiner Amtswohnung vergegenwärtigen, die wohl 25 Stufen besaß.*

Aus: Bunseniana, Heidelberg 1904 [Ad. Mayer]

Der berühmte Chemiker studierte in Göttingen, wurde 1836 Nachfolger von Wöhler in Kassel, 1839 Prof. in Marburg, 1851 in Breslau, 1852 in H., wo er – unverheiratet, „einer der verehrungswürdigsten und liebenswertesten" dt. Naturforscher (G. Lockemann) – bis zu seinem 78.

Abb. 74. R. W. Bunsen, Heidelberg

Lebensjahre lehrend wirkte und bis zu seinem Tode lebte. In H. beschäftigten ihn besonders photochemische Untersuchungen (gemeinsam mit seinem Lieblingsschüler Henry Roscoe), Gasanalysen und vor allem die Spektralanalyse (zusammen mit G. R. Kirchhoff). Mit ihrer Hilfe entdeckte er in der Dürkheimer Sole die neuen Elemente Caesium (1860) und Rubidium (1861). – In H. entstand auch (außer anderen Apparaten) der B.-Brenner. Die dt. elektrochem. Ges. heißt seit 1901 „Dt. Bunsenges. f. angewandte physikalische Chemie".

▭(mit Bronzerelief des Kopfes) Bergfriedhof. **GT** am alten Institut (seiner Amtswohnung), Plöck 55. **Δ** (Standbild; Herm. Volz, 1908) an der Hauptstr. (gegenüber Nr. 52). – B.-Straße in H.-Rohrbach, wo er zuletzt wohnte.
→ Göttingen, Marburg

**Theodor Curtius** (1857 Duisburg – 1928 H.), Chemiker

*Zu Kaisers Geburtstag legten alle diese Herren ihre Uniformen an und flanierten damit über die Hauptstraße. So konnte man zu meiner Zeit z. B. die Falstaff-Gestalt des Chemikers Curtius in der enganliegenden Leutnantsuniform der Husaren vorbeischlendern sehen; ein wirklich äußerst komischer Anblick.*

R. B. Goldschmidt (Erlebnisse und Begegnungen, 1959)

C. befaßte sich mit der Darstellung organischer Stoffe (Diazo-Verbindungen, Hydrazin, Azide); seit 1897 auf dem Lehrstuhl von Bunsen in H.

**GT** am alten Chem. Inst. (Plöck 55), wo er wohnte

**Leopold Gmelin** (1788 Göttingen – 1853 H.), Chemiker

*Sein Äußeres war ungemein anziehend, der prächtige Kopf mit dem geistvollen, freundlichen Gesichte von üppig gelocktem, schneeweißem Haar umwallt; seine Freunde verglichen ihn treffend mit einem blühenden Kirschbaum.*

Ad. Kußmaul (Jugenderinnerungen, 1922)

Aus der Gelehrten-Dynastie G. (→ Tübingen). In Göttingen Schüler von Wöhler, seit 1814 in H. Prof. der Chemie und Med. Er entdeckte in der Galle das Cholesterin; die G.sche Probe ermöglicht den Nachweis von Gallenfarbstoff im Harn und Blutserum. Das von G. verfaßte Handbuch der theor. Chem. (1817–19) wird als vielbändiges „G.s Hdb. der anorg. Chem." durch das G.-Inst. in → Frankfurt a. M. weitergeführt.

▭Bergfriedh., mit der Inschrift „Ins Innere dringen, nach Wahrheit ringen". In der gleichen Grabstätte ruht der Prof. f. Agrikulturchemie Adolf Mayer. **GT** für G. am Haus Plöck 54, das er 1847 erbaute und wo er starb.

**Alfred Hettner** (1859 Dresden – 1941 H.), Geograph. Seit 1899 Prof. in H.

**GT** an seinem Wohnhaus (Ziegelhäuser Landstr. 19)

**August Kekulé von Stradonitz** [Abb. 29] (1829 Darmstadt – 1896 Bonn), Chemiker

> *Alle meine Entdeckungen gäbe ich hin gegen den einen Gedanken Kekulés.*
>
> A. W. v. Hofmann

Schüler von Liebig in Gießen; bildete sich in Paris und England weiter, habilitierte sich 1856 für organ. Chem. in H. und kam dort auf die 4-Wertigkeit des Kohlenstoffs. (Die Begriffe Wertigkeit oder Valenz prägte aber erst später C. H. Wichelhaus.) 1858 Prof. in Gent, wo er 1865 die Ringstruktur des Benzols erkannte und die Strukturen von Naphtalin, Anthrazen u. a. aufklärte. K. schuf damit die Grundlagen für die Synthese von Farbstoffen und Heilmitteln. 1867 wurde er nach Bonn berufen.

**GT** Hauptstr. 4: „Hier wohnte, lehrte, forschte der Chemiker August Kekulé 1856–1858, als er die Valenzlehre schuf."
→ Darmstadt, Bonn

**Gustav Robert Kirchhoff** [Abb. 75] (1824 Königsberg/Ostpreußen – 1887 Berlin), Physiker

> *Da Du auch ein halber Chemiker bist wie ich und vielleicht ein besserer als ich, so will ich Dir mitteilen, daß ich jetzt mich sehr eifrig mit Chemie beschäftige. Ich will nämlich nichts geringeres, als die Sonne chemisch analysieren und vielleicht später auch die Fixsterne. Ich habe das Glück gehabt, den Schlüssel zur Lösung dieser Aufgabe zu finden.*
>
> Gustav Kirchhoff an seinen Bruder Otto, 11. 5. 1860

K. untersuchte, genauer als Ohm, die Verzweigung elektrischer Ströme (K.sche Regeln), fand schon 1857, daß die elektr. Wellen sich mit Lichtgeschwindigkeit fortpflanzen, und entdeckte und entwickelte in enger Zusammenarbeit mit Bunsen die Spektralanalyse, die von größter Bedeutung für die Atomphysik und die Astrophysik wurde. K. lehrte zuerst in Breslau, wo ihn Bunsen kennenlernte, der seine Berufung nach H. bewirkte (1854). 1875 ging er nach Berlin.

**GT** Hauptstr. 52: „In diesem Hause hat Kirchhoff seine mit Bunsen begründete Spektralanalyse auf Sonne und Gestirne gewandt und damit die Chemie des Weltalls erschlossen".
→ Berlin

Abb. 75. G. R. Kirchhoff, Heidelberg

**Hermann Kopp** (1817 Hanau – 1892 H.), Chemiker

> *Besten Dank für Dein und Kopp's Portrait; Kopp ist zum Lachen ähnlich, und macht das bekannte Gesicht, wie wenn sein Unterleib nicht in gehöriger Verfassung wäre.*
>
> F. Wöhler an J. Liebig, 25. 11. 1860. Am 13. 10. 1863:
>
> *Er hat nun den Ruf nach Heidelberg angenommen, und dem armen Gießen ist also wieder eine seiner schönsten Federn ausgerupft.*

K. war Schüler von Liebig, auf Wunsch von Bunsen 1863 auf die 2. chem. Professur in H. berufen. Er wurde bekannt durch Arbeiten zur Geschichte der Chemie.

**GT** Plöck 79, wo er 1867–92 wohnte.

**Albrecht Kossel** (1853 Rostock – 1927 H.), physiol. Chemiker. Seit 1901 (nach Berlin und Marburg) in H. Er arbeitete über Eiweißkörper, Purine, Nukleinsäuren und erhielt 1910 den Nobelpreis f. Physiol und Med. „für seine Beiträge zur Chemie der Zelle".

▭Bergfriedh., gemeinsam mit seinem gleichfalls bedeutenden Sohn, dem Physiker **Walther K.** (1888 Berlin – 1956 Tübingen)

**Richard Kuhn** (1900 Wien – 1967 H.), Biochemiker. Schüler von Willstätter, Prof. in Zürich, seit 1929 Direktor am KWI, dem späteren MPI für med. Forsch. in H. 1938 Nobelpreis f. Chem. für seine Carotinoid- und Vitaminarbeiten.

▭Bergfriedh. (nahe dem ▭ von C. Bosch)

**Victor Meyer** (1848 Berlin – 1897 H.), Chemiker, 1872 Prof. in Zürich, 1885 Göttingen, 1889 H. als Nachfolger von Bunsen. Er arbeitete über Dampfdichte, Nitro- und Nitrose-Verbindungen und entdeckte die Thiophene, Aldoxime und Ketoxime.

**GT** am alten Chem. Inst., Plöck 55, wo M. bis zu seinem tragischen Ende wohnte.

**Wilh. Salomon-Calvi** (1868 Berlin – 1941 Ankara), vielseitiger Geologe. Prof. in H. seit 1901, emigrierte 1934. Die Erbohrung der Radium-Solquelle H. geht auf ihn zurück.

**GT** Hauptstr. 52, wo er wohnte

**Max Wolf** [Abb. 76] (1863 H. – 1932 H.), Astronom

> *Die Himmel rühmen des Ewigen Ehre durch der Gestirne kraftvoll geordneten Lauf nach des Erhabenen Gesetz. Mir, dem Forschenden, öffneten sie ihre Tiefe und schaudernd spürt ich die göttliche Hand, die sie mit Liebe erschuf.*
>
> Grabinschrift von Max Wolf

Auf dem Haus des Vaters (eines Arztes) errichtete bereits der Student eine Sternwarte und machte dort 1884–92 seine ersten Entdeckungen. Promotion in H. bei dem Mathematiker L. Königsberger; astron. Weiterbildung bei J. A. H. Gyldén in Stockholm; Reise zu amerikanischen Sternwarten. Gründung eines modernen astrophys. Inst. auf dem Königstuhl 1896; seit 1919 Leitung der gesamten Landessternwarte. W. erkannte die große Bedeutung der Fotographie für die Astronomie. Vor allem mit dem zusammen mit C. Pulfrich-Jena entwickelten Stereokomparator entdeckte er mit seinen Mitarbeitern u. a. über 200 neue kleine Planeten.

▭Bergfriedh. (großer Felsblock mit Inschrift, s. o.)
**GT** am Geburtshaus (mit Dachaufbau, der ersten Sternwarte von W.), Märzgasse 16. **GStein** (Buntsandstein) mit Bronzerelief des Kopfes im Gelände der Königstuhlsternwarte.

---

## Heilbronn

**Julius Robert Mayer** [Abb. 77] (1814 H. – 1878 H.), Arzt und Physiker

*Wo Bewegung entsteht, Wärme vergeht,*
*wo Bewegung verschwindet, Wärme sich findet.*
*Es bleiben erhalten des Weltalls Gewalten,*
*die Form nur verweht, das Wesen besteht.*

Inschrift (von E. Dußler, Oberstudiendirektor des Rob. Mayer-Gymnasiums, 1963) am J. R. Mayer-Denkmal in Heilbronn

M. studierte Med. in Tübingen. Als Schiffsarzt beobachtete er die abweichende Farbe des Blutes bei Europäern in den Tropen. Das führte ihn zu Überlegungen über das mechanische Wärmeäquivalent und zu dem fundamentalen Gesetz von der Erhaltung der Energie (1845), doch blieb M., der seit 1841 wieder in H. lebte, lange Zeit unbekannt, umstritten und verleumdet, brach zeitweise körperlich und seelisch zusammen und wurde erst in den letzten Lebensjahren anerkannt; 1867 erster Dr. h. c. der neu errichteten Math.-Naturwiss. Fakultät Tübingen, 1872 erhielt er die goldene Copley-Medaille der Roy. Society London.

▭(mit Medaillon und dem Spruch Offenb. 14, 13) auf dem Friedh.
**Δ**(Sitzbild; Rümann, 1892), seit 1959 an der Ecke Allee und Moltkestr. (Inschrift s. o.!)

---

## Helmstedt (Kreisstadt östl. von Braunschweig)[75]

*Ich schätze Sie glücklich, daß Sie in Helmstedt leben. Einsamkeit des Ortes, armselige Bauart und dergleichen äußere Verhältnisse müssen die Freude eines verständigen Menschen nicht stören.*

A. v. Humboldt an J. F. Pfaff, den Lehrer von Gauß

1576–1810 bestand in H. eine von Herzog Julius v. Braunschweig gegründete, von König Jérome Bonaparte aufgehobene Universität. Das prächtige Auditoriumsgebäude (Juleum, erbaut im Renaissancestil 1592–97) ist erhalten, ebenso zahlreiche Professorenhäuser.

**Giordano Bruno** (1548 Nola – 1600 Rom), ital. Philosoph, der auch auf deutsche Philosophen Einfluß ausübte (Leibniz u. a.) und auf dem Scheiterhaufen endete, war 1589/90 in H.

**GT** Collegienstr. 10 (von Haeckel's „Monistenbund" errichtet, der 1912 in H. tagte; der Begriff Monade wurde von G. B. eingeführt).

**Carl Friedrich Gauß** [Abb. 56, 154] (1777 Braunschweig – 1855 Göttingen) wurde 1799 bei dem Mathematiker **Joh. Friedr. Pfaff** promoviert, in dessen Haus er wohnte. Pfaff (1765 Stuttgart – 1815 Halle), Mathematiker (bekannt durch das Pfaff'sche Problem der Differentialrechnung), war 1788–1810 Prof. in H., dann in Halle.

**GT** Holzberg 31: „In diesem Haus schrieb Carl Friedrich Gauß 1799 seine Doktor-Arbeit".
→ Braunschweig, Göttingen, Hoher Hagen, Wilseder Berg (Karte 5)

Der Zoologe **Rudolf Leuckart** wurde 1822 in H. geb.; 1869–98 Prof. in Leipzig. Eine Straße in H. wurde 1895 zu seinem goldenen Dr.-Jubiläum nach ihm benannt.

Abb. 76. M. Wolf, Heidelberg

Abb. 77. J. R. Mayer, Heilbronn

**Heinrich Meibom** d. J. (1638 Lübeck – 1700 H.), der Dritte von vier Meiboms an der Universität, Dr. med. in Angers, seit 1664 Prof. der Medizin, seit 1678 auch Prof. der Geschichte und Dichtkunst in H. Er entdeckte 1666 die Drüsen der Augenlider („M.sche Drüsen").
M. wohnte im Haus Schuhstr. 14 (mit barockem Steinportal und großem Vorlesungsraum), das er 1673 erbauen ließ. Epitaph an der St. Stephanikirche.

*Der Astronom **Friedr. Theod. Schubert,** 1803–25 Leiter der Sternwarte St. Petersburg, wurde 1758 in H. geboren.*

---

**Heppenheim** an der Bergstraße (zwischen Heidelberg und Darmstadt)

**Justus Liebig** [Abb. 54, 110] (1803 Darmstadt – 1873 München), Chemiker

> *Karl Vogt erzählt, daß Liebig durch eine Explosion von Knallquecksilber, das er in seiner Dachkammer hergestellt hatte, seiner Lehrzeit ein frühzeitiges Ende bereitet habe.*
>
> W. Ostwald (Große Männer, 1919)

In der Liebig-Apotheke auf dem altertümlichen Großen Marktplatz (östl. d. Bundesstr. 3) „arbeitete als Lehrling Justus v. Liebig 1817–1818".

**GT** an der Apotheke
→ Darmstadt, Gießen, Köln, Bad Salzhausen, München, Combe Varin

Abb. 78. W. Fabry, Hilden

**Herborn** (Stadt im Dillkreis/Hessen, von 1584–1812 Sitz einer Hohen Schule)

**Joh. Georg Leers** (1727 Wunsiedel – 1774 H.), Botaniker und Apotheker der Hochschule, Verfasser einer „Flora Herbornensis", lebte 1755–74 in H.

**GT** an seinem Wohnhaus „Zum Einhorn" (Schulhofstr.)

**Herrenberg** (20 km nordwest. Tübingen)

Geburtsort (1592) des vielseitigen Mathematikers und Orientalisten **Wilhelm Schickard,** Erfinder einer Rechenmaschine, Nachfolger von → M. Mästlin in Tübingen, dort gest. 1635. Der Name des Sch.-Gymnasiums in H. erinnert an ihn. Siehe auch (unter Kepler) bei → Linz und Regensburg.

**Hilden** (Stadt südöstl. Düsseldorf)

**Wilhelm Fabry** [Abb. 78] (Fabricius Hildanus; 1560 H. – 1634 Bern), Arzt[76]

> *Wenn ruhm- und ehrenvoll des Altertumes Sonnen,*
> *Apoll und Aeskulap, bei uns noch sind genannt,*
> *und wenn man Griechenland den Lorbeer zuerkannt,*
> *weil es die schöne Kunst der Chirurgie begonnen,*
> *so hat der Niederrhein nicht minder Ruhm gewonnen,*
> *der Fabry uns zum Trost in unserm Leid gesandt.*
>
> Aus einem französischen Sonett auf Fabry von David Le Clerc – Lausanne, 1641 (Übersetzung von H. Pfennig, 1934)

F. hat nicht Medizin studiert, sondern wurde bei Wundärzten ausgebildet (zuletzt in Genf); doch wurde er durch sein ärztliches Können und seine wissenschaftliche Bildung zum „bedeutendsten dt. Chirurgen des 17. Jhd." Er wirkte in H., Köln, seit 1602 als Stadtarzt in Payerne (Kt. Waadt) und seit 1614 in Bern.

**Δ**(große Bronzebüste; A. Kühne, 1911) an der Reformationskirche. – Moderne Büste (H. P. Feddersen, 1960) in der Wilh. F.-Realschule. – An dem schönen Fachwerkhaus „auf der Bech" (fälschlich auch F.-Haus genannt; Schwanenstr.; jetzt Volkshochsch.) war zweitweise eine GT für F. angebracht, doch ist es unwahrscheinlich, daß er dort wohnte.[77]

**Hildesheim**
Siehe auch Hillesheim!

**Albertus Magnus** [Abb. 87, 94] (?1193 Lauingen – 1280 Köln), Theologe und Naturforscher, hat 1233 am Dominikanerkloster in H. gewirkt. Der Name des Konvikts Collegium Albertinum (am Domhof) erinnert an ihn.
→ Lauingen, Köln, Freiburg, Regensburg, Andernach

**Johannes Leunis** (1802 H. – 1873 H.) war seit 1824 Lehrer und Prof. am kath. Gymnasium Josephinum in H. Als Autodidakt widmete er sich mit größtem Eifer der Naturgeschichte, gefördert durch die bischöfliche Behörde, die ihm eine Vicarienpfründe am Dom verlieh. Sein Ruf gründete sich auf seine Lehr- und Schulbücher, besonders die „Synopsis der drei Naturreiche". 1844 erschien die Zoologie, 1846 die (noch heute nützliche) Botanik; den 3. Band (Oryktognosie und Geognosie) bearbeitete sein Landsmann F. A. Roemer. 1855 Dr. h. c. (Göttingen).

**Δ**(Büste) im „Oberstufenhof" des Josephinums (am Dom)

**Friedrich Adolf Roemer** [Abb. 37] (1809 H. – 1869 Clausthal)
**Hermann Roemer** (1816 H. – 1894 H.)
**Ferdinand Roemer** [Abb. 38] (1818 H. – 1891 Breslau)
Alle drei Brüder – Söhne eines Juristen – studierten Jus, aber zwei davon wurden später bedeutende Geologen, und auch Hermann R. hat sich nebenbei geologisch betätigt.

**Hermann R.,** Senator in seiner Vaterstadt, war eifriger Sammler; das Museum in H. heißt nach ihm und einem bedeutenden Sammler ägypt. Altertümer Roemer-Pelizäus-Museum.

**Friedrich Adolf R.** wurde Prof. d. Geol. an der Bergakad.
→ Clausthal

**Ferdinand R.** war als Geologe der bedeutendste der Brüder.

> *I rejoice also to find myself in the company of Prof. Goeppert and Prof. Roemer in the list of medaillists. It was once my privilege to spend some weeks in examining the classic collection of Goeppert in the University of Breslau, where the hospitality of the late Ferdinand Roemer taught me that differences in age and nationality count little among those whose lives are devoted to the common cause of Science.*
>
> A. C. Seward beim Empfang der Murchison-Medaille in London, 21. 2. 1908

Ferdinand R. ergänzte sein juristisches Studium durch das der Geologie in Berlin, bereiste 1845–46 Texas und wurde so der „Vater der Geologie von Texas". 1848 habilitierte er sich in Bonn; von 1855–91 Prof. d. Geol. in Breslau, wo er eine mustergültige geolog. Sammlung aufbaute. Ein gewaltiger nordischer Findling bei Obernigk (nördl. Breslau) hieß „Roemer-Stein".
→ Combe Varin

---

**Hillesheim** (Krs. Daun/Eifel)

**Ludolph van Keulen** (1540 H. oder – wohl weniger wahrscheinlich – Hildesheim – 1610 Leiden), Mathematiker
L. war Prof. d. Kriegsbaukunst in Breda, Amsterdam und Leiden. Am bekanntesten wurde er durch die Berechnung der Zahl π auf 20 (1596), später 32 und 36 Stellen („Ludolph'sche Zahl"). Der Geburtsort ist unsicher. Das kleine Hillesheim macht seinen Anspruch durch eine Ludolph-van-Keulen-Str. kenntlich.

▭(Epitaph mit der Zahl π) Leiden, Peterskirche

---

**Hitzacker** (Stadt an der Elbe, Krs. Lüchow-Dannenberg)

**Bernhard Varenius** (1622 H. – 1650 oder 51 Leiden), Geograph. Schüler von J. Jungius in Hamburg, Studium der Med. (zuletzt in Leiden, Holland). Nach einer „Japankunde" veröffentlichte er eine „Geographia generalis", die zahlreiche Auflagen und Übersetzungen erlebte und ihn zum Begründer der „Allgemeinen Geographie" machte.

**GT** am Haus gegenüber dem Haupteingang der Kirche

---

**Hofgeismar** (nördl. Kassel)

Der Astronom **Wilhelm Klinkerfues** wurde 1827 in H. geboren. **GT** am Geburtshaus, Sälbertor (jetzt Gasth. Flötenlinde).
→ Göttingen

---

**Hohenheim** (jetzt Stuttgart-H.)

Die ehem. Landwirtschaftl. Hochschule (1818 als Landwirtsch. Schule gegr.) wurde 1967 Univ.

**Margarethe v. Wrangell** (seit 1928 Fürstin Andronikow; 1877 Moskau – 1932 Stuttgart), Prof. für Pflanzenernährung

> *Ich lebte mit den Pflanzen. Ich legte das Ohr an den Boden, und es schien mir, als seien die Pflanzen froh, etwas über die Geheimnisse ihres Wachstums erzählen zu können.*
>
> M. v. Wrangell

Die Baltendeutsche studierte Botanik und Chemie in Deutschland und promovierte in Tübingen 1909 bei dem Chemiker Wilh. G. Wislicenus summa cum laude. (Das zunächst geplante Studium in Marburg war für sie nicht möglich, da der dortige Botaniker Arthur Mayer „ein Gegner des Frauenstudiums" war und „die Dame unter keinen Umständen in seinen Vorlesungen und Übungen zulassen" würde.) Anschließend war sie bei William Ramsay in London und bei Marie Curie in Paris; 1912–18 Leiterin der landwirtsch. Versuchsstation Reval, 1920 Habilitation in H., 1923 o. Prof. in H. Sie arbeitete u. a. über die Phosphor-Ernährung von Pflanzen.

**GT** vor dem 1923 erbauten Inst. f. Pflanzenernährung; auf der Rückseite der steinernen Platte die oben zitierten, von ihr stammenden Worte.[78]

---

**Hoher Hagen** (bei Dransfeld, südwestl. Göttingen)

> *Alle Messungen in der Welt wiegen nicht ein Theorem auf, wodurch die Wissenschaft der ewigen Wahrheiten wahrhaft weitergebracht wird.*
>
> Gauß an Bessel, 14. 3. 1824

Auf dem 500 m hohen Basaltberg Hoher Hagen hatte **Carl Friedrich Gauß** [Abb. 56, 154] ein „Signal" errichtet, das einen Eckpfeiler seiner hannoverschen Gradmessung (1821–25) darstellte, man sieht von dort bis zum Brocken und Inselberg (85 km). Der 1909–11 dort erbaute Aussichtsturm hieß Gauß-Turm; eingestürzt (infolge des Basaltabbaus) 1963; seit 1964 durch einen 51 m hohen Fernsehturm ersetzt (mit Gauß-Gedenkstätte in der ersten Plattform).[79] – Karte 5

→ Braunschweig, Helmstedt, Göttingen, Wilseder Berg

---

**Holzappel** (zwischen Bad Ems und Limburg, nördl. vom Lahntal)

> *Ich machte die Bemerkung, daß eine gute Militärkarte zu geognostischen Zwecken die allerdienlichste sei. Denn weder Soldat noch Geognost fragt, wem Fluß, Land und Gebirg gehöre, sondern jener: inwiefern es ihm zu seinen Operationen vorteilhaft, und dieser: wie es für seine Erfahrungen ergänzend und nochmals belegend sein möchte.*
>
> Goethe zu Erzherzog Karl über eine Landkarte „der Umgebung der Lahn von Wetzlar bis Neuwied" (Annalen 1815)

**Goethe** besuchte 1815 das Erzbergbaurevier von H. Am „Goethe-Haus", einem alten Fachwerkhaus am Marktplatz, eine **GT:** „In diesem Hause war Goethe am 23. Juli 1815 bei Geh. Hofrat Schneider und machte geologische Studien über die Verschiebungen der Gänge. In seinem Tagebuch rühmte er die Gastlichkeit."

→ Obernhof b. Nassau

Abb. 79. Geburtshaus von N. A. Otto, Holzhausen

**Holzhausen** an der Haide (Städtchen im Taunus, zwischen Wiesbaden und Bad Ems)

In H. wurde 1832 der Erfinder des Viertaktmotors **Nikolaus August Otto** [Abb. 79] geb. Das Geburtshaus an der Kreuzung der Bundesstr. 260 und 274 mit **GT** und Erinnerungsstätte; vor dem Haus ist ein Otto-Motor aufgestellt.
→ Köln

**Holzmaden** (östl. Kirchheim unter Teck/Schwaben)

Schon an der Ausfahrt Aichelberg der Autobahn Stuttgart – München erinnert ein Hinweisschild an die „Urweltfunde Holzmaden“ und das Hauff-Museum. Das Museum verdankt seinen Namen der Familie **Hauff,** die in H. seit mehreren Generationen die schwarzen Posidonienschiefer des unteren („schwarzen“) Jura (Lias) ausbeutet, um die berühmten Versteinerungen zu gewinnen und meisterhaft herauszupräparieren (besonders Saurier, Fische, Seelilien).
Der eigentliche Gründer des Museums war **Bernhard Hauff** (1866 H. – 1950 H.), der u. a. die ersten „Hautabdrücke“ von Ichthyosauriern entdeckte; Dr. h. c. (Tübingen) 1921.

**Bad Homburg** v. d. H. (nördl. Frankfurt a. M.)

Am Mundloch des Elisabethenstollens (eines Wasserstollens, erbaut 1955–62) Portätrelief (O. Weber-Hartl) des Geologen **Franz Michels** (1891 Eltville – 1970), Direktor des Hess. Geol. Landesamts Wiesbaden.[80] Der Stollen-Eingang liegt 4.3 km westnordwestl. vom Schloß Homburg, in der Nähe des Elisabethensteins, zu dem die Elisabethen-Schneise hinführt.

**Hornbach** (südl. Zweibrücken, Pfalz)

In H. starb **Hieronymus Bock** (latinisiert **Tragus;** 1498 Heidersheim b. Zweibrücken – 1554 H.), erst Mönch, dann luth. Prediger, Arzt und Botaniker, Leibarzt des Grafen v. Nassau, neben Otto Brunfels und Leonh. Fuchs (→ Wemding) einer der „Väter der Botanik" in Deutschland. Wie sein Schüler Tabernaemontanus (→ Bergzabern) veröffentlichte er ein „Kräuterbuch".[19]

**GStein** (mit Kopfrelief) im Rasen nahe der Rückseite des alten kleinen Rathauses, Pirmianstr.

**Husum** (Schleswig)

**Johannes Mejer** (1606 H. – ~ 1652 H.), Kgl. Mathematicus, führte 1638–48 Vermessungen in Schleswig-Holstein aus; zusammen mit **Caspar Danckwerth** gab er eine „Neue Landesbeschreibung" der „zwei Hertzogthümer" (mit 37 Karten) heraus.
Epitaph von Danckwerth an der Kirche am Markt.

**Ilmenau** (Thüringen)

Die Kupfererzvorkommen bei I. erfreuten sich der besonderen, tatkräftigen – freilich ergebnislosen – Fürsorge von **Joh. Wolfg. Goethe** (Rede G.s zur Eröffnung des Bergbaus in I., 24. 2. 1784!). **GT** am „Amtshaus" (mit Heimatmuseum). Im „Gasthaus z. Löwen" feierte er seinen letzten Geburtstag 1831 **(GT)**
→ Weimar

**Johann Karl Wilh. Voigt** (1752 Allstädt b. Weimar – 1821 I.), Geologe und Bergrat. Auf Rat Goethe's ließ ihn der Herzog bei A. G. Werner in Freiberg studieren; wissenschaftlicher Gegner von Werner (und Goethe, der ihn aber hoch schätzte) im Neptunistenstreit. Der Staatsminister Christian Gottlob v. V. war sein Bruder.[81]

□Friedh., nahe dem Haupteingang

*In I. wurde 1722* ***Georg Christian Füchsel*** *geb. (gest. 1773 in Rudolfstadt), Arzt und Geologe, ein wichtiger Vorläufer des Engländers William Smith, des „Vaters der Stratigraphie".*

---

**Ingolstadt** (Donau)

Einst berühmte Universitätsstadt (seit 1472); 1800 wurde die Univ. nach Landshut, 1826 nach München verlegt. Die Alte Anatomie enthält jetzt das Dt. Medizinhistorische Museum.
Das Apianus-Gymnasium in I. erinnert an den Astronomen und Kartographen **Petrus Apianus** (Peter Bienewitz, 1501 Leisnig/Sachsen – 1552 I.; → München)

**Karl F. E. Schafhäutl** (1803 I. – 1890 München), war vielseitig interessiert; er verbesserte die Eisenverhüttung, fertigte Musikinstrumente, war Schriftsteller und seit 1843 Prof. f. Geognosie, Bergbau und Hüttenkunde in München.

**GT** am Geburtshaus Ecke Kanal- und Schäffbergstr.

---

**Innsbruck**
Österr. Universitätsstadt seit 1669

**Otto Ampferer** (1875 Hötting bei I. – 1947), Alpengeologe mit neuen Gedanken zur Entstehung der Faltengebirge; zuletzt Dir. d. Geol. Bundesanst. Wien.

□Wiltener Friedh.; einfacher Grabstein mit der Inschrift „Sucher – Forscher – Finder"[82]

**Adolf Pichler** (1819 Erl – 1900 I.), Dichter und Geologe, seit 1867 Prof. in I.

**Δ**(Standbild, mit Hammer) auf dem Adolf-P.-Platz (früher Karl-Ludwig-Pl.; E. Klotz, 1909)
→ Erl

**Ittelsburg** (bei Grönenbach, südl. Memmingen, Ndr. Allgäu)

**Albrecht Penck** (1858 Leipzig – 1945 Prag), Geograph und Eiszeitforscher.

> *Ich bin als Geologe aufgewachsen, und als ich mich der Geographie zuwandte, sattelte ich nicht um und gab die Geologie nicht auf, sondern pflegte sie zielbewußt weiter, weil es mit dem Grenzgebiet zwischen Geographie und Geologie vielfach im Argen lag, und weil ich der Überzeugung bin, daß die Geographie nur durch Fühlungnahme mit der Geologie den festen Boden erlangt, den sie für gedeihliche Weiterentwicklung braucht.*
>
> A. Penck (Zeitschr. Dt. Geol. Ges. 72, 1920)

**GT** (Holz; Abb. in Schwarzbach 1981[7a]) auf der Nordspitze des Falken (nordöstl. I.), an einer Felswand von eiszeitlichen, verkitteten Kalkschottern: „Zum Andenken an Univ. Prof. Dr. Albrecht Penck 1858–1945, der hier entscheidende Anregungen für seine heute allgemein anerkannte Auffassung von der Mehrgliedrigkeit des Eiszeitalters empfing. Zur 100sten Wiederkehr seines Geburtstages errichtet vom Heimatbund Allgäu 1958."[83] – Die Frau von P. war eine Schwester des Dichters Ludw. Ganghofer (geb. im nahen Kaufbeuren).

→ Mittenwald, Stuttgart

---

## Jena

Universitätsstadt seit 1558

> *Es ist doch unglaublich, wie dieses gute Jena so stabil und gemütlich in seinen Umgebungen bleibt! ... Wenn irgendwo, so ist an diesen Thüringer Bergen wirklich alles beim alten geblieben! Nichts von der Glätte moderner Industrie und Ostentation, und doch in aller Weise eine naturwüchsige, anmutige Umgebung.*
>
> C. G. Carus über Jena 1858 (Lebenserinnerungen, 1866)

Abb. 80. J. W. Döbereiner, Jena

**Ernst Abbe** (1840 Eisenach – 1905 J.), Physiker, wirkte 1863–1905 in J., seit 1870 Prof. In Zusammenarbeit mit dem Universitätsmechaniker **Carl Zeiss** ist ihm besonders die Entwicklung leistungsfähiger Mikroskope und der Aufbau der Weltfirma Zeiss zu verdanken; bekannt auch durch die von A. durchgeführten sozialen Reformen (Achtstundentag, Pension u. a.). Seit 1877 war A. auch Dir. der Sternwarte; die heutige Univ.-Sternwarte (im Garten der Schiller-Gedenkstätte) ließ er 1889/90 erbauen.

**Δ**mit Büste (M. Klinger) und 4 Reliefs (C. Meunier) am Carl-Zeiss-Platz; eine andere Büste (A. v. Hildebrand) in der Aula der Univ. – Familiengrab Zeiss (mit Medaillon von Carl Z.) auf dem Alten Friedh.

**Johann Wolfgang Döbereiner** [Abb. 80] (1780 Hof; nicht Bug b. Hof! – 1849 J.), Chemiker. D. wuchs in ärmlichen Verhältnissen auf, wurde Apotheker und – ohne je studiert zu haben – aus bedrängter Lage auf Betreiben Goethe's 1810 nach J. berufen. Er untersuchte die katalytische Wirkung von Platin-Metallen (D.sches Platinfeuerzeug) und bemühte sich auch sonst, chem. Erkenntnisse in die Praxis umzusetzen. D. erkannte kennzeichnende Gruppen unter den Elementen (Triaden, z. B. Ca, Sr, Ba) und bereitete so deren systematische Klassifikation vor.

▭Alt. Friedh. (Johannesfriedh.), Ob. Philosophenweg.
**GStein** (1857) an der Goethe-Allee. **Δ** (Statue; H. Steger, 1958) vor dem Neubau des Sektionsgebäudes f. Chemie.

**Karl Gegenbaur** (1826 Würzburg – 1903 Heidelberg), Anatom und Zoologe

> *In seiner Arbeitsweise war Gegenbaur das genaue Gegenstück Haeckels. Er hielt sich aufs strengste an die Tatsachen und legte auch auf die unbedeutendsten Einzelheiten noch Wert. Das heißt nun allerdings nicht, daß ihm Phantasie gefehlt hätte ... Aber bevor Gegenbaur eine Hypothese aufstellte, bearbeitete er sein Tatsachenmateral auf das Sorgfältigste.*
>
> R. G. Goldschmidt über Gegenbaur (Erlebnisse und Begegnungen, 1959)

G. war 1855–73 Prof. in J.; wie sein Kollege Haeckel einer der ersten Anhänger Darwin's. 1873 ging er nach Heidelberg. Sein Hauptwerk war eine umfangreiche, grundlegende „Vergleichende Anatomie der Wirbeltiere".

**GT** am Anatomie-Gebäude
→ Würzburg

**Joh. Wolfg. v. Goethe** war als Minister und Naturforscher eng mit der Univ. J. verbunden. So verdankt ihm der Botan. Garten besondere Förderung (G. wohnte häufig in dessen Inspektorhaus, Goethe-Allee 26; G.-Gedenkstätte). An seine Entdeckung des Zwischenkieferknochens 1784 erinnert eine **GT** an der Ruine des im 2. Weltkrieg zerstörten „Anatomieturms" (Rest der alten Stadtbefestigung, Schillerstr., nahe dem Univ.-Hochhaus). Unabhängig von G. machte später L. Oken die gleiche Ent-

deckung, veröffentlichte aber seinen Fund früher und beanspruchte die Priorität.
→ besonders Weimar

**Ernst Haeckel** (1834 Potsdam – 1919 J.), Zoologe und Naturphilosoph

*So fand ich eines Tages auch Haeckels „Schöpfungsgeschichte". Ich las sie mit leuchtenden Augen und brennendem Herzen. Es schien so, als seien alle Probleme des Himmels und der Erde auf eine einfache und überzeugende Art gelöst ... In der Tat war mein Enthusiasmus, der von Haeckelscher Art war, gleich dem eines Missionars. Mich mag hierfür meine Jugend entschuldigen, nicht aber Haeckel, der niemals aufhörte, ein fanatischer und blinder Eiferer des Monismus zu sein.*

R. B. Goldschmidt (Erlebnisse und Begegnungen, 1959)

*Haeckel ist heute nur noch eine Erinnerung.*

A. Meyer-Abich[84]

H. wurde zuerst durch seine auch künstlerisch eindrucksvollen Monographien über Radiolarien und Schwämme bekannt, später noch mehr durch sein Eintreten für Darwin (1866 „Generelle Morphologie der Organismen", Biogenet. Grundgesetz, Stammbäume), seine entsprechenden populären Bücher „Natürliche Schöpfungsgeschichte"; 1899 „Die Welträtsel") und die von ihm propagierte Weltanschauung des „Monismus". Sein Wohnhaus war die „Villa Medusa" („Ernst-H.-Haus", Bergstr. 7, mit H.-Museum). Zur Darstellung der Abstammungslehre errichtete er das nahe gelegene Phyletische Museum (am Paradiesbahnhof, 1909 von H. der Univ. übergeben).

**GStein** (zum 50. Todestag errichtet) auf der Ammerbacher Platte.

**Lorenz Oken** (1779 Bohlsbach – 1851 Zürich), Zoologe und Naturphilosoph

*Der Grund, warum bis jetzt keine Anstalten zu den Versammlungen der deutschen Naturforscher getroffen wurden, lag in der Angst, es möchten verschiedene unwissenschaftliche Köpfe auch hier eine heimliche Verbindung wittern, die Versammlung von Menschen aus allen deutschen Landen überhaupt ihren kurzen Ansichten unangemessen finden, und sie daher bei den Regierungen anschwärzen.*

Aus Oken's Aufruf zur „Versammlung der deutschen Naturforscher", 1821

*Ich weiß recht gut, daß bei diesen Versammlungen für die Wissenschaft nicht so viel herauskommt als man sich denken mag; aber sie sind vortrefflich, daß man sich kennen und möglicherweise lieben lerne.*

Goethe, 23. 1. 1830 (Eckermann, Gespräche mit Goethe)

O. war 1807–28 in J. Seine Bemühungen um die Gründung einer „Ges. dt. Naturf. und Ärzte" führten 1822 zur ersten Tagung (in Leipzig).

**Δ**(Büste auf einem Eklogitblock; Joh. Friedr. Drake, 1857) an der Goethe-Allee
→ Bohlsbach, Offenburg, Pfannenstiel, Zürich

**Gustav Schwalbe** (1844 Quedlinburg – 1917 Straßburg), Anatom und Anthropologe. Sch. kam 1843 als Nachfolger von Gegenbaur nach J.; 1881 ging er nach Königsberg, 1883 nach Straßburg. Er gilt als Begründer der vergleichenden anatom. und stammesgeschichtl. Forschung in der Anthropologie; u. a. hat er sich mit dem Neandertaler-Schädel und mit dem noch älteren Pithecanthropus befaßt.

**GT** am Anatomie-Gebäude

---

**Jever** (Oldenburg)

Der Chemiker **Eilhard Mitscherlich** [Abb. 22] besuchte bis 1810 das Gymnasium in J.

**GStein** (großer erratischer Block mit Inschrift) an der Einmündung der St. Annenstr. in die Wittmunder Str. (Bundesstr. 210). Das **Δ** (Standbild), das 1896 hier errichtet wurde, ist jetzt im Heimatmuseum (Schloß).
→ Wilhelmshaven-Neuende, Göttingen, Berlin

---

**Jugenheim** a. d. Bergstraße (Odenwald)

Der Physiker **Friedrich Kohlrausch** [Abb. 81] liegt in J. begraben.
▭ (mit großem Felsblock) südl. vom Tor-Durchgang zum Hauptteil des Friedh.
→ Rinteln

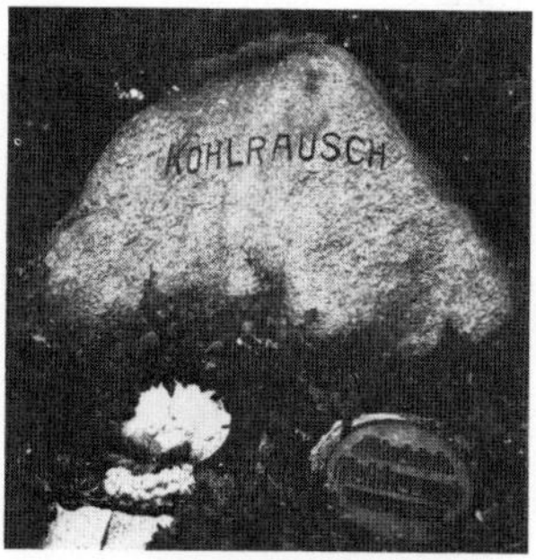


Abb. 81. F. Kohlrausch, Jugenheim

---

**Kamarujuk-Fjord** (West-Grönland, 71° N, 51° W, nordöstl. Umanak)

**GT** (mit Relief des Kopfes) der Univ. Graz für **Alfred Wegener** [Abb. 26, 66], angebracht 1961 durch Österreicher. Im K.-Fjord begann 1930 die von W. geleitete dt. Expedition, auf der er den Forschertod starb.[85]
→ Berlin, Zechlinerhütte, Hamburg, Graz

**Karl-Marx-Stadt** siehe Chemnitz

**Karlsbad** (heute: Karlovy Vary)

In dem einst weltberühmten Bad in Nordböhmen weilte **Joh. Wolfg. v. Goethe** zwischen 1785–1823 zwölfmal. Er hat sich dabei auch eingehend mit geologischen Studien über den Granit und den Sprudelquellen beschäftigt. Die mineralogische Bezeichnung „Karlsbader Zwillinge" für Orthoklas-Kristalle wurde von ihm geprägt.

**Δ**(Büste)
→ besonders Weimar

**Karlsruhe**
TH seit 1825

**Franz Grashof** [Abb. 82] war 1863–93 Prof. f. Maschinenbau in K.

**Δ**auf der Beiertheimer Allee (nahe dem Hbf.), errichtet vom Verein dt. Ingenieure 1896, eingeschmolzen 1943, neu errichtet 1960.
→ Düsseldorf

Abb. 82. F. Grashof, Karlsruhe

Abb. 83. H. Hertz, Karlsruhe

Daneben **Δ** des Autokonstrukteurs **Carl Friedr. Benz** (1844 K. – 1929 Ladenburg) und des badischen Forstmeisters **Karl Friedr. Drais**, Freiherr v. Sauerbronn (1785 K. – 1851 K.); er erfand 1817 eine zweirädrige „Laufmaschine“ (Draisine), Vorläufer des Fahrrads.

**Heinrich Hertz** [Abb. 83, 70] (1857 Hamburg – 1894 Bonn), Physiker

> *In alter klassischer Zeit würde man gesagt haben, er sei dem Neide der Götter zum Opfer gefallen. Hier schien Natur und Schicksal in ganz ungewöhnlicher Weise die Entwicklung eines Menschengeistes begünstigt zu haben, der alle zur Lösung der schwierigsten Probleme der Wissenschaft erforderlichen Anlagen in sich vereinigte.*
>
> Helmholtz über seinen früh verstorbenen Schüler

H. promovierte bei Helmholtz in Berlin; habilitiert in Kiel, 1885–89 in K., dann in Bonn als Nachfolger von Clausius. In K. führte H. seine bahnbrechenden Untersuchungen über die Ausbreitung elektrischer Wellen aus, die zur experimentellen Bestätigung von Maxwell's Theorie führten.

**GT** (mit Halbrelief des Kopfes) in der Techn. Universität
→ Hamburg

**Friedrich Ratzel** (1844 K. – 1904 Ammerland/Starnberger See), Anthropogeograph

> *Ich wuchs in der Abgeschlossenheit eines großen und schönen Parkes auf, welchen damals der heutige Großherzog bewohnte, und in dem auch meinen Eltern eine Wohnung eingeräumt war, die ganz im Grünen lag.*
>
> F. Ratzel (Jugenderinnerungen, 1875)

Der Vater war großherzogl. Kammerdiener. Apothekerlehre in Eichtersheim, Studium und Promotion (in Zoologie) in Heidelberg. Reiseberichterstatter der „Köln. Zeitung“ (u. a. in Amerika), 1880 Prof. d. Geogr. TH München, 1886 Leipzig. R. beschäftigte sich hauptsächlich mit der Geographie des Menschen.

**GT** Kaiserstr. (ehemals Langenstr.) 123
→ Eichtersheim

---

## **Karlstadt** a. Main (nördl. Würzburg)

**Johann Rudolf Glauber** [Abb. 84] (? 1604 K. – 1670 Amsterdam); Autodidakt und Alchimist, aber er erweiterte die Kenntnis über Salze, Mineralsäuren, Holzdestillation und bemühte sich, die Chemie volkswirtschaftlich zu nutzen. Glaubersalz und das Mineral Glauberit sind nach ihm benannt.

G.-Brunnen (aus Buntsandstein) in K. mit der Inschrift „Prüfet alles und behaltet das Gute. Johann Rudolph Glauber 1604“.

## Kassel

**Jost Bürgi** (Byrgius; 1552 Lichtensteig/Schweiz – 1632 K.), Mathematiker und Mechaniker; seit 1579 in K. beim Landgraf Wilhelm IV., seit 1592 für längere Zeit in Prag als „Kammeruhrmacher“ von Kaiser Rudolf II. und Matthias, später wieder in K.; ein erfindungsreicher, genialer Hersteller von feinmechanischen Instrumenten und genau gehenden Uhren (auch Himmelsgloben mit Uhrwerksautomatik u. a.), zudem trefflicher Mathematiker, der Dezimalbrüche verwendete und selbständig logarithmische Tafeln entwickelte; befreundet mit Kepler.

Instrumente aus der Werkstatt von B. im sehenswerten **Astron.-Physik. Kabinett,** Landesmuseum.
→ Weil der Stadt

1695 berief Landgraf Karl den technisch geschickten Physiker **Denis Papin** aus Marburg nach K. Auf einer Reise, die unglücklich mit der Zerstörung seines Bootes durch Weserschiffer begann, ist P. später in England verschollen.

**Δ**(Brunnen aus Kalkstein mit Halbrelief des Kopfes; gekrönt von nacktem Bronze-Jüngling mit Schaufelradboot; Everding 1906) vor dem Eingang zum Ottoneum (Naturkundemus.), nahe dem Zwehrenturm. **GT** am Ottoneum: „Denis Papin – der Erfinder der Dampfmaschine – hat auf diesem Platz in Gegenwart des Landgrafen Karl von Hessen im Juni 1706 die ersten größeren Versuche mit Anwendung der Dampfkraft erfolgreich durchgeführt“.
→ Marburg

Abb. 84. J. R. Glauber, Karlstadt

**Wilhelm IV.**, der Weise, 1567–92 Landgraf von Hessen, tatkräftiger und sachkundiger Förderer der Astronomie, der die Bedeutung von genauen Sternkatalogen und besseren Meßinstrumenten und -methoden erkannte. 1575 Besuch Tycho Brahe's in K. Seit 1579 war → J. Bürgi sein hervorragender Mitarbeiter. W. baute die erste selbständige europäische Sternwarte (s. auch → Zwehrenturm).

□ in der Krypta der St. Martinskirche (nicht zugänglich)
→ Sababurg

**Zwehrenturm**. Der Turm, ehemals zur Stadtbefestigung gehörig, an den im 18. Jhd. erbauten Museumsbau Friedericianum anschließend, wurde von Landgraf Karl durch Simon Louis de Ry zur Sternwarte umgestaltet, mit dem achteckigen obersten Raum als Hauptbeobachtungsraum. Die ältere, berühmte Sternwarte von Wilhelm IV. war nicht im Zwehrenturm untergebracht. Die neue Sternwarte war ansehnlicher als die alte, aber „schon damals mehr ein Museumsstück, mehr ein Denkmal einer Sternwarte als eine Sternwarte der Zukunft" (Peter Müller 1975).[15]

In K. wirkte 1779–84 der Anatom **S. Th. Sömmering** (→ Frankfurt), an der „Höheren Gewerbeschule" 1831–36 der Chemiker **F. Wöhler** (→ Frankfurt, Göttingen) und als dessen Nachfolger 1836–39 **R. Bunsen** (→ Göttingen, Marburg, Heidelberg), der hier bei Untersuchungen über das Kakodyl bei einer Explosion eine Dauerschädigung des rechten Auges davontrug.

---

## **Kempten** (Allgäu)

**Carl** (seit 1897 von) **Linde** (1842 Berndorf, jetzt Ortsteil von Thurnau, südl. Kulmbach – 1934 München), Ingenieur. Der Pfarrersohn L. verlebte seine Jugendzeit in K. (das Gymnasium, das er besuchte, trägt seinen Namen); Studium am Polytechn. Zürich (u. a. bei Clausius), prakt. Tätigkeit, 1868–78 und 1892–1910 Prof. der Maschinenlehre am Polytechn. bzw. an der TH München. Die Beschäftigung mit Wärmetechnik führte ihn zur Entwicklung einer Ammoniakkältemaschine und zu erfolgreichen neuen Verfahren der Luftverflüssigung, Sauerstoff- und Stickstoffgewinnung. 1879 gründete er in Wiesbaden die Ges. für L.s Eismaschinen (seit 1965 Linde AG).

**GT** am ev. Dekanat (Pfarrhof St. Mang, St. Mang-Platz 6): „In diesem Hause verlebte seine Jugend 1849–65 Dr. Karl von Linde, Erfinder der Eismaschine und der flüssigen Luft".
→ München

## Kiel
Universitätsstadt seit 1665

**Hermann Anschütz-Kaempfe** (1872 Zweibrücken – 1931 München) gründete 1905 in K. die Weltfirma Anschütz & Co. zur Herstellung von Kreiselkompassen.

**GT** Lorentzendamm 43 (früher Dammstr. 20; Metallplatte auf der niedrigen Gartenmauer). Die Firma wurde an dieser Stelle begründet.
→ München

**Alexander Behm** (1880 Sternberg/Mecklenburg – 1952 Tarp, Krs. Flensburg), Physiker. Die **GT** an seinem Wohnhaus (1912–45; Hardenbergstr. 31, Ecke Fichtestr.) weist auf seine epochemachende Erfindung: „Das Entsetzen über den Untergang der ‚Titanic', die im Jahre 1912 auf ihrer Jungfernreise mit 2207 Menschen an Bord einem Eisberg zum Opfer fiel, ließ Alexander Behm nach seinem Lotungsverfahren suchen, das solche Gefahren bannen sollte. 1913 konnte er sein in Kiel entwickeltes, später weltbekanntes Behm-Echolot patentieren lassen. Es warnt die Schiffahrt – wenn auch nicht vor Eisbergen – vor Untiefen, Wracks und ähnlichen Gefahren, und es dient der Forschung als neuartiges Meßgerät."

**Hans Geiger**, Physiker, war 1925–29 Prof. in K. Das G.-Zählrohr entstand dort.

**GT** Hindenburgufer, zwischen Carl-Loewe-Weg und Dt.-Nordischer Burse, an der niedrigen Mauer zur Straße.
→ Neustadt a. d. Weinstraße

Abb. 85. M. Planck, Kiel

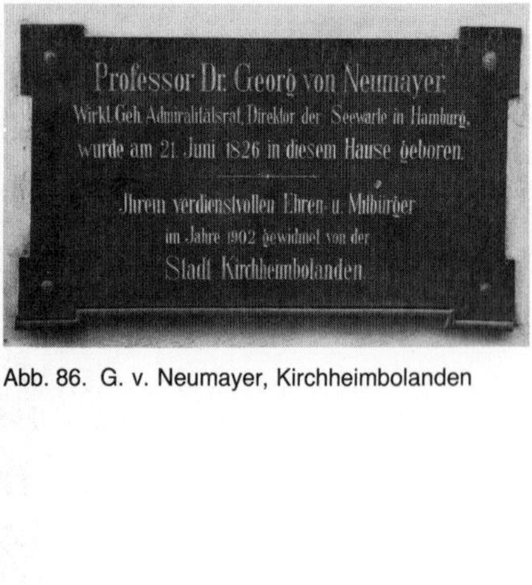


Abb. 86. G. v. Neumayer, Kirchheimbolanden

**Max Planck** [Abb. 24, 85, 89] (1858 K. – 1947 Göttingen), Physiker

*Wem es vergönnt ist, an dem Aufbau der exakten Wissenschaft mitzuarbeiten, der wird sein Genügen und sein innerliches Glück finden in dem Bewußtsein, das Erforschliche erforscht zu haben und das Unerforschliche ruhig zu verehren.*

Max Planck (Inschrift auf dem Kieler Denkmal)

P. verlebte seine Jugend hauptsächlich in München; er promovierte 1879 in Berlin, war 1885–89 Prof. f. theoret. Physik in K., seit 1889 in Berlin. Seine „Quantenhypothese" (1900) wurde zu einer Grundlage der modernen Physik; Nobelpreis f. Physik 1918. 1930–37 Präsident der KWG (nach dem 2. Weltkrieg in Max-P.-Ges. umbenannt). Die Dt. Physikal. Ges. stiftete 1928 eine Max-P.-Medaille.

**Δ**(E. Scheerer, 1958) mit Halbrelief des Kopfes und der Formel $h = 6.62 \cdot 10^{-27}$ erg · sec (h ist das P.sche Elementarquantum) auf dem Gelände der jetzigen Landesbank Schleswig-Holstein, Küterstr., auf dem das Geburtshaus stand.[2]

→ Berlin, Göttingen

---

**Kirchheim** u. Teck (am Nordrand der Schwäb. Alb)

In K. wurde 1836 als Sohn eines Pfarrers und Dichters der Ingenieur und Schriftsteller **Max Eyth** geboren.

**GT** (VDI und Dt. Landwirtschaftsges.) am Geburtshaus (Max-E.-Haus), Max-E.-Str. 15 (an der Kirche, neben dem Kornhaus)

→ Schönthal, Ulm

---

**Kirchheimbolanden** (Pfalz)

K. ist der Geburtsort von **Georg** (später von) **Neumayer** [Abb. 86] (1826 K. – 1909 Hamburg), Ozeanograph und Geophysiker. N. studierte in München (besonders Astronomie bei Lamont); um sich in der prakt. Nautik zu vervollkommnen, fuhr er als Matrose, dann als Steuermann zur See, gründete (mit Hilfe von Maximilian II. von Bayern) in Melbourne ein geophysikal. Laboratorium für magn. Messungen in südl. Breiten; 1864 zurück nach Deutschland, wo er sich für eine Zentralstelle f. Hydrologie und maritime Meteorologie einsetzte, Meeres- und Südpolarforschung förderte. 1875–1903 Dir. der Dt. Seewarte in Hamburg, „die unter ihm Weltgeltung erlangte".

**GT** am Geburtshaus (Amtsstr. 29, Ecke Neumayer-Str.). Im Museum ein N.-Zimmer.

→ Hamburg, Weisenheim a. Berg, Neustadt a. d. W.

## Koblenz

**Max von Laue** [Abb. 109] (1879 Pfaffendorf, jetzt K. – 1960 Berlin), Physiker und Nobelpreisträger

> *Auf Ihre freundliche Anfrage hin kann ich Ihnen mitteilen, daß ich nur die ersten zwei Monate meines Lebens in Koblenz gewesen bin; dann gefiel es mir dort nicht mehr.*
>
> M. v. Laue an die Stadtverwaltung K., die wegen des Geburtshauses Auskunft erbat.

Vater war Staatsbeamter, der bald versetzt wurde. L. studierte zuletzt in Berlin, Promotion bei M. Planck. 1909–19 in München bei Röntgen und Sommerfeld, wo er die Anregung gab, Röntgenstrahlen durch Kristalle zu schicken; die darauf von Knipping und W. Friedrich erhaltenen „L.-Diagramme" konnte er sofort mathematisch deuten und die Wellennatur der Röntgenstrahlen sowie die Raumgitterstruktur der Kristalle bestätigen; 1914 Nobelpreis für Physik. 1919 Dir. am KWI in Berlin, 1951 am MPI für phys. Chemie und Elektrochemie in Berlin. Seit 1929 eifriger „Automobil"-Fahrer, verunglückte er 1960 zum ersten Mal und starb bald darauf.

Geburtshaus in K. unbekannt. Das Max-von-L.-Gymnasium trägt seinen Namen.
→ München, Berlin, Göttingen

**Johannes Müller** (1801 K. – 1858 Berlin), Physiologe und Anatom

> *Was nicht unter's Messer fällt, ist nichts.*
>
> Der experimentierfreudige J. Müller.

Der Sohn eines Schuhmachers wurde Prof. in Bonn, seit 1833 in Berlin. Begründer der modernen Physiologie; zahlreiche bedeutende Forscher (Henle, Schwann, R. Virchow, Helmholtz, Du Bois-Reymond) waren Schüler von M.

**Δ**(Standbild; Uphues 1899) auf der Südallee (an der Kreuzung mit der Joh.-M.-Str.). – Der erste Dampfer der zool. Station Neapel erhielt (1877) den Namen „Johannes M."
→ Berlin

## Kochel a. See

Am Eingang zum Walchenseekraftwerk große Tafel mit Hinweis auf **Oskar v. Miller** [Abb. 111] (1855 München – 1934 München), dem Schöpfer dieses „ersten dt. Hochdruck-Speicherkraftwerks". Im Ausstellungsraum des Kraftwerks eine Bronzebüste von M.
→ München

## Köln

Universitätsstadt 1388–1798 und seit 1919

**Albertus Magnus** [Abb. 87, 94] (Albert d. Große; ? 1193 Lauingen – 1280 K.), Theologe und Naturforscher.

*Magnus in magia, maior in philosophia, maximus in theologia.*[86]

A. lehrte 1248–54, 1258–60 und 1269–80 am Studium generale des Dominikanerordens in K.

Die Gebeine von A. sind seit 1803 in der Dominikaner-Kirche St. Andreas (Komödienstr., nahe dem Hbf.) in einem römischen Steinsarg aus dem 3. Jhd. beigesetzt. An die Wirkungsstätte von A. erinnert eine **GT** an der Hauptpost (an der Ecke An den Dominikanern/Stolkgasse): „Hier stand im Mittelalter das Dominikanerkloster. In ihm wirkte Albertus Magnus, auch ‚Der Deutsche' und der ‚Doctor universalis' genannt". **Δ** am heutigen Dominikanerkloster (an der Kirche St. Andreas). Ein modernes **Δ** (Sitzbild; Gerh. Marx) zwischen Hauptgebäude und Philosophikum der Universität (Albertus-Magnus-Platz).
→ Lauingen, Hildesheim, Freiburg i. B., Regensburg, Andernach

Abb. 87. A. Magnus, Köln

**Kurt Alder** (1902 Königshütte/Schles. – 1958 K.), Chemiker. Promotion in Kiel bei Otto Diels 1926, 1937–40 Abteilungsvorstand in Leverkusen, 1940–58 o. Prof. K. 1950 erhielt A. zusammen mit seinem Lehrer Diels für seine Arbeiten über Dien-Synthese den Nobelpreis für Chemie.

▭ auf dem Deutzer Friedhof (Feld 3, nahe südöstl. vom Eingang Rolshover Kirchweg). Eine Straße in K.-Flittard trägt seinen Namen. – Der Gr. Hörsaal im Chem. Inst. der Univ. heißt Kurt-Alder-Hörsaal.

**Neil Armstrong** (geb. 1930 Wapakoneta/Ohio), Astronaut

*Die Errichtung der „Schmitz-Säule" war 1969 abgeschlossen. Im gleichen Jahr, am 21. Juli (genau um 3 Uhr 56 Minuten und 20 Sekunden MEZ) betrat der Amerikaner Neil Armstrong als erster Mensch mit dem linken Fuß den Mond, von der Schmitz-Säule 389 994 km und 100 m entfernt.*

Inschrift an der Säule

Die Schmitz-Säule (nahe der Kirche Groß-St. Martin, auf dem Platz „An Groß-St. Martin“) steht auf einer ehemaligen Rhein-Insel; eine Inschrift erinnert humorvoll daran, daß sich hier einst „römische Legionäre mit blonden Ubier-Mädchen trafen“, „Urahnen der [in Köln sehr verbreiteten] Familie Schmitz“, und in fast naturwissenschaftlicher Weise an Neil Armstrong (und **Wernher von Braun**).
→ Bonn

**Erwin Baur** (1875 Ichenheim/Baden – 1933 Müncheberg), zuerst Arzt, dann Pflanzengenetiker, leitete 1927–33 das KWI für Pflanzenzüchtung in Müncheberg, Mark Brandenburg (seit 1938 Erwin-B.-Inst.). Erwin-B.-Inst. heißt auch das heutige MPI für Züchtungsforschung in K.-Vogelsang.

Büste in der Eingangshalle des Kölner Inst.

Der Wirtschaftsführer, Chemiker und Nobelpreisträger **Carl Bosch** wurde 1847 in K. geboren. Sein Vater war Inhaber eines Installationsgeschäftes in der Schildergasse.
→ Heidelberg

**Caspar Garthe** [Abb. 88] (1796 Frankenberg/Hessen – 1876 K.) Physiker. Studium in Marburg, Lehrer in Rinteln, seit 1831 in K. „erster Oberlehrer an der höheren Bürgerschule“. Im Mai/Juni 1852 wurde von ihm im Kölner Dom (Höhe des Kirchenschiffes 43,5 m) mehrmals das

Abb. 88. C. Garthe, Köln

berühmte Experiment zum Nachweis der Erdrotation mit dem Foucault'schen Pendel wiederholt (auch von Gauß erwähnt). An den Vorführungen, die „durch eine gnädige Verfügung Sr. Eminenz des Herrn Cardinals und Erzbischofs und des hohen Dom-Capitels" ermöglicht wurden, nahmen 1000 Menschen teil; unter ihnen haben die späteren dt. Kaiser Wilhelm I. und Friedrich III. bei „Hochderen Anwesenheit" die „Resultate mit sichtbarer Überraschung entgegengenommen".[87] – G. hat sich auch um die Gründung des Zool. Gartens in K. verdient gemacht.

**Δ**(Büste) im Zool. Garten (nahe dem Eingang).

**Alexander v. Humboldt** [Abb. 19, 20] (1769 Berlin – 1859 Berlin), Naturforscher. Ein Aufenthalt von H. in K. 1790 ist auch in die Literatur eingegangen (durch G. Forster, → Vallendar); aber zwei **Δ** in K. und die Namen der Maschinenbauanstalt Humboldt (jetzt Klöckner-H.-Deutz AG.) und des H.-Gymnasiums sind ganz allgemein dem weltweiten Ruhm von H. zu verdanken.

**Δ**1. Büste (Toni Stockheim, 1963), 2. Standbild (neben Alex. auch Wilh. v. H.; einst Sockelfiguren des Reiterstandb. von Friedr. Wilh. III. auf dem Heumarkt; G. Blaeser 1878) am Eingang bzw. auf dem Hof des H.-Gymnasiums, Karthäuserwall 40.
→ besonders Berlin

**Justus Liebig** [Abb. 54, 100] (1803 Darmstadt – 1873 München), Chemiker. **GT** mit Medaillon an einem Gebäude der Chem. Fabrik K.-Kalk, Kalker Hauptstr. Der spezielle Anlaß für die Anbringung nicht zu ermitteln.
→ Darmstadt, Heppenheim, Gießen, Salzhausen, München, Combe Varin

**Georg Simon Ohm** [Abb. 112] (1787 Erlangen – 1854 München), Physiker

> *Man wird doch wohl nicht Leute verlangen mit Haarbeuteln und Heiligengesichtern?*
>
> Ohm 1817, vor der Übersiedlung von Bamberg nach Köln

Die Lehrerstelle in Bamberg, die O. nach seiner Promotion in Erlangen übernommen hatte, vertauschte er 1817 mit einer am Gymnasium K. mit guten Möglichkeiten zu physikalischen Untersuchungen; 1826 in K. Entdeckung des nach O. benannten Gesetzes der elektrischen Stromleitung. Von K. ging O. nach Berlin, 1833 an die Polytechn. Schule Nürnberg, 1850 als Prof. nach München.[55]

**GT** (mit Medaillon, 1939) Marzellenstr. (neben der Jesuitenkirche Mariae Himmelfahrt)
→ Erlangen, Nürnberg, München

**Nikolaus Otto** [Abb. 79] (1832 Holzhausen – 1891 K.), Techniker und Erfinder des ersten brauchbaren Viertaktmotors (Otto-Motor), gründete 1864 zusammen mit **Eugen Langen** die erste Motorenfabrik der Welt (später in Klöckner-Humboldt-Deutz AG. aufgegangen). Dr. h. c. (Würzburg).

□Friedh. Melaten. – **GT** (1964) am Haus Heumarkt – Ecke Pipinstr. (nahe West-Ende der Deutzer Rheinbrücke), wo O. 1888–91 wohnte (an der Fassade des Hauses stilisierter O.-Motor und große Inschrift „Keimzelle der Weltmotorisierung“). – Ein alter Gasmotor vor dem Bhf. K.-Deutz erinnert an Nikolaus O. und Eugen L.[14]
→ Holzhausen

**Max Planck** [Abb. 24, 85, 89] (1858 Kiel – 1947 Göttingen), Physiker und Nobelpreisträger.
**Δ**(von Heiliger) vor dem Gebäude des MPI für Züchtungsforschung (E.-Baur-Inst.), K.-Vogelsang. Besondere Beziehungen zwischen P. und K. bestehen aber nicht.

**Theodor Schwann** [Abb. 118] (1810 Neuß – 1882 K.), Biologe. Sch. starb während eines Besuches bei seinem Bruder in K.

□(Familien-□) Friedh. Melaten (Hauptweg Nr. 205)
→ Neuß, Lüttich

Abb. 89. M. Planck, Köln

Abb. 90. K. Weyprecht, Bad König

## **Bad König** (Odenwald)

**Karl Weyprecht** [Abb. 90] (1838 Darmstadt – 1881 Michelstadt), Polarforscher

> *Der geographische Pol besitzt für die Wissenschaft keinen höheren Werth als jeder andere in höheren Breiten gelegene Punkt.*
>
> K. Weyprecht, Grundsätze zur Polarforschung (2. Internat. Geogr.-Congr., Paris 1875)

Der Sohn eines gräfl. Kammerdirektors trat in die österr. Marine ein, wurde von W. v. Tegetthoff gefördert, nahm 1871 mit J. v. Payer an einer Expedition nach Spitzbergen und Nowaja Semlja teil und leitete mit Payer 1872–74 die 1. österr.-ungar. Nordpolarexpedition (Entdeckung von Franz-Josefs-Land). – Die dt. Ges. f. Polarforschung verleiht eine Karl-W.-Medaille.

▭ hoher, pyramidenartiger Grabstein für den „K. K. österr. ungar. Linien-Schiffsleutnant"; Bronzekopf, Anker, Inschrift „Propositi tenax" („Im Vorsatz beharrlich") und „Der lebte, der im Tode viel nasse Augen sah" (von H. v. Littrow, seinem Biographen). – Daneben ▭ der Eltern (die Mutter überlebte ihn und stiftete dem „geliebten Sohn" das ▭). – Am Waldrand (am Ende der Weyprechtstr.) der W.-Tempel, ein Holzpavillon.
→ Michelstadt

## **Königsberg** i. Bay. (Unterfranken; „Regiomontanusstadt am Haßberg")

**Regiomontanus** (latinisierter Name seiner Vaterstadt – eigentlich Johannes Müller; 1436 K. oder Unfinden bei K. – 1476 Rom), Mathematiker und Astronom.[88]
R. studierte u. a. bei Peurbach in Wien und war Hofastronom des ungarischen Königs Matth. Corvinus. R. kommentierte den „Almagest" (die math. Astronomie) des Ptolemäus von Alexandrien, konstruierte astron. Instrumente und gab in einer eigenen Druckerei in Nürnberg Bahnberechnungen (Epheremiden) für Mond und Planeten heraus (Kolumbus und andere Seefahrer benutzten sie); er starb auf einer Reise zur Vorbereitung der Kalenderreform in Rom.

**GT** an einem als „Geburtshaus" bezeichneten Fachwerkhaus (das aber erst viel später an Stelle eines im 30jährigen Krieg abgebrannten Hauses errichtet wurde; 1881 erneuert). –
Auf dem nahen Marktplatz ein R.-Brunnen mit **Δ**.
→ Nürnberg

**Königsberg** in Preußen (jetzt Kaliningrad)

1544–1945 Sitz einer dt. Universität, an der so bedeutende Naturforscher wie Argelander, K. E. v. Baer, Bessel, Dove, Hilbert, C. G. J. Jacobi, Minkowski, F. E. Neumann gelehrt haben.

Der größte Sohn K.s und berühmteste Professor der Universität war jedoch **Imanuel Kant** (1724 K. – 1804 K.), Philosoph und Naturforscher.

> *Wie doch ein einziger Reicher so viele*
> *Bettler in Nahrung setzt!*
> *Wenn die Könige bau'n,*
> *haben die Kärrner zu tun.*
>
> F. Schiller, Kant und seine Ausleger (Xenien, 1797)

Kant hat K. nur selten, Ostpreußen nie verlassen. Habilitiert 1755, aber erst 1770 ord. Prof. Auf den Naturforscher Kant geht u. a. die erste moderne Kosmogenie des Sonnensystems zurück („Kant-Laplace'sche Theorie").

□ (an der Außenseite des Doms) wurde nach der Zerstörung der Stadt im 2. Weltkrieg restauriert und unter Staatsschutz gestellt.

**Königswinter** (Siebengebirge; Karte 8)

**Hans Cloos** [Abb. 91] (1880 Magdeburg – 1951 B.), Geologe

> *Zum ersten Mal überfiel mich in diesen verzauberten Reisetagen eine Vorstellung, die mich später immer wieder besucht und beglückt hat: daß Geologie Musik der Erde sei.*
>
> H. Cloos, Gespräch mit der Erde (1947)

C. begann mit dem Studium der Architektur, kam aber bald zur Geologie, Promotion bei Deecke in Freiburg; praktische geol. Tätigkeit in SW-Afrika und Java; Habilitation in Marburg, 1919 Prof. in Breslau, 1926 in

Abb. 91. H. Cloos, Drachenfels (Königswinter)

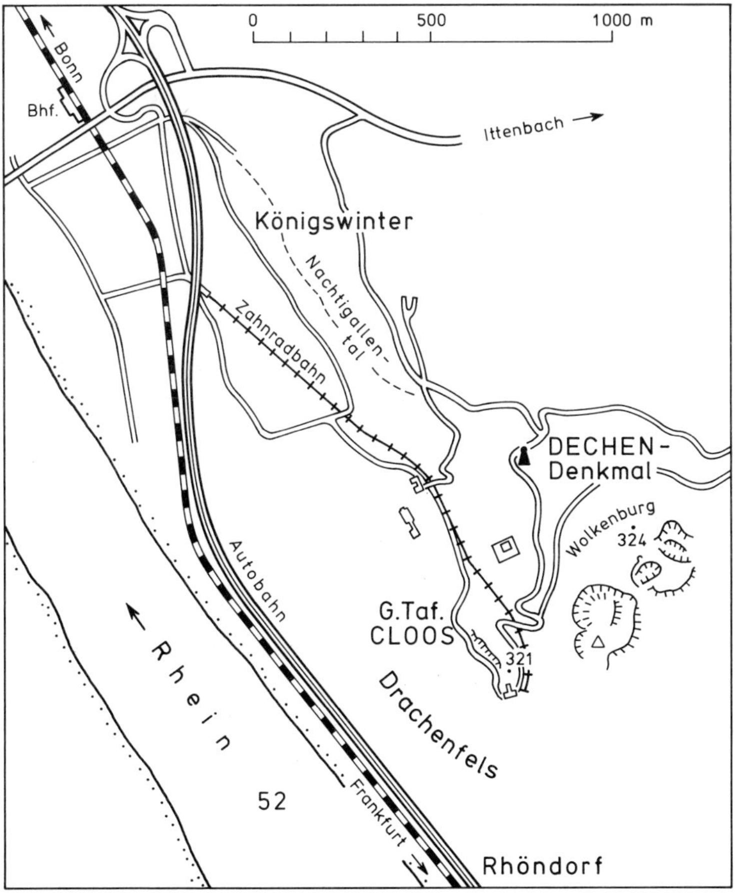


Karte 8. Dechen-Denkmal und Gedenktafel Cloos bei Königswinter

Bonn. Seine Hauptarbeiten galten der „Granittektonik" (vor allem in Schlesien) und dann der Tektonik überhaupt, der „Architektur der Erdkruste", besonders den „Graben-Strukturen", diese untersuchte er auch in originellen tektonischen Experimenten. Ungewöhnlich war seine zeichnerische Begabung. Sein „Gespräch mit der Erde" (1947) ist ein geistvoller geol. Erlebnisbericht. Die Geol. Vereinigung und deren Zeitschrift („Geol. Rundschau") trugen jahrelang den Stempel seiner Persönlichkeit.

▭Bonn (Poppelsdorfer Friedh.). **GT** (1975, mit Kopf-Relief) am Drachenfels, unmittelbar unter der Burgruine. C. hat (zusammen mit seinem Bruder Ernst) den Drachenfels-Vulkan untersucht.

**Heinrich v. Dechen** [Abb. 92] (1800 Berlin – 1889 Bonn), Geologe. D. wurde nach kurzem Studium, besonders bei dem Mineralogen Ch. S. Weiß in Berlin, Bergmann; seit 1841 beim Oberbergamt Bonn, zuletzt als Oberberghauptmann. 1834–41 war er in Berlin auch a. o. Prof. f. Bergbaukd.; 1864 auf eigenen Wunsch entlassen, widmete er sich in Bonn ganz seinen wissenschaftlichen Arbeiten, die ihn zu einem geol. Hauptερforscher der Rheinlande und Westfalens machten (Geol. Karte der Rheinprovinz und der Provinz Westfalen 1 : 80 000 in 35 Bl. mit Erläuterungen; Geognost. Beschreibung des Siebengebirges, der Vulkane der Vorder-Eifel, des Laacher Sees). 40 Jahre lang war er Präsident des Naturhist. Ver. d. Rheinld. u. Westf., deren 1843 gegründete Zeitschrift seit 1935 „Decheniana" heißt.

▭ Bonn (Alter Friedh.)
**Δ**(nicht weit von der GT Cloos) an der asphaltierten, aber für Autos gesperrten Straße vom Nachtigallental zum Drachenfels, nordw. von der Wolkenburg; Obelisk mit Bronzemedaillon, errichtet 1892 vom Verschönerungsverein für das Rheinland, in dem D. tatkräftig mitwirkte.
→ Bonn, Letmathe

---

## **Köthen** (Anhalt)

An den Ornithologen des Herzogs von Anhalt-Köthen, **Johann Friedrich Naumann** (1780 Ziebigk b. Köthen – 1857 K.) erinnert das Joh.-Friedr.-N.-Museum im Ferdinandsbau des Schlosses. Auch der Vater von N. war eifriger Ornithologe.

---

## **Krems** a. d. Donau (Ndr. Österreich)

**Josef Maria Eder** (1855 K. – 1944 Kitzbühel), Fotochemiker. 1892–1925 Prof. an der TH Wien. Zahlreiche Neuerungen in der Fotochemie (Trokkenplatten, Sensitometrie, Kopierprozeß) sind ihm zu verdanken.

**GT** am Geburtshaus, Ecke Ob. Landstr./Schmidtgasse (am Steintor)

---

## **Kremsmünster** (südwestl. von Linz, im Kremstal)

Das 777 gegründete Benediktinerkloster K. ist bemerkenswert durch den imposanten „**Mathematischen Turm**", ein 50 m hohes Hochhaus, 1758 vollendet. Es diente als Sternwarte, wurde und wird aber auch als (1977 modern aufgestelltes) naturwissenschaftliches Museum benutzt; enthält auch einen kreisrunden Schacht, vielleicht für Fallversuche. Eine Zeitlang wurde in K. ernsthafte astron. Forschung betrieben.[15]
Im Treppenhaus Standbilder von **Claudius Ptolemäus** und **Tycho Brahe** in türkischer, **Joh. Kepler** in Rokoko-Tracht (Abguß → Linz)

**Krummnußbaum** a. d. Donau (westl. Melk, Ndr. Österreich)

**Eduard Fensl** (1808 K. – 1879 Wien), Botaniker, zuletzt Dir. des Botan. Gartens Wien.

**GT** (1930) am Geburtshaus (Haus 112, am Fußballplatz)
→ Wien

**Kues** (Bernkastel-Kues) a. d. Mosel

**Nicolaus Cusanus**, eigentlich Nicolaus Cryfftz („Krebs") von Kues; latinisiert (1401 K. – 1464 Todi/Umbrien). Theologe und Philosoph. Vater Moselschiffer und Winzer. N. C. lebte teils in Italien, teils in Deutschland; Bischof in Brixen, 1448 Kardinal. Er hat sich u. a. mit mathem. Logik und kosmologischen Überlegungen beschäftigt. Das Weltall betrachtete er räumlich und zeitlich als unendlich, die Erde als Planet unter Planeten – für seine Zeit umwälzende Vorstellungen!

Das St.-Nikolaus-Altenhospital in K. ist eine Stiftung von N. C. In der alten Bibliothek seine astronomischen Geräte; in der Kapelle (vor dem Altar, unter einer Messingplatte) ist sein Herz beigesetzt (die eigentliche Grabstätte ist S. Pietro in vincoli, Rom).[89]
Eiserne **GT** am Geburtshaus (Nicolausufer 49/50, am Hafen)

Abb. 92. H. v. Dechen, Königswinter

Abb. 93. J. Madersperger, Kufstein

**Küsnacht** (bei Zürich, Ostufer des Züricher Sees)

**Alexander Wettstein** (1861 Hedingen b. Zürich – 1887, abgestürzt an der Jungfrau). Der junge, hoffnungsvolle Geologe untersuchte fossile Fische aus den alttertiären Glarner Schiefern.

**GStein** („Alexanderstein"), eiszeitl. Findling (Taveyannaz-Gestein) aus den Glarner Alpen, im K.er Tobel (etwa 1 km östl. der Reform. Kirche)

**Kufstein** (Tirol)

**Josef Madersperger** [Abb. 93] (1768 K. – 1850 Wien), Schneidermeister und Erfinder, seit 1799 „Bürger" von Wien, wo er die Nähmaschine erfand. Er verstand nicht, die Erfindung kommerziell auszunützen und starb verarmt.

**GT** am Geburtshaus Kinkstr. 16 (noch heute ein Schneidergeschäft!).
**Δ**(Bronze-Büste) Kienbergweg (oberhalb vom Jugendzentrum), errichtet „Zur Ehre des Berufsgenossen! Kufsteiner Schneidermeister 1903."
→ Wien

**Lage** (östl. Bielefeld)

An der Bundesstraße 66, am westl. Ortsende, **Δ** (Bronzestandbild) von **Alois Senefelder** im Garten vor dem Druckhaus Havelbeck. Der „Erfinder der Lithographie" hat keine unmittelbaren Beziehungen zu L.
→ Solnhofen, München

**Landsberg** a. Lech

**Ignatius Kögler** (1860 L. – 1746 Peking), „Mathematiker und Astronom", Jesuit, seit 1716 Missionar in China, dort „Präsident des mathematischen Collegiums und Mandarin II. Classe".

**GT** am Geburtshaus (Hauptplatz 14)

**Langenhennersdorf** (12 km westl. von Pirna, Bez. Dresden)

**Johann Gottlob Lehmann**, Arzt, Bergmann und Geologe, wurde 1719 in L. geb.; Prof. in St. Petersburg, wo er 1767 starb. Er war einer der Wegbereiter stratigraphischer Forschung.

**GT** (1976) am Geburtshaus (dem ehem. Zinzendorf'schen Gut)[36]

**Lanzenkirchen** (südl. Wiener Neustadt)

**Joachim Barrande** (1799 Sangues/Haute Loire – 1883 Frohsdorf b. Lanzenkirchen), französ. Ingenieur und Paläontologe. B. emigrierte 1830 mit der französ. Königsfamilie nach England und Böhmen; Lehrer des Prinzen Heinrich v. Chambord. Bei Prag wurde er auf den Fossilreichtum der paläozoischen Schichten aufmerksam, deren Studium sein meisterhaftes Lebenswerk darstellt. Seine Sammlungen liegen im Nationalmus. Prag.

□ auf dem Dorffriedh. L. (weißer Marmorstein, nahe einem hohen Kreuz mit dem Heiland). Die lange französ. Inschrift erwähnt seine paläont. Verdienste nicht, wohl aber die allgemeine Achtung, die er bei den Gelehrten hatte; „geschmückt mit den meisten Orden Europas, ohne jemals einen getragen zu haben".

**Lauenburg** (Elbe)

Der Astronom **Karl L. Harding** wurde 1765 als Sohn eines Pfarrers in L. geb.; Observator an der Sternwarte → Lilienthal, dort 1804 Entdecker des 3. kleinen Planeten Juno, 1805 bis zu seinem Tode 1834 Prof. in Göttingen. Geburtshaus wohl das Fachwerkhaus (ehemalige Superintendantur), das an das Museum (Elbstr.) anschließt.

**Laufen** (im Birs-Tal, südl. Basel; Schweiz)

Am Martinstor kleiner **GStein** im Rasen für den Jura-Geologen **Amanz Gressly** (1814–1863).
→ Bärschwil, Solothurn, Verena-Schlucht, Combe Varin

**Lauheide** (östl. Münster i. Westf., nahe der Bundestr. 51)

Auf dem zu Münster gehörigen Waldfriedhof (Abt. IX, Nr. 5 B) das □ des Pathologen und Bakteriologen **Gerhard Domagk** (1895 Lagow/Mark Brandenburg – 1964 Burgberg/Schwarzwald), Nobelpreis f. Med. 1939.

**Lauingen** (Krs. Dillingen, bayr. Schwaben)

**Albert** Graf von **Bollstädt**, später **Albertus Magnus** [Abb. 87, 94] (1193? L. – 1280 Köln), Theologe und Naturforscher. Er hat „die Werke des

Aristoteles dem christlichen Abendlande zugänglich gemacht“, war aber gleichzeitig ein bedeutender selbständiger Beobachter der Natur.

**Δ**(Erzstandbild) Marktplatz
→ Köln, Freiburg, Hildesheim, Regensburg, Andernach

---

**Le Châble** (Bagnes-Tal, Wallis)

> *Wir kommen jetzt zu der Hypothese, die den Transport der erratischen Blöcke den Gletschern zuschreibt. Der Mann, den ich zuerst diese Meinung äußern hörte, ist ein braver und gescheiter Gebirgler namens Jn. Pr. Perraudin, leidenschaftlicher Gemsenjäger, der noch jetzt im Weiler Lourtier im Bagnes-Tal lebt... „Die Gletscher unserer Berge“ sagte er mir, „haben einst eine viel größere Ausdehnung als heute gehabt. Unser ganzes Tal... war von einem mächtigen Gletscher eingenommen, der sich bis Martigny erstreckte. Das beweisen die Felsblöcke, die man in der Umgebung dieser Stadt findet, und die zu groß sind, als daß sie das Wasser bis daher hätte gebracht haben können.“*
>
> J. de Charpentier, Essai sur les glaciers (1841)

Der Gemsenjäger **Jean Pierre Perraudin** (1767 Lourtier – 1858) erkannte als einer der ersten die einst weit größere Verbreitung der Schweizer Gletscher. (Siehe auch Schwarzbach 1981[7a].)

**GT** (1900) am Gemeindeamt L. Ch. für den „inventeur de la théorie des glaciers“. (Der Geburtsort Lourtier gehört zur Commune L. Ch.)
→ Lourtier, Monthey

Abb. 95. J. C. Fuhlrott, Leinefelde

Abb. 94. Albertus Magnus, Lauingen

**Leer** (Ostfriesland)

L. ist der Geburtsort des Naturforschers und Naturphilosophen **Bernhard Bavink** (1879 L. – 1947 Bielefeld), Gymnasiallehrer in Bielefeld, 1947 Honorarprof. Münster. Als Gegner des „Positivismus" beschäftigten ihn besonders die Beziehungen zwischen Naturwissenschaften und Religion. Hauptwerk „Ergebnisse und Probleme der Naturwissenschaften" (1914, 10. Aufl. 1954).[35]

**GT** am Geburtshaus
→ Bielefeld

**Leinefelde** (Stadt im Eichsfeld, Bez. Erfurt)

L. ist der Geburtsort von **Joh. Carl Fuhlrott** [Abb. 95] (31. 12. 1803 oder 1. 1. 1804 L. – 1877 Wuppertal-Elberfeld), Entdecker des Neandertaler-Menschen. F. besuchte das Gymnasium Heiligenstadt, studierte zuerst kath. Theologie, dann Naturwissenschaften in Bonn. Lehrer in Heiligenstadt, seit 1830 in Elberfeld.

**GStein** mit Halbrelief des Kopfes (gestiftet 1956 vom Landschaftsverband Rheinland) an der Ecke J. C. Fuhlrott-/Breitenbacher Str.
→ Wuppertal, Neandertal

**Leipzig**

Universitätsstadt seit 1409

**Gottfried Wilh. Leibniz** [Abb. 96] (1646 L. – 1716 Hannover), Philosoph und „Universalgelehrter".

> *Als er den Zutritt in die von seinem Vater hinterlassene Bibiliothek erkämpft hatte, begann er, dieselbe planlos zu verschlingen.*
>
> Allg. Dt. Biog. (Artikel „Leibniz" von Prantl, 1883)

„Leipzigs größter Sohn" studierte und promovierte in seiner Vaterstadt (Dr. phil.) und Altdorf (Dr. jur.), lebte 4 Jahre in Paris, wo er mit zahlreichen Gelehrten in Verbindung trat, und kam 1676 nach Hannover. Als Mathematiker erfand L., unabhängig von Newton, die Differential- und Integralrechnung und konstruierte die erste Rechenmaschine.

**Δ**(Standbild, „erfunden und modelliert von E. J. Hähnel in Dresden 1881–83", „in Erz gegossen von Ch. Lenz in Nürnberg 1883", errichtet 1883, neu aufgestellt 1978), zwischen Hörsaalgebäude und Hauptkomplex der Universität.
→ Altdorf, Hannover

**Carl F. W. Ludwig** [Abb. 155] (1816 Witzenhausen – 1895 L.), Physiologe, wirkte 1865–95 an der Univ. L.

▭Neuer Johannis-Friedh.
→ Witzenhausen

An den verdienstvollen Pionier der Landwirtschaftsforschung **Albrecht Thaer** [Abb. 97] erinnert ein **Δ** (Bronze-Standbild; E. Rietschel, gegossen in Lauchhammer, 1847), „in Sichtweite der Agronomen" (der Univ.), „vielleicht zu mehr Rationalität vor allem bezüglich Düngung und Insektenbekämpfung mahnend" (Anmerkung eines Leipzigers, 1978).
→ Celle, Berlin, Möglin

---

**Lemgo** (Lippe, einst Hansestadt)

**Engelbert Kaempfer** [Abb. 98] (1651 L. – 1716 L.), Japan-Forscher

> *Nulli perigrinatorum secundus ad omnen laborem impiger neque sibi parcens quoties veri detegendi spes erat.*[90]
>
> Worte von A. v. Haller auf dem E. Kaempfer-Denkmal in Lemgo

Vater war Pastor primarius an St. Nikolai. K. bereiste 10 Jahre lang Rußland, Persien, Indien, Siam und vor allem Japan. Zurückgekehrt lebte er als Leibarzt der Lippe'schen Grafen (in Detmold) meist in Lieme. Sein Japan-Werk wurde erst nach seinem Tode in England veröffentlicht.

**GT** ganz unten am Geburtshaus, Papenstr. 17, modern umgestaltet (der gotische Westgiebel ist in den Neubau des St. Nikolai-Gemeindehauses einbezogen). **Δ** (Türmchen in neugotischem Stil) in den Anlagen an der Engelbert-K.-Straße (nahe Bhf.). angeregt durch R. Brandes (→ Salzuflen) auf der Tagung der Ges. dt. Naturf. und Ärzte in Pyrmont 1837, errichtet 1867, Inschrift s. o.! – Im Heimatmus. (Hexenbürgermeisterhaus, Breite Str. 19) ein E. K.-Zimmer mit einigen Erinnerungsstücken. – E. K.-Gymnasium (im 1700–1734 erbauten Lippe-Hof, Rampendal).
→ Lieme

---

**Lennep** siehe Remscheid

Abb. 96. G. W. Leibniz, Leipzig

Abb. 97. A. Thaer, Leipzig

Abb. 98. E. Kaempfer, Lemgo

**Lenthe** (jetzt Ortsteil von Gehrden, westl. Hannover)

**Werner** (seit 1888 von) **Siemens** [Abb. 99] (1816 L. – 1892 Berlin), Erfinder und Industrieller.

> *Die drei Jahre, welche ich vom Herbst 1835 bis zum Sommer 1838 auf der Berliner Artillerie- und Ingenieurschule zubrachte, zähle ich zu den glücklichsten meines Lebens.... Das gemeinschaftliche Studium unter der Leitung tüchtiger Lehrer, von denen ich nur den Mathematiker Ohm, den Physiker Magnus und den Chemiker Erdmann nennen will, deren Unterricht mir eine neue, interessante Welt eröffnete, machten diese Zeit für mich zu einer außerordentlich genußreichen.*
>
> W. v. Siemens (Lebenserinnerungen 1892)

Der Vater war Gutspächter. S. war zunächst Artillerie-Offizier mit der zielstrebig genutzten Möglichkeit, sich physikalisch und technisch weiter auszubilden. 1847 gründete er mit J. G. Halske die erste europäische Telegraphenbauanstalt, die auch Kabel verlegte (heute Siemens AG). Zahlreiche Erfindungen; er entdeckte das dynamoelektrische Prinzip (1866), baute eine „Dynamomaschine" und begründete damit die Starkstromtechnik (erste Elektrolokomotive, -aufzug, -Straßenbahn). Brüder von Werner S. gründeten erfolgreiche Zweigunternehmungen in England und Rußland. Die Phys.-Techn. Reichsanstalt Berlin (1887) geht weitgehend auf seine Initiative zurück.

**GT** (Bronze; 16. 5. 1898, Hann. Elektr. Ver.) am Geburtshaus (einem Fachwerkhaus des Gutes). **Δ** (Findling mit Bronzemedaillon) am Zugangsweg (von Osten her) zum Gut.
→ Berlin

Abb. 99. W. v. Siemens, Lenthe

**Leonberg** (bei Stuttgart, 12 km nordöstl. Weil der Stadt)

**Johannes Kepler** verlebte einige Jugendjahre in L., nachdem sein Vater 1576 dort ein Haus am Marktplatz (Nr. 11, **GT**) gekauft hatte.
→ Weil der Stadt, Eltingen, Graz, Linz, Eferding, Regensburg (Karte 13)

**Letmathe** (Krs. Iserlohn)

2 km östl. von Letmathe liegt in devonischem Kalkstein die vielbesuchte Dechenhöhle, benannt 1869 nach dem Geologen **Heinrich von Dechen** [Abb. 92], Erforscher des Rheinischen Schiefergebirges. D. war Berater bei der Bergisch-Märkischen Eisenbahn; beim Bahnbau wurde die Tropfsteinhöhle entdeckt.
→ Bonn, Königswinter

**Leverkusen (nördl. Köln)**

**Carl Duisberg** (1861 Barmen – 1935 L.), Chemiker und Wirtschaftsführer.

> *Es war wohl dieselbe Audienz, in der Duisberg, der in Gesellschaft von Ministerialräten hatte warten müssen, sich beim Minister beschwerte, er sei nicht gewohnt, zu antichambrieren. „Entschuldigen Sie nur", antwortete der Minister, „ich brauchte so lange, um Ihre Visitenkarte zu lesen." Sie führte nämlich jeglichen Zierrat auf, darunter alle Ehrendoktortitel.*
>
> R. Willstätter über eine Audienz Duisberg's bei dem Preuß. Kultusminister Carl H. Becker, 1919.

D. studierte Chemie in Jena (seitdem eng befreundet mit dem bedeutenden Geologen Johannes Walther, 1860 Neustadt/Orla – 1937 Berlin; Prof. in Halle). Er arbeitete wissenschaftlich über Farbenchemie, doch vor allem war er ein überragender Wirtschaftsführer („IG Farben", Aufbau des Werkes „Bayer Leverkusen"). Er förderte die enge Zusammenarbeit zwischen Wissenschaft und chem. Industrie und die Organisation von Studienhilfen (Studentenwerk, Studienstiftung des dt. Volkes, C. D.-Gesellschaft).

Prunkvolle Grabstätte in L. (südl. vom Casino-Gebäude des Werkes L., nahe dem „Japan. Garten"); ein „Floratempel", mitgestaltet von F. Klimsch.[91]

**Lichtenheim** (bei Neuburg/Donau)

Als Sohn eines Bauern wurde hier der Hygieniker **Max** (seit 1883 von) **Pettenkofer** [Abb. 100, 113] geb. (1818 L. – 1901 München). P. wurde zuerst Apotheker; dann Studium der Medizin und (bei Liebig in Gießen) Chemie. Seit 1853 wirkte er in München.

**GT** am Geburtshaus, einem stattlichen Bauernhaus
→ München

Abb. 100. Geburtshaus von M. Pettenkofer, Lichtenheim

---

**Lieme** (Dorf 4 km westl. Lemgo)

In dem alten Gut Steinhof (Fachwerkbau, z. T. umgestaltet; zum ev. Pfarramt gehörig) lebte 1704–16 der Japanforscher **Engelbert Kaempfer** [Abb. 98].
→ Lemgo

---

**Lilienthal** (Krs. Osterholz, nördl. Bremen)

**Joh. Hiernoymus Schroeter** (1745 Erfurt – 1816 L.), Amtmann und Astronom.

> *Ich rede hier von den Beobachtungen unseres Herrn Oberamtmann Schroeter, die diesem unermüdlichen Naturforscher gewiß die Dauer des Ruhmes verschaffen werden, womit sich so mancher seiner stolzen Zeitgenossen gewiß vergeblich schmeichelte. Hier ist nicht anderer Länder Gold zu Draht, oder fremder Wein auf eigene Bouteillen gezogen und im dabei gestohlenen Räuschchen für Eigentum gehalten. Hier ist wahres, unbestrittenes Eigentum, wahrer Fortschritt der Erkenntnis und des Wissens, und wahrer Ruhm.*
>
> G. Ch. Lichtenberg im Göttinger Taschenkalender für 1792 über Schroeter's „selenographische Fragmente".

Sch. wurde während seines juristischen Studiums in Göttingen durch → Kaestner für die Astronomie gewonnen und gründete eine Sternwarte in L., wo er Amtmann geworden war. An der Sternwarte war 1800–05 **Karl Ludw. Harding** tätig (→ Lauenburg; ursprünglich Theologe und Hauslehrer von Sch.'s Sohn, 1805–34 Prof. f. Astron. in Göttingen); ihm folgte in L. 1806–10 (auf Empfehlung von Olbers) **F. W. Bessel** (→ Minden) als Observator. Bei der Brandzerstörung von L. durch die Franzosen 1813 verlor Sch. seine wissenschaftl. Habe; Inschriften an den neu aufgebauten Häusern erinnern an den Brand, am ev. Pfarrhaus in L.-Trupe auch an die Mitwirkung von Sch. beim Wiederaufbau.[92]

**GStein** im ehemaligen Amtsgarten (an der alten Zisterzienserkirche), bezeichnet die Stelle, an der die Sternwarte stand, und die damals genau bestimmte geogr. Lage: L. 26° 34′ 30″, Br. 53° 8′ 27″ 7‴. (Die Länge bezieht sich, wie damals üblich, auf Ferro.)
**GT** am modernisierten Fachwerkhaus Hauptstr. 63, in dem Sch. zuletzt lebte. – Einige Erinnerungen in der Heimatstube im Rathaus; ferner gibt es eine Sch.- und Sternwartestr. und eine Sch.-Schule (mit stilisierter astron. Darstellung an der Giebelwand). Von den Bemühungen Sch.s um Moorkolonisation zeugt das von ihm begründete Schroetersdorf (zwischen L. und Worpswede).

Im Ortsteil L.-Worpshausen erinnert das neue Niels-Stensen-Haus (Kath. Haus für Erwachsenenbildung) an den Bischof und frühen Geologen dänischer Herkunft **Niels Stensen** (Steno; 1638–1686, → Münster, Schwerin); doch bestehen keine unmittelbaren Beziehungen.

---

## **Linz** a. d. Donau

**Johannes Kepler** [Abb. 64, 137, 139] (1571 Weil der Stadt – 1630 Regensburg), Astronom

> *Ich wünschte, Ihr könntet sehen, was sich hier alles abspielt... Es ist schon ein großer Trost, daß wir nicht verbrannt werden, sondern daß man uns erlaubt weiterzuleben, sofern die Erlaubnis überhaupt für denjenigen von Bedeutung ist, dem man alles zum Leben genommen hat.*
>
> Kepler an Wilh. Schickard, Mathematiker und „Prof. des Hebräischen“ in Tübingen, 24. 4. 1626 (→ Herrenberg)

Aus Prag kam K. 1612 an die ev. Landschaftsschule in L. In Eferding bei L. heiratete er zum zweiten Mal. In L. erschien 1619 seine „Harmonia mundi“ (Weltharmonie) und entstanden auf Grundlage der Beobachtungen von Tycho Brahe die nach Rudolf II. benannten „Rudolfinischen Tafeln“ der Planetenbahnen. Infolge der Religionswirren jener Zeit – auch der Hexenprozeß seiner Mutter (→ Eltingen) fiel in diese unruhigen Jahre – verließ er L. 1626. Sein nächster Wohnsitz war Sagan in Schlesien, sein letzter Regensburg.

**GT** an K.s Wohnhaus, Rathausgasse 5 (früher fälschlich am Haus Keplergasse 10!). Bildnis an der Hauptplatz-Fassade des Rathauses.– **Δ** (Erzstandbild) in achtsäuligem Tempelchen, in Anlagen nahe der Römerstr. (zwischen Schloßmuseums-Eingang und Martinskirche). Der Pavillon stand einst an anderer Stelle; wiedererrichtet 1971. Die Statue ist ein Abguß der Holzplastik im Treppenhaus der Sternwarte → Kremsmünster (Seb. Remele, 1780).
→ Weil der Stadt, Leonberg, Graz, Eferding, Regensburg (Karte 13)

**Lourtier** (Dorf im Bagnes-Tal, Wallis)

In L. wurde 1767 der Gemsenjäger und Eiszeitforscher **J. P. Perraudin** geboren. Das Haus, in dem er lebte, ist erhalten, trägt aber keine GT. (Siehe auch Schwarzbach 1981[7a])
→ Le Châble, Monthey

**Lüttich** (Liège, Belgien)

Wallonische Universitätsstadt seit 1817

**Theodor Schwann** [Abb. 118] (1810 Neuß – 1882 Köln), Biologe

> *Also schon jetzt merkt man an Schwann die alten Tage? In der Tat scheint es jetzt noch mit der Lebenskraft und ihren dépendences wie einst mit der Orthodoxie zu gehen; die jungen Freigeister werden alte Betschwestern.*
>
> C. Ludwig an E. Du Bois-Reymond, 16. 1. 1850

Sch. war seit 1848 Prof. an der Univ. L.

**Δ**(Bronzestandbild; 1954) vor dem Zool. Inst. (an der Maas, Quai E. v. Beneden), neben dem Standbild des Biologen Edouard van Beneden.
→ Neuß, Köln

**Luisenburg** (Granitfelsen bei Wunsiedel im Fichtelgebirge)

> *Auf meiner Reise nach Karlsbad nahm ich den Weg über Wunsiedel und Alexandersbad, wo ich die seltsamen Trümmer eines Granitgebirges nach vielen Jahren seit 1785 zum ersten mal wieder beobachtete. Meine Abscheu vor gewaltsamen Erklärungen, die man auch hier mit reichlichen Erdbeben, Vulkanen, Wasserfluten und anderen titanischen Ereignissen geltend zu machen suchte, ward auf der Stelle vermehrt, da mit einem ruhigen Blick sich gar wohl erkennen ließ, daß durch teilweise Auflösung wie teilweise Beharrlichkeit des Urgesteins, durch ein daraus erfolgendes Stehenbleiben, Sinken, Stürzen, und zwar in ungeheuren Massen, diese staunenswürdige Erscheinung ganz naturgemäß sich ergeben hat.*
>
> J. W. v. Goethe (Annalen, 1820)

Eine Inschrift erinnert an **Goethe**'s Besuche 1785 und 1820. G. hat sich hier (wie in → Karlsbad und an andern Stellen) mit dem Granit beschäftigt.
→ besonders Weimar

## Magdeburg

**Otto v. Guericke** [Abb. 101, 102] (1602 M. – 1686 Hamburg), Bürgermeister und Ingenieur

> *Bei naturwissenschaftlichen Fragen hat es gar keinen Wert, schön reden und disputieren zu können. Wo man Tatsachen reden lassen kann, braucht man keine gekünstelten Hypothesen.*
>
> O. v. Guericke

G., Sohn einer wohlhabenden Patrizierfamilie, studierte Jus und – vor allem in Leiden – Naturwissenschaften; Ratsherr und Bürgermeister in M. Er wurde berühmt durch seine, 1654 auch auf dem Reichstag zu Regensburg vorgeführten Versuche über Luftdruck (Luftpumpe, „M.er Halbkugeln") und Reibungselektrizität. Die letzten Lebensjahre verbrachte er bei seinem Sohn in Hamburg.

**Δ**(C. Echtermeier), großes Sitzbild „Ihrem großen Sohn die Vaterstadt, 1907", mit Reliefs, so zu den M.er Halbkugeln; Süd-Ende der Weitlingstr., am Rathaus. Die TH in M. trägt den Namen von Otto v. G.

Ebenfalls auf der Weitlingstr. ein **Δ** für den Arzt Dr. **Eisenbart** (gest. 1727 in Hann.-Münden; → Münden)

## Mainz

Universitätsstadt 1477–1797 und seit 1946 (Gutenberg-Univ.)

M. ist die Geburtsstadt von **Johannes Gutenberg** (um 1397 – 1468 M.), dem Erfinder der Buchdruckerkunst.

Abb. 102. Relief am Guericke-Denkmal

Abb. 101. O. v. Guericke, Magdeburg

**Δ**(Standbild, Entwurf von B. Thorwaldsen und dessen Schüler H. W. Bissen, gegossen in Paris) auf dem G.-Platz. – G.-Museum (gegr. 1900, seit 1962 „Weltmus. d. Druckkunst“), Liebfrauenplatz

Das MPI für Chemie in M. (Nachfolger des einst von **Otto Hahn** geleiteten KWI für Chemie in Berlin) führt den Namen Otto-H.-Institut. Nach dem 2. Weltkrieg wurde es von F. Straßmann (→ Berlin) geleitet.
→ Frankfurt a. M., Berlin, Göttingen

---

**Mallnitz** (Kärnten, am Südausgang des Tauern-Tunnels

**Joh. Aug. Georg Edmund Mojsisovics,** Edler v. Mojsvár (1839 Wien – 1907 M.), Alpengeologe, zuletzt Vicedirektor der Geol. Reichsanstalt Wien, Mitbegründer des Österr. (1862) und Dt.-Österr. Alpenvereins (1873).

**Δ**(Großer Granatglimmerschiefer-Block mit Medaillon) am Waldrand (Hengstenberg-Promenade, westl. vom Tauernbach, Fußweg dorthin vom Hotel „3 Gemsen“).

---

**Mannheim**

Ein kleiner Mittelpunkt naturwissenschaftlicher Forschung in M. war über 100 Jahre die **Jesuiten-Sternwarte** [Abb. 103] neben der barocken Jesuitenkirche (nahe dem Schloß), durch Christ. Mayer erbaut unter Kur-

Abb. 103. Jesuiten-Sternwarte, Mannheim

fürst Carl Theodor von der Pfalz 1772–74; 1880 wurde die Sternwarte nach Karlsruhe verlegt, der Turm 1944 durch Kriegseinwirkungen stark beschädigt und 1958 wieder instandgesetzt. Der isoliert stehende Turm, 33 m hoch, hat 6 achteckige Stockwerke. Der Zwehrenturm in → Kassel hat manche Ähnlichkeit damit.[15] Nach Christ. Mayer wirkten, wie eine **GT** angibt, in M. die Astronomen Karl König, Joh. Nep. Fischer, Roger Barry, H. C. Schumacher, B. Nicolai, E. Schönfeld, Wilh. Valentiner. Von diesen sind besonders zu erwähnen:

**Christian Mayer** (1719 Meseritz/Mähren – 1783 M.), Jesuitenpater, forschte als einer der ersten planmäßig nach Doppelsternen.

**Friedrich Bernhard G. Nicolai** (1783 Braunschweig – 1864 M.)

> *Ich habe jetzt das Glück, mehrere fähige junge Leute hier zu haben ... Von Nicolai, einem ausgezeichnet fähigen Kopf, werden Sie öfters Proben seiner Geschicklichkeit in den Gött. gel. Anz. gefunden haben.*
>
> C. F. Gauß an H. C. Schumacher, 5. 6. 1812

N. studierte bei Gauß; 1813–16 an der Sternwarte Gotha, 1816–64 in M. Er regte planmäßige Mondbeobachtungen an.

**Eduard Schönfeld** (1828 Hildburghausen – 1891 Bonn) war ein wichtiger Mitarbeiter von Argelander bei dessen „Bonner Durchmusterung“ (→ Bonn); nach seiner astronomischen Tätigkeit in M. (1860–75) wurde er dessen Nachfolger in Bonn.

**Heinrich Christian Schumacher** (1780 Bramstedt/Holstein – 1850 Altona)

> *Zuerst also meinen herzlichen Glückwunsch zu Ihrer Vocation nach Mannheim. Nehmen Sie doch ja ihn an. Das schöne Klima, die herrlichen Instrumente, keine lästige Collegenschaft: alles fordert Sie dazu auf.*
>
> C. F. Gauß an H. C. Schumacher, 3. 3. 1813

> *In Hinsicht meiner Erwartungen bin ich sehr enttäuscht. Die Instrumente fand ich in einem Zustand der Verwahrlosung, der unbegreiflich ist... Einen Thurm dazu, den die ganze Stadt als ein Meisterwerk betrachtet und der garnicht taugt, und auf dem kein Instrument fest steht. Nehmen Sie dazu Mannheim's Lage in einem Sumpfe, zwischen dem Zusammenfluß des Rheins und Neckars. Ewig zitternde und unreine Luft... Schwärme von Mücken und Fliegen, und Narren, die immer fortgejagt werden müssen, und noch von Barry's Zeiten die Sternwarte als ein Rendevous betrachten, so haben Sie ein schwaches Bild von meiner Lage.*
>
> H. C. Schumacher an C. F. Gauß, 7. 6. 1814

Sch. war 1813–15 in M.; → Hamburg

*In M. wurde 1803* ***K. F. Schimper*** *geboren (→ Schwetzingen)*

## **Marbach** a. Neckar (Geburtsort von F. Schiller)

In M. wurde 1723 der Astronom **Tobias Mayer** als Sohn eines Wagners geboren.

**GT** an dem kleinen, baufälligen und vom Abbruch bedrohten Geburtshaus (am Torweg).
→ Göttingen

## **Marburg**

Universitätsstadt seit 1527

> *Aus Marburg, dem lieblichen Städtchen,*
> *gelegen am Ufer der Lahn,*
> *da send' mein'm lieblichen Mädchen*
> *viel Grüß' ich, genannt Otto Hahn.*
>
> Von O. Hahn mehrmals verwendetes Gedicht

**Emil** (seit 1901 von) **Behring** (1854 Hansdorf/Westpreußen – 1917 M.), Serologe. B. studierte Medizin an der Pépinière[24] Berlin, Assist. bei R. Koch, 1893 Prof. der Hygiene in Halle, 1895 in M. Begründer der Serum-Heilkunde, entwickelte mit Sh. Kitasato und E. Wernicke Heilseren gegen Diphterie und Wundstarrkrampf. Die Hoechster Werke errichteten ihm ein eigenes Werk (B.-Werke in M.). 1901 Nobelpreis für Med.

▭(Mausoleum) auf der Elsenhöhe. **Δ** (Büste) Ecke Deutschhausstr./Pilgrimstein (nahe Elisabethkirche)

**Robert Bunsen** [Abb. 74] (1811 Göttingen – 1899 Heidelberg), Chemiker

> *Die hervorragendste Erscheinung an der Universität war Bunsen. Ich blicke auf ihn zurück als den Mann, der meinem Ideal eines Universitätslehrers am nächsten kommt. Er war jeder Zoll ein Gentleman und ohne eine Spur von Affektion oder Pedanterie.*
>
> Der irische Physiker John Tyndall, der 1848 in M. studierte.

B. kam 1838 von Kassel nach M., 1851 wurde er nach Breslau, 1852 nach Heidelberg berufen. In die M.er Zeit fällt u. a. eine Reise nach Island zum Studium der heißen Quellen und des Geysir-Phänomens.

**GT** am Kornspeicher (neben dem Deutschhaus an der Elisabethkirche; jetzt Mineral. Mus.). Im Deutschhaus befand sich 1839–51 das Laboratorium von B., der Raum ist erhalten.
→ Göttingen, Kassel, Heidelberg

**Denis Papin** (1647 bei Orléans – 1712 in England), Physiker

> *Mittels dieser Maschine kann die älteste und zäheste Kuh ebenso weich und wohlschmeckend gemacht werden wie das erstklassigste Fleisch.*
>
> D. Papin über seinen „Schraubendampfkochtopf" („Papin'schen Topf")

Durch die Hugenottenverfolgungen kam P. nach M., wo er 1688–95 als Prof. der Mathematik und Physik lehrte. Er erfand u. a. einen Hochdruckkochtopf und eine Dampfmaschine.

**GT** Markt 15 und an der Biegenstr. (an der Mühltreppe, unterhalb der alten Universität)
→ Kassel

**Alfred Wigand** (1821 Treysa – 1886 M.), Botaniker, in M. seit 1850 Prof. der Botanik, 1860 Dir. des Bot. Gartens.

**GT** Steinweg 20, wo er 1851–86 wohnte.

*Bei dem Chemiker* ***Theodor Zincke*** *promovierten zwei Nobelpreisträger: 1901* ***Otto Hahn*** *(→ Berlin, Göttingen) und 1904* ***Hans Fischer*** *(→ München). – In M. wirkte 1909–19 als Privatdozent für Meteorologie und Astronomie* ***Alfred Wegener*** *(→ Berlin, Zechlinerhütte, Hamburg, Graz, Kamarujuk-Fjord)*

---

## **Maria Saal** (bei Klagenfurt)

In M. S. wurde 1806 der Arzt und Naturforscher **Friedrich Welwitsch** (Welvich) [Abb. 104] geb.; später Dir. des Bot. Gartens in Lissabon, 1853 in Angola, 1860 in Benguela, gest. 1872 in London. In Benguela entdeckte er die merkwürdige Wüstenpflanze Welwitschia.

**GT** an der Schule,[43] „er erhielt hier den ersten Unterricht".

Abb. 104. F. Welwitsch, Maria Saal

**Markkleeberg** (nahe südl. Leipzig)

Am Schillerplatz (Endstelle der Linie 11) erinnert ein **GStein** an die Altsteinzeit-Funde in den Eiszeitschottern der Pleiße und an deren Entdekker 1895 **Franz Etzold** (1859 Neustadt b. Stolpen – 1928), Landesgeologe und Seismologe in Leipzig, und an **K. H. Jacob**(-Friesen), der sie später neu entdeckte und mit C. Gäbert beschrieb.[92a]

**Matt** (im Sernftal, südl. Glarus)

**Oswald Heer** [Abb. 120, 159] (1809 Ndr. Uzwil – 1883 Lausanne), Botaniker und Paläontologe, verlebte in M. 1817–31 „glückliche Jugend- und Studienjahre".[93]

**GT** am neuen Pfarrhaus
→ Ndr. Uzwil, Zürich, Combe Varin

**Mattenzell** (zwischen Regensburg und Cham, nordwestl. von dem Markt Falkenstein)

Einer armen Bauernfamilie in M. entstammte der Mineraloge **Johann Nepomuk** (seit 1849 von) **Fuchs** (1774 M. – 1856 München), Schüler von A. G. Werner in Freiberg, dessen irrige Auffassung von der wässerigen Entstehung aller Gesteine er neu zu begründen versuchte („Neoneptunismus"); seit 1807 Prof. in Landshut, seit 1826 in München. Er entdeckte das sog. Wasserglas.

**GT** am Geburtshaus: „Geboren in diesem Hause am 15. Mai 1774 Prof. Dr. J. N. von Fuchs, Mineraloge und Chemiker, Erfinder des Wasserglases und der Stereochromie; Begründer der Herstellung des Hydraul. Kalkes und hydr. Cemente".
→ München

**Mauer** (Dorf südöstl. Heidelberg im Elsenz-Tal, einer alten Neckar-Schlinge)

In der Sandgrube am Grafenrain (nördl. vom Ort, nahe der Straße Neckargemünd-M.) wurde 1907 der Unterkiefer des „Heidelberger Menschen" (Homo heidelbergensis) gefunden, weit älter als der Neandertaler; bearbeitet von dem Heidelberger Anatomen **O. Schoetensack.**

**GStein** am Eingang zur Grube

**Meldorf** (Dithmarschen)

In M. lebte **Carsten Niebuhr** (1733 Lüdingworth – 1815 M.), der 1761–67 im Auftrag des dänischen Königs zusammen mit anderen Wissenschaftlern ausgedehnte Forschungsreisen zwischen Ägypten und Indien ausführte. Der Historiker und Staatsmann Barthold N. war sein Sohn.

**GT** Nordermarkt 9

**Meride** (Dorf südl. vom Luganer See, am Monte Giorgio, Schweiz)

Am Hang des M. Giorgio sind in jahrelangen Ausgrabungen durch das Paläont. Institut Zürich vor allem fossile Reptilien aus Trias-Schichten geborgen worden, ausgestellt meist im Paläont. Mus. Zürich, Künstlergasse, einiges auch in einem Museum in M. Die Via Bernardo Peyer in M. erinnert an Prof. **Bernhard Peyer**-Zürich, der die Ausgrabungen zuerst leitete (später fortgesetzt von seinem Nachfolger, Emil Kuhn-Schnyder).[94]

**Messelhausen** (Dorf 9 km nördl. Bad Mergentheim, südl. Würzburg)

**Philipp Lenard** (1862 Pressburg – 1947 M.), bedeutender Physiker und Nobelpreisträger (1905), aber auch fanatischer Antisemit, fand seine Ruhestätte auf dem Friedhof M.; Grabstein mit der Inschrift „Kurz ist der Schmerz und ewig ist die Freude".

**Metzingen** (am Fuß der Schwäbischen Alb, östl. Tübingen)

**Christian Friedrich Schönbein** (1799 M. – 1868 Baden-Baden), Chemiker

> *Schönbein ist seit etwa 10 Tagen bei mir und ist lustig und guter Dinge wie gewöhnlich. Könnte ich kneipen wie er, so wäre ich ein beneidenswerter Mann.*
>
> Liebig an F. Wöhler, 10. 10. 1864

Der Sohn eines Färbermeisters wurde 1828 Prof. in Basel. Er erfand Schießbaumwolle und Kollodium und prägte 1839 für ein damals noch nicht genauer bekanntes Gas den Namen Ozon. (Daß Ozon eine besondere Form des Sauerstoffs ist, wurde erst 1872 von B. C. Brodie erkannt.) Befreundet mit Faraday.

**GT** (seit 1901) an der Geburtsstätte, Marktplatz
→ Combe Varin

## **Michelstadt** (Odenwald)

Der Polarforscher **Karl Weyprecht** (1838 Darmstadt – 1881 M.) lebte in M. (▭ im nahen Bad König). An die Familie W. erinnert ein Buntsandsteinbrunnen („W.s-Brunnen“) an der Ratsapotheke, Bahnhofstr. 25, errichtet 1832.
→ Bad König

## **Minden** (an der Weser)

**Friedrich Wilhelm Bessel** (1784 M. – 1846 Königsberg/Ostpr.), Astronom

> *Ich finde nichts abscheulicher, als die Gesellschaft fremder Leute; jedes Vergnügen kann sie mir verbittern und selbst nach unserm Olbers gehe ich, wenn Mehrere dort sind, nur im äußersten Notfall.*
>
> F. W. Bessel 1805

Zuerst Kaufmannslehrling, der sich selbst weiterbildete, kam B. durch Olbers an die Privatsternwarte von J. H. Schroeter in → Lilienthal; auf Anregung von A. v. Humboldt 1810 auf den neugeschaffenen Lehrstuhl für Astronomie in Königsberg berufen, wo er die dortige Sternwarte begründete. B. berechnete zahlreiche exakte Stern-Örter als Grundlage für Sternkataloge. Die erste Messung der Parallaxe eines Fixsterns mit einem Fraunhoferschen Heliometer (61 Cygni; 1838) und damit dessen Entfernungsbestimmung ist ihm zu verdanken.[95]

Geburtshaus (Kampstr. 28) im 2. Weltkrieg zerstört; **GT** an einem Neubau. – Im Heimatmus. (Ritterstr. 23–29) einige Erinnerungsstücke.

Am Mittellandkanal (südl. der Schachtschleuse) erinnert ein **Δ** an den Miterbauer, den Wasserbauingenieur **Leo Sympher** (1854 Hann. Münden – 1922 Berlin).

## **Mittenwald** (Bayr. Alpen)

Vom Süd-Ende von M. führt ein Fußweg zum Gasthaus „Gletscherschliff“, in 1000 m Höhe über dem linken Isar-Ufer gelegen. Eine Tafel an dem Gletscherschliff erinnert an dessen Entdecker (1930), den Eiszeitforscher **Albrecht Penck** (1858 Leipzig – 1945 Prag)
→ Ittelsburg, Stuttgart

**Möglin** (Oderbruch, 15 km südöstl. Bad Freienwalde)

**Albrecht Thaer** [Abb. 97] (1752 Celle – 1828 M.) gründete 1806 in M. ein landwirtschaftliches Lehr- und Forschungsinstitut (1824 zur Akademie erhoben) und führte dort wegweisende landwirtschaftliche Verbesserungen durch.

▭ an der Dorfkirche, **Δ** vor der Akademie.
→ Celle, Leipzig

**Monthey** (im Rhonetal, 20 km südl. vom Genfer See)

*Gehn wir zu den Gletschergrenzen*
*oberhalb der Stadt Monthey,*
*sehen wir den Namen glänzen*
*Johann von Charpentier.*
*Dort, umringt von jenen Wundern,*
*wir den Seherblick bewundern,*
*der zuerst den Sinn begriffen*
*dieser Block-Hieroglyphen.*

Osw. Heer in „Urwelt der Schweiz", 1865

Oberhalb M. liegen, nahe dem Hospital, einige große erratische Blöcke aus Montblanc-Granit. Der größte Block, die Pierre des marmettes, trägt ein Gärtchen und ein kleines Haus; seit 1907 im Besitz der Schweizer naturforsch. Ges. Zwei Blöcke schenkte die Walliser Regierung 1853 **Jean de Charpentier,** dessen Erben übergaben sie der waadtländischen naturforsch. Ges. Der auffälligste Block, die Pierre à Dzo, 100 m nördl. von der Pierre des marmettes, erinnert durch Inschriften an die Eiszeitforscher Charpentier (→ Bex) und **Perraudin** (→ Lourtier, Le Châble).[96]

**Môtier** (Dorf am Nordufer des Murtensees, südöstl. Neuchâtel)

Im Pfarrhaus **(GT)** wurde der Paläontologe und Eiszeitforscher **Louis Agassiz** [Abb. 117] geboren (1807 M. – 1873 Cambridge/Mass.). A. studierte Medizin und Naturwissenschaften, vor allem in München und Paris, gefördert u. a. von A. v. Humboldt; 1832 Prof. in Neuchâtel, seit 1846 in Nordamerika, seit 1853 berühmter Prof. der Harvard Univ. in Cambridge. Gegner von Darwin. Sein Hauptforschungsgebiet waren die fossilen Fische. Zu den Freunden der Jugendzeit gehörten A. Braun, Desor, Gressly, C. Vogt, einige Zeit auch K. F. Schimper. – Siehe auch Schwarzbach 1981[7a].

Ein gewaltiger Gneis-Findling am Nordhang des Mt. Vully (ein Wanderpfad führt von Môtier dorthin) trägt den Namen von A.

Auch auf dem Grab von A. im Mount Auburn-Friedhof, Cambridge, Mass., steht ein Schweizer Findlingsblock (vom Aaregletscher).[97]
→ Neuchâtel, Pierrabot, Handegg, Bern

---

**Mülhausen** (Mulhouse; Elsaß)

**Johann Heinrich Lambert** [Abb. 105] (1728 M. – 1777 Berlin), Mathematiker und Philosoph. Der Sohn eines Schneiders war Autodidakt; er beschäftigte sich mit trigonometrischen Problemen und Kartenprojektionen, wies die Irrationalität der Kreiszahl $\pi$ nach, entwickelte kosmologische Hypothesen und Grundlagen für eine exakte Lichtstärkenmessung. Seit 1765 in Berlin, Mitglied der Kgl. Akademie der Wissenschaften.

**GT** am Geburtshaus (nahe der Kathedrale). **Δ** (hohe Sandstein-Säule mit Erdkugel an der Spitze, errichtet 1828), Boulevard Prés. Roosevelt 5 (Ecke Rue Buffon). Am Sockel Medaillon und die Inschriften (dt.) „Dem durch Selbstthätigkeit entwickelten großen Geist, die Mitbürger" und (franz.) „Sa cendre repose à Berlin son nom est écrit dans les fastes d'Uranie".[98]

---

**Mülheim** (Ruhr)

Im MPI (einst KWI) f. Kohlenforschung wirkten drei bedeutende Chemiker:

**Franz Fischer** [Abb. 106] (1877 Freiburg i. Br. – 1948 München), seit 1911 Prof. an der TH Berlin, 1913–43 Dir. des Kohlenforschungsinst.; mit H. Tropsch entwickelte er das F.-Tropsch-Verfahren zur Paraffin- u. Benzinsynthese aus Kohlenoxid und Wasserstoff, das auch für die Waschmittelindustrie wichtig wurde.

▭ (Nr. 37) im Wald-Teil des Zentralfriedh.
**GT** (von Jos. Enseling) mit Kopfrelief von Franz F. und Emil F. (dem „geistigen Vater des Instituts", → Euskirchen, Berlin) im Treppenhaus des Instituts-Altbaus.

**Hans Tropsch** (1889 Plan b. Marienbad – 1935 Essen), eine zeitlang Abt.-Leiter in Institut M., Dir. eines Kohlenforschungsinst. der dt. Univ. Prag u. wissensch. Berater in Chicago. Am Fischer-T.-Verfahren (s. o.) war er maßgeblich beteiligt.

▭ (Nr. 70) im SW-Teil des Zentralfriedh. (Feld 14)

**Karl Ziegler** (1898 Helsa b. Kassel – 1973 M.), Prof. in Heidelberg, Chicago, Halle, Aachen, seit 1943 Dir. des Kohlenforschungsinst. 1963 erhielt er (mit G. Natta) den Nobelpr. f. Chemie für seine Arbeiten zum Aufbau organ. Makromoleküle aus einfachen ungesättigten Kohlenwasserstoffen durch katalytische Polymerisation mit metall-organischen Verbindungen, den „Z.-Katalysatoren" (wichtig u. a. für die Synthese des Polyäthylen).

▭ (Nr. 44 b, großer Granitfindling) im Wald-Teil des Zentralfriedh. – Büste (von K. W. v. Bories) vor dem Sekretariat des Instituts.

Abb. 105. J. H. Lambert, Mühlhausen

Abb. 106. Emil Fischer and Franz Fischer, Mülheim

# München

Universitätsstadt seit 1826 (Univ. gegründet 1472 in Ingolstadt, dann 1800–26 in Landshut). Zahlreiche Belegstücke zur Geschichte der Naturwissenschaften enthält das Dt. Museum.[99] – Karten 9–11

**Hermann Anschütz-Kaempfe** (1872 Zweibrücken – 1931 M.), Erfinder

> *Er ließ in der Nähe von Memmingen das verfallene Schloß Lautrach der Fürstäbte von Kempten in allen Glanze wieder entstehen. ... Anschütz und Frau Reta, die strahlende, junge Schloßherrin, pflegten ihre Bekannten und Freunde aus meiner Fakultät, der das Schloß zu künftigem Besitz zugedacht war, einzuladen.*
>
> R. Willstätter (Aus meinem Leben, 1949)

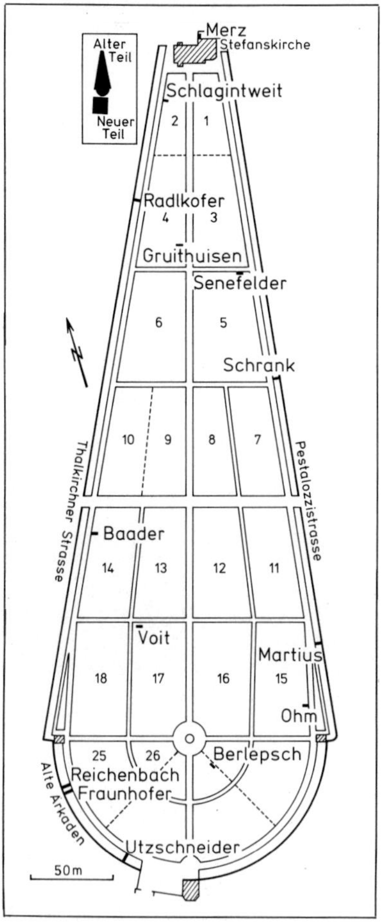


Karte 9. Südlicher Friedhof, Alter Teil, München

A. studierte Med., promovierte in Kunstgeschichte, plante Anfang des Jhd. eine Nordpolarfahrt mit einem Tauchboot und erfand zu diesem Zweck, obgleich weder Physiker noch Ingenieur, einen vom Magnetismus unabhängigen Kreiselkompaß; für dessen fabrikmäßige Herstellung gründete er 1905 in Kiel die Firma Anschütz. Er lebte zuletzt in M., eine „schlichte, zurückhaltende Persönlichkeit".

▭(großer Rundtempel mit Erdkugel) Waldfriedh. Fürstenrieder Str. (Abt. 178)
→ Kiel

**J. F. Adolf** (seit 1885 von) **Baeyer** [Abb. 107] (1833 Berlin – 1917 M.), Chemiker

> *Da war z. B. Liebig's Laboratoriumsdiener Deigele mit der neuen Ordnung gar nicht zufrieden. Er begab sich ins Ministerium und führte ins Treffen, das könne man doch von ihm, einem bayerischen Unteroffizier, nicht verlangen, daß er unter einem Preussen diene. „Lieber Deigele", antwortete der Kultusminister von Lutz, „das müssen wir jetzt alle."*
>
> R. Willstätter über die Berufung von Baeyer nach München 1875 (Aus meinem Leben, 1949)

Der Vater war preuß. Generalstabsoffizier. B. studierte in Heidelberg bei Bunsen und vor allem bei Kekulé, Lehrer am Gewerbeinstitut Berlin, 1872 Prof. in Straßburg, 1875 M. (Nachfolger von Liebig), wo er 40 Jahre erfolgreich wirkte. Seine Indigo-Arbeiten gipfelten in der Synthese des Indigo aus Teerprodukten; aus seinem Institut gingen zahlreiche andere für die Farbstoffindustrie wichtige Untersuchungen hervor. In den ersten Jahren arbeitete er über die Barbitursäure (durch E. Fischer für Veronal und andere Schlafmittel wichtig geworden) und benannte sie („Ich liebte damals ein Fräulein Barbara. Und da habe ich meiner Harnstoffverbindung den Namen Barbitursäure gegeben"). 1905 Nobelpreis für Chemie „für seine Forschungen über organ. Farbstoffe und hydroaromatische Verbindungen".

▭Waldfriedh. Fürstenrieder Str. (Abt. 13). **Δ** (Bronze, B. auf einem Sack voll Indigo sitzend; H. Hahn, 1922) vor dem Eingang zum Physik.-Chem. Inst., Sophienstr. 11

**Carl Maximilian Bauernfeind** (1818 Arzberg – 1894 Feldafing), Geodät, erster Direktor der TH in M.

▭Alter Nordfriedh., Arcisstr.
→ Arzberg

**Johann Bauschinger** (1834 Nürnberg – 1893 M.), Mitbegründer der modernen Werkstoffprüfung („B.-Effekt"), Prof. an der TH in M., seit 1868.

▭(mit Medaillon) Alter Nordfriedh. Arcisstr., nördl. vom Mittelgang

**Hans Fischer** (1881 Höchst/Main – 1945 M.), Chemiker

*Professur und Laboratorium in der Arcisstraße forderten zuviel und gaben keiner Liebhaberei Raum. Freilich bemerke ich, daß Prof. Hans Fischer sich als Bergsteiger auszeichnet und als Autofahrer betätigt, ähnlich wie mein Freund Sir Robert Robinson. Aber diese beiden sind ungewöhnlich kraftvolle Männer.*

R. Willstätter (Aus meinem Leben, 1949)

F. promovierte in Chemie bei Zincke in Marburg; Dr. med. 1908. 1918 Prof. in Innsbruck, 1918 in Wien (med. Chemie), 1921 TH in M. (org. Chemie). Zahlreiche Untersuchungen von ihm und seinen Schülern brachten schließlich die Synthese des Blutfarbstoffs Hämin, später auch des Gallenfarbstoffs Bilirubin; der Aufbau des Chlorophylls wurde ermittelt. 1930 Nobelpreis f. Chemie. Das katastrophale Ende des 2. Weltkrieges veranlaßtc am 31. 3. 1945 den Freitod des Verzweifelten.

▭Ostfriedh. St. Martinplatz (Nr. 68-2-17)

**Joseph** (seit 1824 von) **Fraunhofer** [Abb. 9, 133] (1787 Straubing – 1826 M.), Optiker und Techniker

*Approximavit sidera.*[100]

Ursprüngliche Grabinschrift von Fraunhofer

Der bescheidene, zuletzt hochangesehene, vom bayr. König geadelte Ehrendoktor der Univ. Erlangen kam 1819 wieder nach M., erlag aber schon wenige Jahre später seinem Lungenleiden.

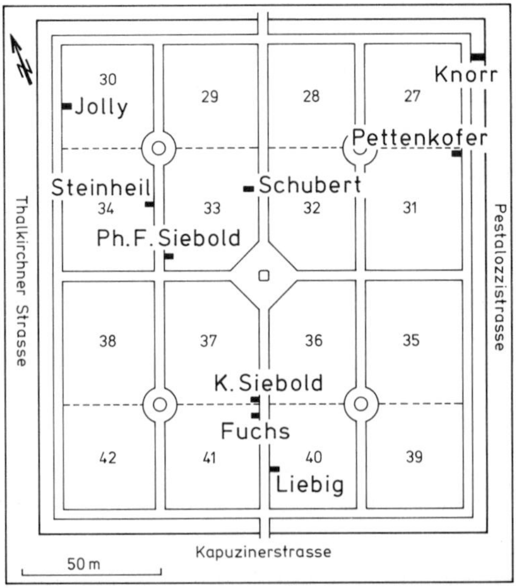


Karte 10. Südlicher Friedhof, Neuer Teil, München

▭Alter Südl. Friedh. (AA 12, neben Reichenbach); das ursprüngliche ▭ mit der Büste Schwanthaler's im Kriege zerstört.[101] Δ (Erzstandbild mit Prisma und Fernrohr; Halbig 1861) Maximilianstr., vor dem Volkerkundemus.
→ Straubing, Benediktbeuern

**Johann Nepomuk** (seit 1849 von) **Fuchs** (1774 Mattenzell – 1856 M.), Mineraloge und Chemiker, seit 1826 an der Univ. M.

▭Alter Südl. Friedh. (Nr. 41-1-27; schlecht erhalten)
→ Mattenzell

**Karl** (seit 1909 von) **Goebel** (1855 Billigheim b. Mosbach/Neckar – 1932 M.), Botaniker

> *Die Gartenverlegung ist im Bayerischen Finanzausschuß der Abgeordnetenkammer genehmigt und wird wohl auch vom Plenum unserer „Dunkelkammer" (Bayerischer Landtag) akzeptiert werden. Da heißt es für mich der Wissenschaft entsagen und Gartentechniker werden.*
>
> Goebel an E. Strasburger, 21. 1. 1908
>
> *Der Meister aller Lehrer aber war Karl Goebel, der Botaniker ... „Ich bin ein Despot" sagte Goebel damals gern ... niemand zögerte aber, ihn seines Despotentums wegen zu bewundern; denn jedermann wußte, daß er mit ihm der Sache diente.*
>
> E. Küster über seine Studienzeit in München (Erinnerungen eines Botanikers, 1956)

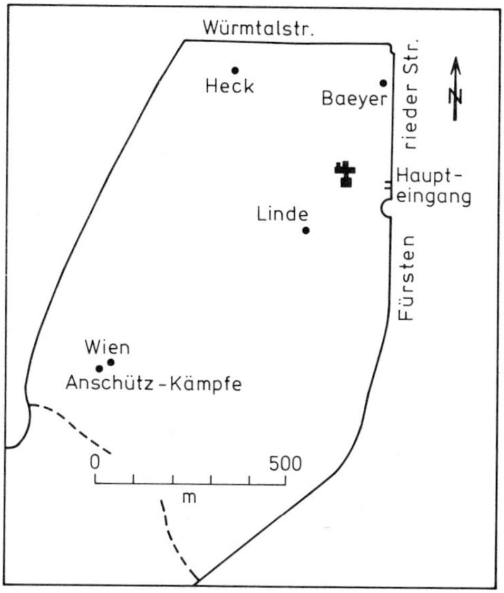


Karte 11. Waldfriedhof Fürstenrieder Str., Alter Teil, München

G. studierte zuerst ev. Theologie, dann Botanik; 1881 Prof. in Rostock, 1887 Marburg, 1891 M., wo er das neue Bot. Inst. und den Bot. Garten Nymphenburg begründete. Der weitgereiste Botaniker hat Bau und Funktion der pflanzlichen Organe und ihre Beziehungen zur Umwelt grundlegend dargestellt. ▭ in Stuttgart.

Gedenk-Inschrift (mit Plakette; Wadere) am Institutsgebäude, Bot. Garten Nymphenburg.
→ Stuttgart

**Franz von Paula Gruithuisen** (1774 Haltenberg a. Lech – 1852 M.), Astronom

> *Wenn Ew. Hochwohlgeboren mit den zahlreichen Entdeckungen, die er früher auf dem Monde, und jetzt auch auf andern Himmelskörpern gemacht hat, bekannt sind, so werden Sie sich mein Erstaunen vorstellen können, als ich hörte, in welche Hände die Sternwarte kommen sollte. Herr Professor Gruithuisen erklärt selbst, weder solche Beobachtungen, wie sie bisher auf Sternwarten gemacht worden sind, anstellen zu können, noch deren Nutzen einzusehen ... Sein Zweck geht vielmehr dahin, die physische Beschaffenheit der Oberflächen der Himmelskörper, ihre Bewohner, Kultur & c. zu erforschen.*
>
> J. Lamont über die Bemühungen Gruithuisen's, Nachfolger von Soldner zu werden; Brief an H. C. Schumacher, 19. 12. 1833

Der Vater von G. war kurfürstl. Falkonier. G. war zuerst Feldchirurg und Arzt; 1801 Lehrer der Naturgeschichte in M., 1826 Prof. der Astronomie. Er erregte viel Aufsehen durch seinen phantasievollen Aufsatz über die Entdeckung einer kolossalen, künstlich aufgebauten Festung auf dem Mond.

▭(Steinbüste in einem Miniaturtempelchen auf einer Säule) Alt. Südl. Friedh. (Nr. 4-2-47)

**Wilhelm Karl** (seit 1882 von) **Gümbel** (1828 Dannenfels – 1898 M.), Geologe. G. war seit 1851 beim Bayer. Geol. Landesamt, seit 1856 als dessen Leiter, seit 1861 Prof.; grundlegendes Hauptwerk „Geol. Beschreibung von Bayern". Ehrenbürger von M.

▭Alt. Nordfriedh. (Arcisstr.), südl. Mauer; mit der Inschrift „Te saxa loquuntur" („Die Steine reden von Dir"). Eingeäschert wurde er, in der Frühzeit der Krematorien, in Gotha.
→ Dannenfels

**Ludwig Heck** [Abb. 16] (1860 Darmstadt – 1951 M.), Zoodirektor in Berlin, siedelte nach dem 2. Weltkrieg nach M. über, wo sein Sohn Heinz den Zoo leitete.

▭(großer Gesteinsblock, einem stilisierten Elefanten ähnlich) Waldfriedh. Fürstenrieder Str. (Abt. 50).
→ Berlin

**Friedrich v. Hefner-Alteneck** (1845 Aschaffenburg – 1904 Biesdorf b. Berlin), Elektrotechniker und Erfinder

*Sie entwickeln sich mehr und mehr zum professionellen Erfinder, dem seine Ideen und sein Erfinderruhm über alles gehen. Die natürliche Folge ist, daß Sie die Fähigkeit verlieren, die Ideen und Leistungen anderer anzuerkennen und mit Selbstverleugnung durchzuarbeiten, wie es das Konstruktionsbüro tun soll und muß.*

Werner Siemens an F. v. Hefner-Alteneck, 5. 7. 1877

Studium an den TH Zürich und München, seit 1867 bei Siemens und Halske in Berlin, zuerst als Arbeiter, zuletzt Leiter des Charlottenburger Werkes. „Ein Pionier der Elektrotechnik" und genialer, aber auch selbstbewußter Erfinder: 1871 Trommelanker für Dynamomaschinen, 1878 selbstregelnde Differential-Bogenlampe, 1884 Hefner-Kerze als (bis 1941 verwendete) „Lichteinheit".

GT (W. v. Siemens-Ring-Stiftung) an der Braunauer Brücke, bei deren Bau die elektrische Beleuchtung unter der Leitung von H.-A. zum ersten Mal zu Fundierungsarbeiten verwendet wurde.[14]

**Richard Hertwig** (1850 Friedberg/Hessen – 1937 Schlederloh b. München), Zoologe, Schüler von Haeckel, zu seiner Zeit" der bedeutendste Universitätslehrer im Bereich der Zoologie" (R. B. Goldschmidt), ist auf dem Alten Friedhof Arcisstr. (Abt. 1) begraben. Sein ebenfalls bedeutender Bruder Otto H. wirkte zuletzt in Berlin.

Abb. 107. A. v. Baeyer, München

Abb. 108. F.W. v. Kobell, München

**Franz Wolfgang** Ritter v. **Kobell** [Abb. 108] (1803 M. – 1882 M.), Mineraloge und Dichter. K. studierte Chemie und Mineralogie bei J. N. Fuchs in Landshut; 1824 Promotion in Erlangen, seit 1826 Prof. in M., „Charakteristik der Mineralien" 1833 (11. Aufl. 1878), „Geschichte der Mineralogie" 1864. Erfinder der „Galvanographie", Lyriker und Jagdschriftsteller, schrieb humorvolle Gedichte in bayr. und pfälz. Mundart.

**Δ**(Bronzebüste; B. König, 1896) auf einem Hügel in den Anlagen südl. vom Maximilianeum.

**Johann** (später von) **Lamont** (1805 Braemar/Schottland – 1879 Bogenhausen-M.), Astronom.

> *Einsam, aber glücklich, lediglich von einer alten Haushälterin bedient, von den Bewohnern Bogenhausens verehrt, lebte Lamont ausschließlich der Wissenschaft.*
>
> S. Günther (Allg. Dt. Biogr.)

L. kam jung in das Kloster der Schottenmönche in Regensburg; seit 1827 an der Sternwarte Bogenhausen, 1835 Dir. (auf Empfehlung von Schelling). 52 Jahre wohnte er in dem „stillen Dörfchen". L. arbeitete auch geophysikalisch (magnetische Landesaufnahme; „Hdb. d. Erdmagnetismus", 1846); er entdeckte den Zehnjahres-Rhythmus der erdmagnetischen Feldstärke (entsprechend Schwabe's Rhythmus der Sonnenflecken!).

□(mit Bronzebüste) Friedh. Bogenhausen (Mauer westl. vom Eingang).
**GT** an der Kirche. → F. von P. Gruithuisen

**Max v. Laue** [Abb. 109] (1879 Pfaffendorf b. Koblenz – 1960 Berlin), Physiker und Nobelpreisträger

> *Ich war gerade im Begriff, einen Apparat zu konstruieren, um den Durchgang von Röntgenstrahlen durch eine kolloide Flüssigkeit mit Goldteilchen zu studieren, als die berühmte Abhandlung von Laue, Friedrich und Knipping veröffentlicht wurde (1912), die Kristallgitter als Strichgitter mit atomaren Abständen benutzten. Kármán und ich waren von dieser Idee hingerissen und zur gleichen Zeit niedergeschmettert, weil wir nicht selbst darauf gekommen waren, obwohl uns unsere Arbeit über Kristalle doch so nahe an sie herangeführt hatte.*
>
> M. Born (Mein Leben, 1975)

**GT** für L., Friedrich und Knipping (mit Kopf von L.) vor dem Eingang zu den Physikal. Hörsälen im Hof der Univ. (zwischen Geschw. Scholl-Platz und Amalienstr.; Zugang am einfachsten gegenüber Amalienstr. 77, Buchhdlg. Hueber)
→ Koblenz, Göttingen

**Justus** (seit 1845 Freiherr von) **Liebig** [Abb. 54, 110] (1803 Darmstadt – 1875 M.), Chemiker

> *Ich habe die Bahn der Wissenschaft aufgegeben und in meinem Bemühen, in der Landwirtschaft und in der Physiologie etwas zu nützen, wälze ich den Stein des Sisyphus. Er fällt mir immer auf den Kopf zurück und ich verzweifle manchmal an der Möglichkeit, ihm einen festen Boden zu schaffen.*
>
> J. Liebig aus München an F. Wöhler

Die erfolgreichsten Lebensjahre hat L. in Gießen verbracht. 1852 kam er nach M., geehrt und weiter einflußreich, aber resignierend; kaum noch experimentell, sondern nur noch schriftstellerisch tätig.

□ (mit Bronzebüste) Alt. Südl. Friedh. (Nr. 40-11-12). **Δ** (Marmor-Sitzbild; Wagmüller u. Ruemann, 1883), „von dankbaren Schülern und Freunden errichtet", Maximiliansplatz; Darstellungen am Sockel zur Chemie, Agrikultur und Physiologie weisen auf die Forschungsgebiete von L. hin.
→ Darmstadt, Heppenheim, Gießen, Salzhausen, Köln, Combe Varin

**Carl** (seit 1897 von) **Linde** (1842 Berndorf – 1934 M.), Ingenieur, führend auf dem Gebiet der Kältetechnik.

□ Waldfriedh. Fürstenrieder Str. (Abt. 139/I)
→ Kempten

Abb. 109. M. v. Laue, München

Abb. 110. J. v. Liebig, München

**Carl Friedrich Philipp von Martius** [Abb. 125] (1794 Erlangen – 1868 M.), Botaniker

> *Wir wollen, „um einem dringenden Bedürfnis abzuhelfen", am 9. Juni eine Martiusbüste enthüllen (welche mit der vom alten Schrank den Anfang einer Botanischen Sieges-Allee darstellt, Engler soll demnächst mit Schwendener – aber als ganze Figur wie Goethe u. Schiller – auch drankommen).*
>
> K. v. Goebel an G. Karsten, 2. 1. 1905

Der Brasilienforscher war seit 1826 Prof. der Botanik in M., seit 1832 Dir. des Bot. Gartens.

▭ Alt. Südl. Friedh. (Ml 312). **GT** (1968 von Brasilianern gestiftet) Karlstr. 6 (Westfassade der Staatsbauschule), wo M. 1833–68 wohnte. **Δ** (Steinbüste auf einer Säule) im Bot. Garten Nymphenburg (nahe dem Bot. Institut).
→ Erlangen, Rio de Janeiro

**Georg Merz** (1793 Bichl b. Bad Tölz – 1867 M.), Kgl. Bayer. Hofopticus. M. war Benediktinerzögling in → Benediktbeuern und kam dort in Utzschneider's Fabrik; zuletzt „Mitinhaber u. Director des Fraunhofer Opt. Instituts". Die dort gebauten Fernrohre gingen in zahlreiche große Sternwarten (u. a. das von Fraunhofer begonnene Heliometer nach Königsberg, → Bessel). Sein Sohn **Sigmund Ritter von Merz** (1824 M. – 1908 M.) führte das Unternehmen erfolgreich fort; die Grabschrift weist ihn als „Rentner und vormals Inhaber u. Director des Fraunhofer Opt. Inst." aus.

▭ mit Inschriften für beide (mit Bronze-Medaillons) an der Nordwand der St. Stephanskirche, Alt. Südl. Friedh.

**Oskar von Miller** [Abb. 111] (1855 M. – 1934 M.), Ingenieur

> *Miller ist wohl die stärkste Persönlichkeit gewesen, der ich je begegnet bin, ein großes Original, ein glänzender Organisator, noch im Alter voll eigener Ideen.*
>
> Der Psychiater Osw. Bumke über O. v. Miller (Erinnerungen und Betrachtungen, 1952)

Vater war der bedeutende Erzgießer Ferd. v. Miller. Oskar v. M. organisierte 1882 die 1. dt. Elektrizitätsausstellung in M. (mit elektr. Energie-Übertragung Miesbach – M., 57 km), 1884–90 Leiter der dt. Edisonges. f. angewandte Elektr., dann eines techn. Büros f. Elektrizitätsversorgung; 1891 Drehstromübertragung Lauffen a. Neckar – Frankfurt, 180 km; Walchenseekraftwerk (1918–24) und Bayernwerk (1921; Bayer. Elektrizitätsversorgung) gehen auf seine Initiative zurück, vor allem aber auch die Gründung (1903) des Dt. Museums von Meisterwerken der Naturwiss. und Technik in M.

▭ auf dem kleinen Neuhausener Friedh. (Winthirstr.). Die Außenwände der Kapelle mit zahlreichen **GT** der Familie M. (u. a. Kopfrelief

von Osk. v. M.) und zwei großen Kreuzigungsgruppen; große Bronze-(Gruft-)Platte für Osk. v. M. Büste im Dt. Museum.
→ Kochel

**Georg Simon Ohm** [Abb. 112] (1787 Erlangen – 1854 M.), Physiker

> *Es ist mir alles so neu, und ich bin zu alt, um an Neuem Vergnügen zu finden.*
>
> Ohm in einem Neujahrsbrief aus München 1850 an seine Schwester

O. erreichte in M. 1849 das erstrebte Ziel, Univ.-Prof. zu werden, starb aber schon 5 Jahre später.

□ Alt. Südl. Friedh. (15-1-41) (liegd. Steinplatte). **Δ** (Marmor-Sitzbild; Ruemann – A. v. Thiersch) ist kümmerlich unter dem Überweg zwischen der alten TH und den neuen Inst. aufgestellt (Theresienstr.).
→ Erlangen, Köln, Nürnberg

**Max** (seit 1883 von) **Pettenkofer** [Abb. 100, 113] (1818 Lichtenheim – 1901 M.), Hygieniker

> *Die Kunst zu helfen kann viel Leiden lindern,*
> *doch schön ist auch die Kunst, die es versteht,*
> *viel Leiden im Entstehen schon zu hindern.*
> *Was man von Gott und Heiligen sonst erfleht,*
> *als Pest- und schwarzen Todes Überwindern,*
> *das nimmt nun Hygiene ins Gebet.*
> *Sie strebt, der Übel Wurzel auszurotten*
> *und geht ans Werk trotz Zweifelei und Spotten.*
> *Auch das wird Gott gefallen.*
>
> Pettenkofer im Goldenen Buch der Stadt München.

Abb. 111. O. v. Miller, München (Friedhof Winthirstr.)

Abb. 112. G. S. Ohm, München

Abb. 113. M. Pettenkofer, München

*Selbst wenn ich mich täuschte und der Versuch lebensgefährlich wäre, würde ich dem Tod ruhig ins Auge sehen; denn es wäre kein leichtsinniger oder feiger Selbstmord, ich stürbe im Dienste der Wissenschaft wie ein Soldat auf dem Felde der Ehre.*

Der 74jährige, „der die Lasten des hohen Alters spürt", vor seinem Cholera-Selbstversuch

P. wurde 1853 Prof. der med. Chemie, 1865 der Hygiene in M. (erster hygienischer Lehrstuhl in Deutschland!); Begründer der modernen Hygiene auf naturwissenschaftlicher Grundlage. Erfolgreich verbesserte er die hygien. Verhältnisse in M. (Kanalisation, Wasserversorgung). Für Seuchen machte er in erster Linie den Boden verantwortlich; heroischer Selbstversuch mit Cholerabazillen am 7. 10. 1892, der zwar glücklich ausging, doch R. Koch nicht widerlegte. Der Alternde endete sein Leben durch Erschießen.

▭ Alt. Südl. Friedh. (31-1-34; einfache liegd. Steinplatte, das ursprüngl. ▭ im Kriege zerstört). **Δ** (Marmor-Sitzbild; Ruemann u. A. Mayer, 1909) Maximiliansplatz, gegenüber Liebig.
→ Lichtenheim

**Ludwig** (später von) **Radlkofer** (1829 M. – 1927 M.), Botaniker

*Beim Jubiläum der Universität im November 1926 schritt der fast Achtundneunzigjährige auf dem weiten Weg des Festzuges mit. Als er in der Residenzstraße den Gürtel seines Talars verlor, hob ihn Pringsheim, nur ein guter Siebziger, mit den Worten auf: „Nicht so schlimm, wie wenn ein junges Mädchen den Gürtel verliert". Radlkofers Lebensaufgabe war eine Monographie der Sapindaceen. Leider blieb sie unvollendet. Aber sein Testament errichtete eine Stiftung zugunsten dieser „Familie".*

R. Willstätter (Aus meinem Leben, 1949)

▭ Alt. Südl. Friedh. (Mr 89)

**Georg Friedrich** (später von) **Reichenbach** (1771 Durlach, jetzt Stadtteil von Karlsruhe – 1826 M.), Mechaniker und Ingenieur

> *Reichenbach ist ein sehr lieber Mann, der mich mit Gefälligkeit überhäuft, sein Haus liegt in der Vorstadt, hat eine äußerst angenehme Lage und trägt das Gepräge von großer Wohlhabenheit.*
>
> C. F. Gauß in einem Brief, 16. 4. 1816

R. war zuerst bayer. Offizier; Studienaufenthalt in England; 1811 nahm er den Abschied aus dem Heer, nachdem er – Sohn eines Mechanikers! – schon vorher u. a. eine Kreisteilungsmaschine konstruiert hatte. Werkstätte für opt. Instrumente (mit Liebherr und Utzschneider) zuerst in M., dann in Benediktbeuern (dort wirkte J. Fraunhofer mit). Gauß und andere rühmten R.s vorzügliche Instrumente (besonders die Theodolithen). Meisterleistungen des Ingenieurs waren auch die Soleleitungen Reichenhall-Rosenheim (1810) und Berchtesgaden-Reichenhall (1817) mit neu erdachten Wassersäulenmaschinen.

□ Alt. Südl. Friedh. (AA11, neben dem von Fraunhofer) mit der (nicht mehr vorhandenen) Inschrift „Sein Name genügt, sein Denkmal sind seine Werke“.

**Wilhelm Conrad Röntgen** (1845 Lennep – 1923 M.), Physiker

> *Röntgen traf ich am häufigsten an der Universität beim Medizinerexamen. Auch ein Heiliger kann sich in der ärztlichen Vorprüfung nicht treu bleiben. Ich sah Röntgen ungeduldig, gereizt, ärgerlich, zornig und wütend; er war ein unbeliebter Examinator. Leider hatte Röntgen ein schweres Ende; er starb an Carcinom.*
>
> R. Willstätter (Aus meinem Leben, 1949)

> *Er war übervorsichtig geworden mit der Veröffentlichung seiner Ergebnisse; immer wieder mußten neue Bestätigungen gesucht werden, und so kam nichts recht zum Abschluß.*
>
> M. v. Laue über Röntgen in München (Mein physikalischer Werdegang, 1952)

R. kam 1900 aus Würzburg nach M. 1901 erhielt er als erster den Nobelpreis für Physik. – □ in Gießen

**GT** (mit Halbrelief des Kopfes) am Wohnhaus (1919–23) in M.-Bogenhausen, Maria-Theresia-Str. 11
→ Remscheid-Lennep, Zürich, Würzburg, Gießen

**Sir** (seit 1784) **Benjamin Thompson Graf von** (seit 1791) **Rumford** [Abb. 114] (1753 Woburn/Mass. – 1814 Auteuil b. Paris), Physiker, Offizier und Staatsmann

*Lustwandler steh.*
*Dank stärket den Genuss.*
*Ein schoepferischer Wink Carl Theodors,*[102]
*vom Menschenfreunde Rumford*
*mit Geist, Gefühl und Lieb' gefasst.*
*hat diese ehemals oede Gegend*
*in das, was du nun um dich siehst, veredelt.*

Inschrift am Rumford-Denkmal im Engl. Garten

Im nordamerikanischen Freiheitskriege (1776) floh R. nach England; seit 1784 in bayer. Dienst, wo er energisch und segensreich wirkte (Reorganisation der Armee, Anlage von Schulen und Arbeitshäusern, Kartoffelanbau u. a.). Beobachtungen beim Bohren von Geschützrohren führten ihn zu Überlegungen über die Reibungswärme. 1798 zurück nach England (Gründung der Roy. Institution), 1802 nach Frankreich (Heirat mit der Witwe von Lavoisier).

**Δ**(Bronzestandbild; Zumbusch, 1867) Maximilianstr. (gegenüber dem **Δ** von Fraunhofer). **Δ** (stark verwittert; Schwanthaler d. Ä., 1795/96), Vorderseite zwei allegorische Figuren, Rückseite poet. Lob für den Gründer des Engl. Gartens (s. oben!) am Süd-Ende des Engl. Gartens, nahe dem Nationalmuseum.

**Christoph Scheiner** (1575 Wald b. Mindelheim – 1650 Neisse/Schles.), Mathematiker und Astronom, Prof. in Ingolstadt, Innsbruck, Freiburg i. Br., zeitweise auch in Wien und Rom, seit 1622 Vorstand des Jesuitenkollegs Neisse in Schlesien. Sch. erfand einen Pantographen, baute Fernrohre und entdeckte 1611 (wie → Fabricius und Galilei) die Sonnenflecken, berechnete damit auch die Umdrehungsdauer der Sonne.

Büste in der Ruhmeshalle an der Bavaria. – ▭ in der Jesuitenkirche Neisse.

**Erich Schoenberg** (1882 Warschau – 1965 Brannenberg), Astronom, habilitiert in Dorpat, 1926–45 Prof. und Direktor der Univ.-Sternwarte Breslau, seit 1946 M.

▭(Steinrelief mit Astronom m. Fernrohr und Frauengestalt) Friedh. Bogenhausen (westl. Mauer)

**Franz von Paula Schrank** (1747 Vornbach a. Inn – 1835 M.), kath. Priester und Botaniker, 1784 Prof. in Ingolstadt, dann in Landshut, 1809 Dir. des Bot. Gartens M.

▭Alt. Südl. Friedh. (Ml 180). **Δ** (Steinbüste auf hoher Säule) Bot. Garten Nymphenburg, am äußersten Weg im Westen (hinter dem Alpinum).

**Hugo** (seit 1903 von) **Seeliger** (1849 Bielitz/Österr. Schlesien – 1924 M.), Astronom

> *Der alte Gelehrte, dessen Auftreten das bescheidenste war, vertrug keinen Widerspruch; er konnte in der Sitzung daran erinnern, wer denn eigentlich die Fakultät berühmt gemacht habe ... Es gab zwischen Seeliger und seinem Duzfreund, dem Rechtshistoriker K. v. Amira, eine kleine Meinungsverschiedenheit und einen großen Streit. Amira stand auf und eilte fort. An der Tür aber drehte er sich um, ehe er sie zuschmetterte, und rief dem Präsidenten zu, plötzlich Sie zu ihm sagend: „Ich hoffe, Sie in diesem Leben nie wiederzusehen!" Seeliger rief rasch ihm nach: „Ich Sie auch nicht im Jenseits!"*
>
> R. Willstätter über den Akademiepräsidenten v. Seeliger (Aus meinem Leben, 1949)

S. war Schüler von Bruhns (Leipzig); in Bonn bei Argelander, dort 1877 habilitiert, leitete kurze Zeit die Sternwarte Gotha, 1882 Prof. in M. Er beschäftigte sich mit Stellarstatistik, Doppelsternen, der säkularen Drehung des Merkur-Perihels (im Zusammenhang mit der Relativitätstheorie).

□ (mit großem Bronzeengel) Friedh. Bogenhausen (Mauer westl. vom Eingang).

Abb. 114. B. T. v. Rumford, München

Abb. 115. F. v. Siebold, München

**Alois Senefelder** (1771 Prag – 1834 M.), der „Erfinder" (richtiger: Vervollkommner) der Lithographie, lebte und starb in M.

□Alt. Südl. Friedh. (Nr. 5-2-1). **GT** Sendlinger Torplatz 5. **Δ** Marsplatz.
→ Solnhofen, Lage

**Karl Theodor Ernst v. Siebold** (1804 Würzburg – 1885 M.), Mediziner und Zoologe, Vetter von Philipp Franz v. S., war seit 1853 Prof. der Physiologie, Anatomie und Zoologie in M. Er erkannte u. a. die Protozoen als selbständige Tiergruppe und die Parthenogenesis der Bienen.

□Alt. Südl. Friedh. (Nr. 37-1-1)
→ Würzburg, Combe Varin

**Philipp Franz** (seit 1842 Jonkheer) **v. Siebold** [Abb. 115, 156, 157) (1786 Würzburg – 1866 M.), Arzt und Japanforscher.

□(in Form einer Pagode, mit Porträtrelief, R. Schwanthaler) Alt. Südl. Friedh. (Nr. 33-13-5)
→ Würzburg, Leiden, Wien

**Johann Georg** (seit 1825 von) **Soldner** (1776 Georgenhof – 1833 Bogenhausen), Astronom; die Sternwarte M.-Bogenhausen wurde von ihm erbaut und von 1817 bis zu seinem Tode geleitet.

□Friedh. Bogenhausen. An der Kirchenmauer Grabplatte für den „Erfinder des jetzt in ganz Deutschland angewandten Soldnerschen Coordinatensystems". **Δ** (2 m große Erd- oder Himmelskugel aus Kalkkonglomerat), Eisenband mit stilisierten Landmessern und der Inschrift „Caclum dimensravi/Tellusque Bavariae/Die Gestirne habe ich vermessen/ und das Land Bayern", Öttingenstr. 1 (Ecke Liebigstr.)
→ Georgenhof

**Arnold Sommerfeld** (1868 Königsberg/Ostpreußen – 1951 M.), Physiker

> *Es war ein Geheimrat im alten Stil mit sehr entschiedenen Ansichten über Moral, Politik, Benehmen und so weiter. Pauli pflegte von ihm zu sagen: „Er sieht aus wie ein alter Husarenoberst."*
>
> Th. S. Kuhn (aus: A. Hermann, W. Heisenberg, 1976)
>
> *Ich glaube, daß Sommerfelds Verdienste niemals angemessen gewürdigt wurden; er hätte den Nobelpreis bekommen müssen.*
>
> M. Born (Mein Leben, 1975)

Promotion in Mathematik (bei Neumann – Königsberg); dann bei F. Klein in Göttingen, Prof. der Mathematik in Clausthal, der techn. Mechanik in Aachen, der theor. Physik in M. Er war nicht nur ein hervorragender Forscher, sondern auch ein glänzender Lehrer mit vielen bedeutenden Schülern (Debye, Heisenberg, Pauli u. a.).

□Nördl. Friedh. (Mauer „rechts", gegenüber Abt. 125)

**Karl August** (später von) **Steinheil** (1801 Rappoltsweiler/Elsass – 1870 M.) Astronom und Techniker. Schüler von Bessel; seit 1835 Prof. der Math. und Physik in M. Er verbesserte elektromagn. Telegraphen und organisierte das Telegraphenwesen. 1854 gründete er eine optisch-astronomische Werkstätte (von seinem Sohn Hugo Adolph und dessen Sohn Rudolf erfolgreich weitergeführt).

▭ Alt. Südl. Friedh. (Nr. 34-1-20); abgebrochene Säule mit Inschrift „Dedit alas cogitatis“[103]

**Josef v. Utzschneider** (1763 Rieden/Staffelsee – 1840 M.), Techniker und Unternehmer, Hofkammerrat, 2. Bürgermeister von M. Er förderte den jungen Fraunhofer und begründete mit Reichenbach und Liebherr das „math.-mechanische Institut“, das spätere „Fraunhofer Opt. Institut“. (→ Merz).

▭ Alt. Südl. Friedh. (AA 32) mit Inschrift „Dem edelsten Vaterlandsfreunde“

**Wilhelm Wien** (1864 Gaffken/Ostpreußen – 1928 M.), Physiker

> *Die Erinnerung an diesen hochbedeutenden, wissenschaftlich anregenden, vornehmen, gütigen und zugleich sportfreudigen Gelehrten gehört zu den schönsten meines Daseins.*
>
> v. Laue über W. Wien (Mein physikalischer Werdegang, 1952)

Der Sohn eines ostpreuß. Gutsbesitzers war Prof. in Aachen, Gießen, 1900–20 Würzburg und 1920–28 M. (wie in Würzburg Nachfolger von Röntgen). Schon 1893 fand er (bei Helmholtz) das W.sche Verschiebungsgesetz, 1896 das W.sche Strahlungsgesetz; 1911 Nobelpreis f. Physik für seine Untersuchungen über Wärmestrahlung. Später beschäftigte er sich mit Kathoden- und Kanalstrahlen. – Der Physiker Max Wien (1866 Königsberg – 1938 Jena) war sein Vetter.

▭ (mit Darstellung der Athene) Waldfriedh. Fürstenrieder Str. (Abt. 178). Seitlich Büste seines Sohnes Karl W. (1906–37), der am Nanga Parbat von einer Eislawine verschüttet wurde.

---

**Münden** (früher: Hann.-Münden; am Zusammenfluß von Werra und Fulda)

In Hann.-Münden (berühmt durch den Arzt Dr. **Eisenbart,** der dort „besser als sein Ruf“ wirkte und 1727 starb, Epitaph an der St. Ägidien-Kirche) war 1868–83 der Chemiker **Alexander Mitscherlich** Prof. an der Forstakademie (1836 Berlin – 1918 Oberstdorf), Sohn von → Eilhard M. Er entdeckte das Verfahren, Holz durch Sulfit-Lauge für die Papierverarbeitung aufzuschließen und gründete in H.-M. die erste Zellulosefabrik.

**Münsingen** (südöstl. Bern)

*Der sich die Pfeiler des Himmels, die Alpen, die er besungen, zu Ehrensäulen gemacht.*

Inschrift an der Säule

Unmittelbar an der Bahnstrecke (Bern-) M.-Thun, südwestl. vom ehemaligen Landsitz Neuhaus (jetzt Altenheim), steht eine viereckige Säule mit Urne, die **Albrecht v. Haller** um 1795 von Nik. Friedrich von Mülinen gewidmet wurde.[104]
→ Bern, Göttingen, Goumoens-le-Jux

**Münster** i. Westfalen
Universität gegr. 1773, aufgehoben 1818, seit 1844 wieder neu aufgebaut

**Bernhard Altum** (1824 M. – 1900 Eberswalde), Zoologe. Der Sohn eines Schuhmachers studierte zuerst kath. Theologie (1849 Vikar), wandte sich aber dann der Zoologie zu, besonders der Forstzoologie und Ornithologie. 1869 Prof. d. Zoologie an der Forstakademie Eberswalde.
**Δ**(Säule mit Eule; A. Schlick und F. Brick, 1962) in den Anlagen an der Kreuzschanze. Das ursprüngliche Bronze-**Δ** wurde im Kriege eingeschmolzen.

**Gerhard Domagk**
→ Lauheide

**Wilhelm Hittorf** (1824 Bonn – 1914 M.), Physiker und Chemiker.

*Hittorf ... hat auf dem Gebiete der Physik und Chemie keine größeren Arbeiten zu Tage gefördert; ja es gibt sich hier eine förmliche Armuth kund ... Desto thätiger wurde Hittorf, als die kirchenfeindliche Strömung im Jahre 1870 an der philosoph. Facultät zum Durchbruch kam. Er unterschrieb die Adresse an Döllinger gegen die Lehre von der Unfehlbarkeit des Papstes ... war entschieden gegen die Anstellung eines Geistlichen an der Facultät ...*

Erinnerungen von einem alten Münsteraner [H. J. Kappen], 1880

*Ein Einzelgänger, ein Mann, der auf keines Meisters Worte schwor, und der sich von keinen Schwierigkeiten abschrecken ließ ... Er erfuhr in seinem 90jährigen Leben die ganze Tragik des Forschers, dessen Ansichten von den Zeitgenossen ... bekämpft wurden.*

H. Schimank (Neue dt. Biogr.)

H. war Schüler von Plücker (→ Bonn) und bereits 1847 Prof. der Physik und Chemie in M. 1889 legte er aus Krankheitsgründen die Professur nieder. H. hat grundlegende Untersuchungen über Elektrolyse durchgeführt und lange vor W. Crookes die Haupteigenschaften der „Strahlen des Glimmens“ (später Kathodenstrahlen genannt) festgestellt. An der Wiederumwandlung der Akademie M. in eine Universität war H. maßgeblich beteiligt. Ehrenbürger von M.

□Zentralfriedh. (Überwasser-West) mit Grabstein für ihn und seine ebenfalls unverheiratete Schwester. **GT** an seinem Wohn- und Sterbehaus Langenstr. 11 (die ursprüngliche Bronzetafel im Kriege eingeschmolzen; neue, steinerne Tafel 1948).

**Hermann Landois** [Abb. auf dem Umschlag] (1853 M. – 1905 M.), Zoologe

*Un well't von vüörn nich lieden kann,*
*magt Achterdeel betrachten.*

H. Landois über sein Denkmal

L. war zuerst kath. Priester (später suspendiert), dann Zoologe und seit 1873 a. o. Prof. an der Akademie M., ist auch als humorvoller Heimatschriftsteller hervorgetreten und war Münsterisches Original: „der volkstümlichste Mann Westfalens" (H. Löns). Gründer des Zool. Gartens; beschrieb den größten bekannten Ammoniten (gefunden in Seppenrade, Westf., Original im Westf., Original im Westf. Landesmuseum f. Naturkunde M.).

□Zentralfriedh. M. (Abt. Überwasser-I) mit Bronzemedaillon. **GT** (mit Medaillon) am Geburtshaus (Rothenburg 33, im Krieg zerstört, aber wieder aufgebaut). **Δ** (A. Schiemann) im neuen („Allwetter"-)Zoo (nahe dem Eingang). L. hat es zu seinen Lebzeiten für den von ihm geschaffenen alten Zool. Garten anfertigen und vor seinem dortigen Wohnhaus („Tukkesburg") aufstellen lassen. Es zeigt ihn in Lebensgröße (mit langer Pfeife und Zylinder); der Zylinder ist hohl und als Meisenkasten benutzbar.[105]

**Niels Stensen** [Abb. 130] (Nicolaus Steno; 1638 Kopenhagen – 1685 Schwerin), Arzt, Geologe und Bischof. Der Konvertit war 1680–81 Dechant an der St. Ludgeri-Kirche M.

**GT** (Medaillon) im Innern der Ludgeri-Kirche (Ludgeristr.), unter dem linken Querbalken eines Kreuzes (rechts: Medaillon von Edith Stein, ermordet 1942). Das Kreuz (mit einer Christus-Figur) befindet sich heute in einer Nische unter dem Südwestturm, bei der Bombenzerstörung der Kirche wurden die beiden Arme des Gekreuzigten abgerissen, ein Splitter traf das Herz.
→ Schwerin, Lilienthal

---

**Münstereifel** (Stadt an der Erft am Nord-Rand der Eifel)

M. ist der Geburtsort von **Friedrich Haass** (1780 M. – 1853 Moskau), der seit 1906 in Moskau segensreich als Arzt wirkte und sich besonders der Gefangenen annahm („Heiliger Doktor" von Moskau, Briefmarke der Bundesrepublik Deutschland 1980).

**GT** am Geburtshaus

**Muralto** bei Locarno (Lago Maggiore, Schweiz)

**Richard Willstätter** [Abb. 116] (1872 Karlsruhe – 1942 M.), Chemiker

*Ich hörte, daß viele, die in letzter Zeit, nach Überwindung mancher Ängste und Gefahren, Deutschland verlassen konnten, jenseits der Grenze vor Freude den Hut schwenkten; ich möchte weinen.*

R. Willstätter, als er am 4. 3. 1939 die Schweizer Grenze überschritt.

W. war Schüler von A. v. Baeyer in München; 1905 Prof. an der ETH Zürich, 1912–16 Dir. des KWI f. Chemie in Berlin-Dahlem. 1916 Nachfolger Baeyer's in München. Seine Untersuchungen galten besonders den pflanzlichen Alkaloiden, Atropinen, Cocainen, dann den Chinonen und dem Chlorophyll. 1915 Nobelpr. f. Chemie „für seine Untersuchungen der Farbstoffe im Pflanzenreich, vor allem des Chlorophylls". Er sah die Ereignisse von 1933 voraus, legte 1925 sein Amt nieder und emigrierte 1939 in die Schweiz.

▭ Friedh. M. (Remo Rossi, 1956), mit einem mächtigen Würfel aus grünem Serpentin von Poschiavo; das Relief auf der Vorderseite zeigt rechts Pallas Athene und Eule als Symbole der Wissenschaft, links Symbole des Chem. Labor.[106]

**Neandertal,** Tal der Düssel, östl. von Düsseldorf, nach dem Kirchenliederdichter Joachim Neander benannt (→ Düsseldorf)

An der Straße durch das Neandertal, 200 m westl. vom Ort Neandertal (im Ort Standbild eines „Neandertalers"!) der efeu-umrankte Kalkfelsen Rabenstein mit einer **GT** (1926) „Zur Erinnerung an die Entdeckung des Neandertalmenschens durch Prof. Dr. **Carl Fuhlrott,** Elberfeld, im Sommer 1856". Die Skelettreste (jetzt im Landesmuseum Bonn) wurden in einer längst abgebauten Höhle (Feldhofer Grotte) gefunden. Plaketten mit dem Kopf von Fuhlrott und Neander am Eingang zum nahen Neandertal-Museum.
→ Leinefelde, Wuppertal-Elberfeld

**Neapel**

**Anton Dohrn** (1840 Stettin – 1909 München), Zoologe, gründete in N. eine leistungsfähige Zoologische Station (1874 eröffnet), in der zahlreiche bedeutende Forscher Untersuchungen durchgeführt haben. Ein Bronzerelief (A. Hildebrand, 1913) des Gründers im Hof des Ostteils. In der Station auch eine Büste (ebenfalls von A. Hildebrand) des großen baltendt. Physiologen K. E. v. Baer (→ Dorpat). Das erste Expeditionsschiff der Station erhielt den Namen „Johannes Müller" (→ Koblenz, Berlin).

**Neuchâtel** (Neuenburg; Hauptstadt des gleichnamigen Schweizer Kantons[107])

**Louis Agassiz** [Abb. 117] (1807 Môtier – 1873 Cambridge, Mass.) Paläontologe und Eiszeitforscher, wirkte 1832–46 an der Univ. N.

**Δ**(Marmorbüste, 1887) im Treppenhaus des alten Universitäts-Gebäudes.
→ Môtier, Pierrabot, Handegg, Bern

**Arnold Henry Guyot** (1807 Boudevilliers bei N. – 1884 Princeton, N. J., USA), Geologe

> *Quelle que soit la longueur du temps que Darwin demande pour ses transformations, elle ne suffirait jamais à faire d'un singe un homme.*[108]
>
> A. Guyot (La Création ou la Cosmogonie biblique à la lumière de la science moderne, 1885)

Seit 1848 wirkte G. in den USA, 1854–84 Prof. in Princeton. Untermeerische Kuppen mit ebenem Gipfelplateau (vor allem im Pazifik) werden Guyots genannt (H. H. Hess, 1946)

**Δ**(Marmorbüste, 1892) im alten Universitäts-Gebäude (Abb. in Schwarzbach 1981[7a]).
→ Pierrabot, Combe Varin

**Bad Neuenahr** (Ahr)

Der Bischofsweg (richtiger: Bischofweg) südlich von Bad N. erinnert an den Bonner Geologen **Gustav Bischof,** der an der Untersuchung des Apollinarisbrunnens (entdeckt 1852 von dem Kaufmann Kreuzberg)

Abb. 116. R. Willstätter, Muralto

Abb. 117. L. Agassiz, Neuchâtel

maßgeblich beteiligt war. Der Bischofsweg ist ein befestigter Waldweg, der von der Straße Bad N.-Königsfeld oberhalb des Aussichtspunktes Rheinblick nach S abzweigt und den W-Abfall der Basaltkuppe Burg Neuenahr umzieht.[109]
→ Bonn

---

**Neuruppin** (nordnordwestl. Berlin)

**Paul Beiersdorf** (1836 N.– 1896 Berlin), Pharmazeut, übernahm 1880 die Merkurapotheke in Hamburg, stellte dermatologische Präparate her und entwickelte Heilpflaster (u. a. Leukoplast)
Geburtshaus (die ehemaligen B.sche Apotheke) Wilh. Pieck-Str. 5 (ohne GT)

**Hans Hager** (1816 Düben – 1897 N.), Pharmazeut, war Apotheker in Fraustadt und Berlin, lebte dann bei Fürstenberg (Oder), Frankfurt a. O. und seit 1896 bei seinem Sohn in N. Sein „Manuale pharmaceuticum" (zuerst 1859) und das „Hb. d. pharmaz. Praxis" (1875) waren Standardwerke. Dr. h. c. Jena.

▭ Friedhof (Abt. 9; roter Granit mit Bronzemedaillon); „Gestiftet von seinen dankbaren Fachgenossen"; „Abiit non oliit".[110]

Abb. 118. Th. Schwann, Neuß

Abb. 119. G. v. Neumayer, Neustadt

## **Neuß** (bei Düsseldorf)

**Theodor Schwann** [Abb. 118] (1810 N. – 1882 Köln), Biologe; Schüler von Joh. Müller, seit 1839 Prof. in Löwen und seit 1848 Lüttich (Liège). Sch. entdeckte u. a. 1836 das Pepsin. Er zeigte, daß Tier- und Pflanzenzelle prinzipiell übereinstimmen; er und Schleiden (→ Frankfurt) begründeten die „Zellentheorie der Organismen". 1880 gab er seine Lehrtätigkeit auf, nachdem er in den letzten Jahrzehnten kaum noch wissenschaftlich tätig gewesen war. 1882 erlag er einem Schlaganfall während eines Weihnachtsbesuches bei seinem Bruder in Köln.

Große **GT** am Geburtshaus (Krefelder Str. 18, nahe der Neustraße).

**Δ** (Bronzesitzbild; 1909, J. Hammerschmidt) am Postamt (Kreuzung Neu- und Promenadenstr.). Ein Gymnasium in N. trägt seinen Namen.
→ Lüttich (Liège)

## **Neustadt** an der Weinstraße (Rheinpfalz)

**Hans Geiger** (1882 N. – 1945 Potsdam), Physiker; arbeitete bei Rutherford in Manchester, seit 1912 an der Phys.-Techn. Reichsanstalt Berlin, 1925 Prof. in Kiel. Dort konstruierte er mit Walther Müller das Geiger-Müller-Zählrohr („G.-Zähler") zum Nachweis radioaktiver Strahlung. 1929 Prof. in Tübingen, 1936 TH Berlin. – Sein Bruder Rudolf G. (geb. 1894) begründete die Mikroklimatologie.

**GT** am Geburtshaus (Maximilianstr. 11, Druckerei Meiniger).
→ Kiel

**Georg** (später von) **Neumayer** [ Abb. 86, 119] (1826 Kirchheimbolanden – 1909 Hamburg), Ozeanograph und Geophysiker, herausragender Leiter der Dt. Seewarte, hatte seit 1903 seinen Ruhesitz in N.; dort ist er auch begraben (Rundtempel auf dem Stadtfriedh.).
→ Kirchheimbolanden, Weisenheim a. Berg, Hamburg

## **Neuwied** am Rhein

Das Schloß N. war der Wohnsitz des Brasilien-Forschers **Maximilian Prinz zu Wied** (1783 N. – 1867 N.).
→ Göttingen

**Nieder-Uzwil** (westl. St. Gallen, Schweiz)

**Oswald Heer** [Abb. 120, 159] (1809 N.U. – 1883 Lausanne), Naturforscher, Paläobotaniker. Der Pfarrerssohn studierte Theologie, wandte sich aber nach dem Examen ganz der Entomologie und Botanik zu. Der liebenswerte und bescheidene H. hat den größten Teil seines Lebens in Zürich verbracht. 1834 habil. f. Botanik, 1852 o. Prof. der Botanik und Entomologie, 1834–82 leitete er den Bot. Garten. 1852 hielt er sich wegen eines Lungenleidens in Madeira auf. Paläoklimatologisch grundlegend sind seine Untersuchungen über die tertiären Floren der Schweiz und der Arktis. Allgemeinverständlich geschrieben ist „Die Urwelt der Schweiz".[93]

**GT** am Geburtshaus, einem alten Schindelhaus, Osw.-H.-Gasse 3 (Querstr. der Marktstr.; nahe der Post).
→ Matt, Zürich, Combe Varin

In **Niesky** (nördl. Görlitz) liegt der Geologe **Sergius v. Bubnoff** begraben (1888 St. Petersburg – 1957 Berlin), Prof. in Breslau, Greifswald und (seit 1950) Berlin; er hat in mehreren umfangreichen Büchern (u. a. Geologie v. Europa; Erdgeschichte) eine Fülle von Einzeltatsachen von hoher Warte dargestellt.

**Nürnberg**

**Martin Behaim** (? 1459 N. – 1507 Lissabon), bereiste von Lissabon aus mit Diego Cão die Westküste Afrikas, fertigte 1492 in N. einen „Erdapfel" (einen der ältesten Erdgloben) an (jetzt im German.-Nationalmus. N.); dann lebte er wieder in Portugal.

**Δ**(Standbild mit Globus; Hans Rößner, 1890) Theresienplatz.

Abb. 120. O. Heer, Nieder-Uzwil

**Peter Henlein** (? 1480 N. – 1542 N.) stellte als erster Taschenuhren in Dosenform her (die eiförmigen Uhren, die „N.er Eier“, kamen erst etwas später auf).

**Δ**(Standbild, mit Brunnen; M. Meißner, 1905) Hefnersplatz

**Georg Simon Ohm** [Abb. 112] (1787 Erlangen – 1854 München), Physiker, lehrte 1833–49 an der Polytechn. Schule (später: Ohm-Polytechnikum), seit 1839 als Direktor.

**GT** Klaragasse 1
→ Erlangen, Köln, München

**Regiomontanus** (1436 ?Königsberg i. Bay. – 1476 Rom), Mathematiker und Astronom, lebte zeitweise in N. und gab dort in einer eigenen Druckerei (Karthäusergasse) Bahnberechnungen für Planeten heraus, die Seefahrer benutzten.

Eine Sockelfigur des Behaim-**Δ** auf dem Theresienplatz hält ein Buch mit dem Namen „Regiomontanus“ in der Hand.
→ Königsberg i. Bay.

---

**Obergünzburg** (südöstl. Memmingen, an der Günz, Südost-Bayern)

**Bartholomäus Eberl** (1883–1960), kath. Geistlicher und Quartärforscher, verfeinerte die Gliederung der älteren Eiszeitablagerungen im bayerischen Alpenvorland.

**GT** am alten Benefiziatenhaus, Unt. Markt 5 (gegenüber der Sparkasse), wo E. 25 Jahre als Benefiziat wohnte.

---

**Obernhof** a. Lahn (östl. Nassau)

Bei einer geologischen Reise nach → Holzappel kam **Goethe** im Juli 1815 auch auf die Höhen nördlich O., „einer aufgehobenen Abtei [Arnstein] ungefähr gegenüber“, und pries den schönen Blick auf die Täler.

Aussichtsplattform am „Goethepunkt“. Eine Weinlage am nördl. Lahn-Hang bei O. heißt „Goetheberg“.

## **Ober-Ramstadt** bei Darmstadt

**Georg Christoph Lichtenberg** (1742 O. – 1799 Göttingen), Physiker und Schriftsteller.

> *Jedem gebildeten Deutschen aber könnte ich es verargen, der nicht bis Ober-Ramstadt spaziert, wo Lichtenberg 1742 das Licht der Welt erblickte, die er mit lichtem Blick betrachtete.*
>
> Karl Julius Weber (1757–1832)

L. war das 17. Kind eines Pfarrers (seit 1745 Superintendent in Darmstadt), der sich auch als tüchtiger Baumeister bewährte (Alt. Rathaus O., Kirchen u. a. in Neunkirchen und Pfungstadt im nördl. Odenwald). L., körperlich unansehnlich und verwachsen, wirkte hauptsächlich in Göttingen. Er hat die durch elektr. Büschelentladung entstehenden Staubfiguren beschrieben („L.sche Figuren"). Berühmt und noch heute aktuell ist er durch seine zahlreichen meisterhaften Aphorismen.

**GT** von 1843 am Ev. Pfarrhaus (das alte Pfarrhaus, die eigentliche Geburtsstätte, steht nicht mehr). Im nahen Heimatmuseum (dem Alten Rathaus, von L.s Vater gebaut) zahlreiche Erinnerungsstücke. Mehrere L.-Symposien wurden durch den Verein f. Heimatgesch. in O. veranstaltet. Zur Jugendzeit von L. siehe auch → Seeheim.
→ Göttingen

## **Bad Oeynhausen** (an der Weser)

> *Des Königs Majestät haben geruht, der Badeanstalt zu Neusalzwerk durch allerhöchste Ordre vom 25. August d. J. den Namen „Bad Oeynhausen" beizulegen.*
>
> Amtsblatt der Regierung Minden, 9. Sept. 1848

Die Auffindung der in 696 m Tiefe erbohrten Heilquelle des heutigen Staatsbades ist **Carl Aug. Ludw. v. Oeynhausen** [Abb. 68] zu verdanken. Die Bohrung galt ursprünglich der Suche nach Steinsalz, das aber nicht gefunden wurde; sie war damals die tiefste Bohrung Europas und wurde trotz großer technischer Schwierigkeiten in 15 Jahren niedergebracht; Temperatur in der Tiefe 32.7°[111].
O. war als Bergrat in Dortmund, Halle, Bonn, Brieg-Breslau tätig und seit 1855 Berghauptmann in Dortmund. Von ihm stammt die erste geologische Beschreibung Oberschlesiens.

**Δ**(Büste) vor dem Badehaus I (Herforder Str., außerhalb vom Kurpark); ferner im Kurpark eine Granitsäule, 1886 gestiftet „zum ewigen Andenken" an O. von „einem Kurgast".
→ Grevenburg

Der Alexander-von-Humboldt-Sprudel (1035 m, erbohrt 1973) hat keine besonderen Beziehungen zu Humboldt.

**Offenburg** (Baden)

> *Die Idee im Kopfe, oder die Abhandlung in der Tasche und ein freundliches Gesicht, ist hinlänglicher Reiseapparat.*
>
> Oken in der Einladung zu der ersten Naturforscherversammlung 1821

Die Vorfahren von **L. Oken** (eigentlich „Ockenfuss") stammen aus O.; „Ockenfuss-Brunnen" im Hof des Hotels „Zur Sonne".

**Δ**(Marmorbüste; Volz 1883) in den Anlagen Ecke Oken- und Franz-Volk-Straße (nahe dem Bahnhof).
→ Bohlsbach, Jena, Pfannenstiel b. Zürich, Zürich

**Oranienburg** (nördl. Berlin)

**Friedlieb Ferd. Runge** (1795 Billwerder b. Hamburg – 1867 O.), Chemiker

> *Er ist ein höchst origineller Mann; ich fand ihn, auf dem Sofa liegend, mit langem gelockten, bis auf die Schulter herabhängendem Haar, in einer Toilette à la Schustergeselle, mit der einen Hand einen Niederschlag filtrierend, während er mit der anderen ein paar Kartoffeln umrührte, die er sich über einer chemischen Lampe briet.*
>
> R. Bunsen über F. F. Runge, den er 1832 in Berlin traf.

R. wurde 1831 Direktor einer der Berliner Seehandlung gehörenden chem. Fabrik in O.; seit 1854 bis zu seinem Tode in O. Pensionär der Seehandlung in „keineswegs glänzenden äußeren Lebensverhältnissen".

Grab-**Δ** (mit Medaillon) Friedh. O., errichtet von der Dt. Chem. Ges. (die 1867, im Todesjahr R.s, gegründet wurde). Im Heimatmus. O. gibt es seit 1956 einen R.-Raum.[112]
→ Hamburg

**Osteel** (südl. Norden, Ostfriesland, Bstr. 70)

**David Fabricius** [Abb. 121] (1564 Esens – 1617 O.), Pfarrer und Astronom.

> *Ich weiß nicht, was ich zu Ihren Schlußfolgerungen in der Marstheorie sagen soll, die Sie mir mit der Geste eines Pythagoras empfehlen und die ich bewundern soll. Soll ich lachen? Aber Sie verdienen Ihres unerhörten Fleißes und Ihres untadeligen Benehmens wegen Besseres.*
>
> Kepler aus Prag an D. Fabricius, 10. 11. 1608

F. wirkte 1603–17 in O. Er war astronomisch und (wie zu jener Zeit nicht selten) auch astrologisch tätig. Mit T. Brahe und J. Kepler stand er in regem Briefwechsel. 1596 entdeckte er im Sternbild des Walfischs den

ersten veränderlichen Stern, Omikron Ceti oder (wie der dt. Liebhaberastronom J. Hevelius in Danzig den rötlichen Stern in Anlehnung an F. später nannte) Mira Ceti (der „wunderbare Stern im Walfisch"). Die Mira-Sterne bilden in der modernen Astronomie eine Gruppe der langperiodischen, pulsierenden Veränderlichen. F. wurde 1617 von einem Bauern (den er in einer Predigt als Dieb erwähnt hatte) erschlagen.[113]
Auch der Sohn von David F., **Johann Fabricius** (1587 Resterhafe b. Dornum – 1615) war ein eifriger Astronom. Er entdeckte 1610 mit Hilfe des damals in Holland erfundenen Fernrohrs unabhängig von Ch. Scheiner und G. Galilei die Sonnenflecken.

Grabschrift für den „Pastor und Astronomis" David F. im Chor der Kirche von O. – **Δ** für David und Johann F., gekrönt von Urania, der Muse der Astronomie mit Sonne und Fernrohr, errichtet auf Anregung der Naturforsch. Ges. Emden auf dem Friedh. in O.
→ Esens

---

**Ostenfelde** (6 km nordwestl. von Oelde, Autobahnausfahrt zwischen Hamm und Bielefeld)

**Karl Weierstraß** [Abb. 122] (1815 O. – 1897 Berlin), Mathematiker

> *Als eifriges Mitglied des Korps Saxonia fehlte Weierstraß, wie er später gern erzählte, keinen Abend auf der Verbindungskneipe.*
>
> E. Lampe über Weierstraß als stud. iur. in Bonn (Gedächtnisrede Phys. Ges. Berlin, 1897).

Abb. 121. Fabricius-Denkmal, Osteel

Abb. 122. K. Weierstraß, Ostenfelde

W. war viele Jahre ein unbekannter Oberlehrer, hauptsächlich in dem ostpreuß. Städtchen Braunsberg. Erst seine Arbeit über die Theorie der Abel'schen Funktionen 1854 machten ihn bekannt; 1855 Dr. h. c. der Univ. Königsberg, 1856 kam er nach Berlin, 1864 dort ord. Prof. d. Math.

**GT** für W., „den berühmten Mathematiker, eine Leuchte der Berliner Universität", an der Mauer vor seiner Geburtsstätte in O., Weierstraßweg.
→ Berlin

---

**Paderborn** (Westfalen)

**Friedr. Wilh. Sertürner** [Abb. 129] (1783 Schloß Neuhaus – 1841 Hameln), wirkte als Apotheker 1799–1806 in P., **GT** Markt 6 (gegenüber dem Dom) „vormals Cramer's Hofapotheke"; hier „entdeckte S. das Morphium".[52]
→ Schloß Neuhaus, Einbeck, Hameln

---

**Pappenheim** (im Altmühl-Tal, Bayern)

**Carl Friedrich Häberlein** (1787 Solnhofen – 1871 P.), „Entdecker des Archaeopteryx", war 1828–71 Landarzt in P. Das erste, aus dem nahen Solnhofen stammende Exemplar des berühmten Urvogels Archaeopteryx, dessen Bedeutung H. erkannte, verkaufte der geschäftstüchtige Sammler an das Brit. Museum London. Sein Sohn Ernst H. in P. sicherte sich das 1877 in Eichstätt gefundene 2. Exemplar; es kam dank der Tatkraft des Senckenberg-Instituts in Frankfurt und von Werner Siemens (→ Berlin) für 20 000 Mark an das Naturkundemuseum in Berlin.[28]

**GT** am Wohnhaus von C. F. H., Beckstr. 16.
**Δ**für Archaeopteryx an der Straße Solnhofen-Eichstätt

---

**Partenkirchen** siehe unter Garmisch-Partenkirchen

---

**Pfannenstiel** (853 m hoher Berg über dem Ostufer des Zürichsees)

Ein großer errat. Block (Sernifit)[114] nahe dem Gasthof mit **GT** ist **Lorenz Oken** gewidmet, „welcher der Ruhm der Zürcher Hochschule war, dem unabhängigen Manne"; errichtet „an seinem Lieblingsplatze" durch Einwohner des nahen Ortes Meilen. Nahebei die Okenshöhe (802 m), seit 1853 „Eigentum der Mittwochgesellschaft Meilen".
→ Bohlsbach, Offenburg, Jena, Zürich

---

**Pierrabot** (Örtlichkeit zwischen Neuchâtel und Valangin; Bl. 1164 [Neuchâtel] 1 : 25 000)

Ein großer erratischer Block [Abb. 123] (> 1000 m³); im Wald, 150 m nordwestl. Pierrabot-Dessus) von Mt. Blanc-Granit, mit **GT**: „A la mémoire de **Louis Agassiz** (→ Môtier, Neuchâtel), **Arnold Guyot** (→ Neuchâtel, Combe Varin), **Edouard Desor** (→ Combe Varin), **Léon Dupasquier**. Pioniers de la glaciologie et de la géologie du Quaternaire. Pierrabot (Pierre crapaud[115]) bloc erratique provenant du Massif de Mt. Blanc, transporté par l'ancien glacier du Rhone. 1966."[116]
Léon Dupasquier (1864–97) war der letzte Vertreter des Neuenburger „mouvement glacialiste" im 19. Jhd.
Der Block steht seit 1838 unter Naturschutz.

---

**Pilatus** (Berg am Vierwaldstätter See, 2132 m)

An dem Zick-Zack-Weg vom Hotel P.-Kulm zum Esel-Gipfel (2122 m) **GT** (mit Kopfrelief) des Geologen **Franz Joseph Kaufmann** (1825 Winikon – 1892), Gymnasialprofessor in Luzern und Konservator des Natur-Museums.[117]

## Potsdam

Auf dem Telegraphenberg mit dem Zentralinst. f. Astrophysik und Physik der Erde der „Einsteinturm", moderner Betonbau, erbaut 1920/21, mit Turmteleskop. Er wurde errichtet im Hinblick auf die Annahme von **Albert Einstein** [Abb. 124], daß sich die Frequenz des Lichtes beim Durchgang durch ein Gravitationsfeld ändere.
→ Ulm, Aarau, Zürich, Bern, Berlin, Caputh

Die Sternwarte der Akad. d. Wissensch. in P.-Babelsberg, Rosa-Luxemburg-Str. 17 A, wurde 1911–13 erbaut. Sie ersetzte die von Schinkel entworfene, 1915 abgerissene Kgl. Berliner Sternwarte am Encke-Platz in Berlin, deren erster Direktor **Johann Franz Encke** (1791 Hamburg – 1865 Spandau) gewesen war, und an der 1846 durch **Joh. Gottfr. Galle** der Planet Neptun entdeckt wurde.

Marmorbüste von E. in der Babelsberger Sternwarte.

**Ernst Haeckel** (1834 P. – 1919 Jena), Zoologe, wurde in der Yorkstr. 7 (früher Am Kanal) geboren; **GT** am Geburtshaus.
→ Jena

An **Friedr. Robert Helmert** (1843 Freiberg i. Sa. – 1917 P.) erinnert der „H.-Turm" im Observatoriumsgelände des Telegraphenberges. 1886 wurde H. Direktor des Preuß. Geodät. Inst. und des Zentralbüros f. internat. Erdmessung in P., gleichzeitig Prof. in Berlin.

Abb. 123. Pierreabot

Abb. 124. Einsteinturm, Potsdam

Das Geburtshaus von **Hermann v. Helmholtz** [Abb. 17] (1821 P. – 1894 Berlin) in der Wilh.-Staab-Str. 7/8 (frühere Hoditzstr.) ist erhalten, GT nicht mehr vorhanden.
→ Berlin

Der Astronom. **H. Karl Vogel** (1841 Leipzig – 1907 P.), „Pionier der Astrospektroskopie", wirkte zusammen mit J. Scheiner am Astrophysik. Observatorium auf dem Telegraphenberg. Beide wiesen 1890 spektroskopisch nach, daß der Stern Algol (β Persei) ein Bedeckungsveränderlicher ist.

□ von V. auf dem Alten Friedh. an der Straße nach Saarmund.

*In P. geboren wurden 1801 der Physiker* ***Moritz H. Jacobi*** *(gest. 1874 in St. Petersburg) und 1804 dessen Bruder, der Mathematiker* ***Carl Gustav Jacobi*** *(gest. 1851 in → Berlin).*

***Karl Schwarzschild*** *[Abb. 60] (1873 Frankfurt a. M. – 1916 P.) war seit 1909 Direktor des Astrophysik. Observatoriums auf dem Telegraphenberg.*
*→ Göttingen, Tautenberg*

---

## **Bad Pyrmont** (im Weserbergland, südwestl. Hameln)

Der damals in Hannover lebende Philosoph **Gottfr. Wilh. Leibniz** traf 1716 in P. mit Zar Peter d. Gr. zusammen; **GT** für Peter am Ratskeller.

**Max Born** [Abb. 55] (1882 Breslau – 1970 Göttingen), Physiker und Nobelpreisträger.

> *Ich liebe das schöne Land um Pyrmont, wo wir uns ein Häuschen bauen (das natürlich Zentralheizung haben wird, die es hier nicht gibt, weil die Schotten so harte Burschen sind, daß sie sich aus Frostbeulen und Arthritis nichts machen). Was die Menschen anbetrifft, so will ich Dir nur sagen, daß in Pyrmont das Hauptquartier der deutschen Quäker ist. Die sind keine „Massenmörder", und manche unserer Freunde dort haben viel Schlimmeres erlitten als Du und ich.*
>
> M. Born aus Edinburgh an A. Einstein, 8. 11. 1953

B.verbrachte die letzten 16 Jahre seines Lebens in P. (Marcardstr. 4). Die Realschule Georg-Victor-Str. trägt seinen Namen.
→ Göttingen

## Quatitz (Krs. Bautzen)

**Andreas Gärtner** (1654 Q. – 1727), der „sächsische Archimedes", Hofmechanikus und Modellmeister unter August I. (dem Starken). Er baute Uhren („Weltzeituhr" im Mus. Dresden), Wasserleitungsanlagen, Feuerspritzen u. a.

Gedenkstätte (1977) in Q.

## Quedlinburg am Harz

**Carl Ritter** (1779 Qu. – 1859 Berlin), Geograph.

> *Der Quedlinburger Brühl gibt sich ästhetischer und ist ein Tiergarten oder ein Bois de Boulogne mit schönen Bäumen und allerlei Bild- und Bauwerken. Karl Ritter, der berühmte Geograph, hat ein gußeisernes Denkmal darin und Klopstock ein Tempelchen mit Büste. Beide waren nämlich geborene Quedlinburger.*
>
> Th. Fontane (Cécile, 4. Bd. S. 270)

R. wurde 1820 der erste Prof.für Geogr. in Berlin. Er gilt als Begründer der Anthropogeographie.

**GT** am Geburtshaus (Ecke der Word). **Δ** im Brühl
→ Berlin

## Regensburg

**Albertus Magnus** [Abb. 87, 94] (? 1193 Lauingen – 1280 Köln), Theologe und Naturforscher, lehrte um ? 1235 in R.; später (1260–62) Bischof von R. Am Westflügel der Dominikanerkirche die Albertus-Kapelle, angeblich einst Lehrsaal, mit altem Lehrstuhl des A. (Schola Alberti Magni).

**Δ**(Büste) an der Mauer rechts vom Eingang der Dominikanerkirche.
→ Lauingen, Köln, Freiburg, Hildesheim, Andernach

**Johannes Kepler** [Abb. 64, 137, 139] (1571 Weil der Stadt – 1630 R.), Astronom

> *Am Tage der Mondfinsternis wurde er dort begraben. Er sollte von oben beobachten, was er uns auf Erden so oft gelehrt und auch vorausgesagt hat.*
>
> W. Schickard aus → Tübingen an Matth. Bernegger, 25. 11. 1630
>
> *Himmelsweiten errechnet' ich einst,*
> *jetzt mißt mich die Grube;*
> *modert der Leib auch,*
> *so schaut selig sein Urlicht der Geist.*
>
> Grabinschrift, von Kepler selbst verfaßt (im Original lateinisch)

K. kam 1630 von seinem damaligen Wohnsitz Sagan in Schlesien zum Reichstag nach R., um finanzielle Forderungen einzuklagen, und starb hier.

**GT** am Wohnhaus (Keplerstr. 2) und Sterbehaus (Keplerstr. 5), nahe dem Rathaus. ▭ nicht erhalten. **Δ** (Rundtempel mit Marmorbüste) in den Anlagen auf dem ehemaligen Glacis, errichtet 1801 vom Fürstprimas v. Dalberg (dessen ▭ in einer Seitennische des Doms).
→ Weil der Stadt, Leonberg, Graz, Linz, Eferding (Karte 13)

**Hugo Obermaier** (1877 R. – 1946 Freiburg/Schweiz), kath. Geistlicher und angesehener Erforscher der Altsteinzeit (Altamira u. a.), 1919 Prof. in Madrid, 1937 in Freiburg/Schweiz. In R. wurde 1951 eine Hugo-O.-Gesellschaft gegründet.[118]

**GT** am Haus Gesandtenstr./Poetengäßchen (Staatl. Bibl.)

---

## **Remscheid-Lennep** (Bergisches Land)

Der Physiker und Nobelpreisträger **Wilh. Conrad Röntgen** wurde 1845 in Lennep geboren. Er besuchte das Gymnasium in Apeldoorn (Holland), promovierte an der ETH Zürich bei Aug. Kundt und ging mit diesem nach Würzburg, 1874 nach Straßburg, wo er sich habilitierte. 1875 Prof. in Hohenheim, 1876 Straßburg, 1879 Gießen, 1888 Würzburg als Nachfolger von F. Kohlrausch, 1900 in München, dort gest. 1923.

**GT** am Geburtshaus (Gänsemarkt 1); ein umfangreiches R.-Museum nicht weit davon (Schwelmer Str. 41), ebenso ein symbolisches R.-**Δ** (von A. Breker; Kalkstein-Sockel mit Halbrelief des Kopfes, bronzene Fackelträgerin).
→ Zürich, Gießen, Würzburg, München

---

## **Renthendorf** (Dorf im Krs. Stadtroda, Bez.Gera)

**Christian Ludw. Brehm** (1787 Schönau b. Gotha – 1864 R.), Pfarrer und Ornithologe.

> *Nun begannen die Vorträge. Pastor Brehm aus Renthendorf bestieg die Tribüne, „räusperte sich und sprach", nein, las eine Abhandlung über den Muth mancher Männchen der Vögel, ihre Weibchen und ihre Brut zu vertheidigen. Ich habe lange keine so ächte Pastorfigur mit dem Käppchen auf dem Kopfe gesehen, wie den Vorleser.*
>
> Ludw. Dietrich über die 20. Vers. dt. Naturf. und Ärzte, Mainz, 1842.

Der „Vogelpastor" wirkte von 1813–64 in R. Er wurde Dr. h. c. der Univ. Jena.

**Alfred Brehm** [Abb. 2] (1829 R. – 1884 R.), Zoologe.

*Aber wie er sprach! ... Ohne Lichtbilder, die uns heute solche Vorträge so sehr erleichtern, gelang es ihm, seine Zuhörer bis zum letzten Wort zu fesseln, geradezu im Bann zu halten, obwohl er keine tiefgründigen Zeit- und Streitfragen behandelte ..., sondern nur schilderte. Da zeigte sich eben der geniale Tiermaler mit Worten, wie ich ihn gern nenne, in seinem höchsten Glanze.*

Ludw. Heck über Alfr. Brehm.

Sohn von Christ. Ludw. B.; nach ausgedehnten Forschungsreisen in Afrika und Sibirien Dir. des Zool. Gartens Hamburg und Begründer des Aquariums Berlin (damals Unter den Linden), Verfasser von „B.s Tierleben", einem Meisterwerk volkstümlicher Darstellung zool. Wissenschaft.

□ beider B.s auf dem kleinen Dorffriedh.
**GT** am Pfarrhaus (Dt. Ornithol. Ges. 1929[119]). Das nahe Wohnhaus der Witwe von Christ. Ludw. B., in dem auch Alfred B. zuletzt lebte und starb, ist B.-Gedächtnisstätte (Museum).
→ Altenburg

---

**Rinteln** (südwestl. der Porta Westfalica)

Universität gegr. 1621, aufgehoben 1810 vom König Jérôme; von den Gebäuden nur noch die Jakobi-Kirche erhalten. Aus der Universität ging 1817 ein Gymnasium hervor.

**Rudolf Kohlrausch** (1809 Göttingen – 1858 Erlangen), Physiker, wirkte 1835–49 am Gymnasium, dann seit 1854 in Marburg und 1857 in Erlangen als Prof. d. Phys. Besonders wichtig waren seine z. T. gemeinsam mit W. Weber durchgeführten Experimente zur Elektrostatik.

**Friedrich Wilh. Kohlrausch** [Abb. 81] (1840 R. – 1910 Marburg), Physiker, Sohn von Rudolf K., war 1894–1905 Präsident der Phys.-Techn. Reichsanstalt Berlin (Nachfolger von Helmholtz); er führte genaue Messungen elektromagnetischer Grundgrößen aus (Ohm, Ampère) und grundlegende Untersuchungen über Elektrolyte.

Das Wohnhaus von Rudolf K. und gleichzeitig Geburtshaus von Friedrich K. in der Kreuzstr. ist abgebrannt.
→ Jugenheim

---

**Rio de Janeiro**

Im Bot. Garten erinnert ein **Δ** an den Erforscher der Flora Brasiliens **Carl Friedrich Philipp v. Martius** [Abb. 125] (1794 Erlangen – 1868 München).[120]
→ Erlangen, München

**Rossberg** (870 m hoher Berg südwestl. von Reutlingen, Schwäb. Alb)

Auf dem Gipfel **Δ** (mit Bronzemedaillon) von
**Friedrich August Quenstedt** [Abb. 126] (1809 Eisleben – 1889 Tübingen), Geologe und Paläontologe, bedeutender volkstümlicher Erforscher des süddeutschen Jura und „Praeceptor Sueviae“.
→ Tübingen

**Rothenburg** ob der Tauber

**Franz Leydig** (1821 R. – 1908 R.), Zoologe

> *Als 1903 die Zoologen in Würzburg zusammenkamen, wurde eine Art Wallfahrt nach Rothenburg unternommen, um den Achtzigjährigen zu besuchen; ich war mit dabei. Nur Boveri, der uns führte, wurde in das Haus hineingelassen, doch bald darauf kam Leydig heraus, um uns zu begrüßen und jedem einzelnen die Hand zu drücken.*
>
> R. B. Goldschmidt (Erlebnisse u. Begegnungen, 1959)

Das Geburtshaus ist Pfäffleinsgasse 53, Sterbehaus Klingengasse 4 (alte Nr. 753). Beide Häuser tragen keine GT, doch erinnert die Leydigstraße an den Forscher, der 1857 Prof. in Tübingen, 1875 in Bonn wurde. Er hat sich besonders mit der Histologie wirbelloser Tiere befaßt.

Abb. 125. F. Ph. v. Martius, Rio de Janeiro

Abb. 126. F. A. Quenstedt, Rossberg

**K. H. Christian von Staudt** (1798 R. – 1867 Erlangen), Mathematiker, Schüler von Gauß, seit 1835 Prof. in Erlangen. S. hat sich vor allem mit projektiver Geometrie beschäftigt.

Geburtshaus ist das schöne „Staudt'sche Haus", Herrengasse 18, seit 500 Jahren unverändert. S. wurde in Erlangen begraben, aber 1935 nach R. überführt; ▭ in R. (nahe der Friedh. Kapelle, mit horizontaler Grabplatte) neben den Gräbern anderer Mitglieder der alten Patrizierfamilie.
→ Erlangen

---

**Rüdersdorf** (bei Berlin, Krs. Fürstenwalde)

> *Herr Torell ... legte eine Reihe schöner, von Rüdersdorf mitgebrachter Handstücke vor, voll deutlicher paralleler Schrammen, die er für unzweifelhafte Gletscherwirkung ansprach. Anknüpfend an diese Beobachtungen entwickelte er die Ansicht, daß sich eine Vergletscherung Skandinaviens und Finlands bis über das norddeutsche und nordrussische Flachland erstreckt habe.*
>
> Zeitschrift d. deutschen Geol. Gesellschaft, Bd. 27, Protokoll der Sitzung in Berlin am 3. 11. 1875

**Otto Torell** (1828 Varberg – 1900 Charlottendal b. Stockholm), schwed. Geologe, 1871–97 Dir. der schwed. geol. Landesuntersuchung, verhalf mit dem Berliner Vortrag 1875 der Annahme zum Siege, daß die skandinavischen Gletscher einst bis nach Mitteldeutschland reichten.

**GStein**

---

**Rupelmonde** (Flandern, südwestl. Antwerpen, an der Mündung der Rupel in die Schelde) ist der Geburtsort (1512) von **Gerhard Mercator** [Abb. 127]; **Δ** (Statue) an der Kirche.
→ Duisburg

---

**Sababurg** (Burg im Weserbergland, zwischen Karlshafen und Münden)

Der „Thiergarten", durch eine alte, 5 km lange Mauer geschützt, wurde 1571 durch den naturwissenschaftlich interessierten Landgrafen **Wilhelm IV.** (den „Weisen") von Hessen-Kassel begründet. Durch Tycho Brahe's Vermittlung erhielt er für den Tierpark vom schwedischen Hof 12 Rentiere („nebst einer wilden lappen frau" zu deren Wartung), von Albrecht v. Bayern Gemsen, Rot- und Dam-Hirsche.

Tafel am Eingang zum Wildpark (an der Straße S. – Hofgeismar)
→ Kassel

## Salzburg

**Nicolaus Copernicus** [Abb. 137] (1473 Thorn – 1543 Frauenburg), Astronom. Eine steinerne Kolossal-Statue (von Thorak) im Mirabellgarten, südl. vom Museumspavillon, erinnert an den Begründer des heliozentrischen Weltsystems. Unmittelbare Beziehungen zu S. bestehen nicht.
→ Thorn, Weil der Stadt

**Christian Doppler** [Abb. 145] (1803 S. – 1853 Venedig), Physiker, Sohn eines Steinmetzen, war zuerst Gymnasiallehrer, wurde 1847 Prof. an der Bergakad. Schemnitz, dann am Polytechn. Institut und 1850 am neuen Physikalischen Institut der Univ. Wien. Sein Name lebt fort im „D.schen Prinzip" (bei Abstandsänderung einer Schall- oder Lichtquelle Änderung der Frequenz, 1842). Die auffällige Rotverschiebung eines sich entfernenden Fixsterns brachte zuerst F. Zöllner (Leipzig) 1869 damit in Verbindung. D. starb, lungenkrank, in Italien.

GT (Marmor, 1903) am Geburtshaus (Jetzelsberger Haus, Makartplatz 1, gegenüber vom Landestheater).
→ Wien

**Paracelsus** [Abb. 128] (Theophrast von Hohenheim, Theophrast Bombast; 1493 Einsiedeln, Kt. Schwyz – 1541 S.), Arzt und Naturforscher. Er führte ein unstetes Wanderleben. Neben seiner ärztlichen Tätigkeit beschäftigten ihn auch die Philosophie und alchemistisch-chemische Untersuchungen.

Abb. 128. Paracelsus, Salzburg

Abb. 127. G. Mercator, Rupelmonde

☐ in einer Kapelle an der Sebastianskirche, Linzergasse, rechts neben dem Eingang zur Kirche. **GT** mit buntem verglasten Bild von P., der 1528–41 in S. wirkte, Am Platzl 3. **Δ** (Marmorsitzbild; Thorak) am P.-Kurhaus.

**Eduard Richter** (1847 Mannersdorf b. Wien – 1905 Graz), Geograph und Gletscherforscher, seit 1886 Prof. in Graz. Seine Verdienste um die Erforschung der Alpen ehrt ein **Δ** (Marmor-Halbrelief, R. in Bergsteigertracht; v. Trautzl, 1907) auf dem Mönchsberg südl. der Stadt.

---

## Bad Salzhausen (jetzt Stadtteil von Nidda; am Vogelsberg)

Die ersten Quellen erbohrte **Roland Krug von Nidda** 1593. **GT** am Fußweg zwischen Salzhausen und Nidda (Rolandsruhe).

**Justus Liebig** [Abb. 54, 100] (1803 Darmstadt – 1873 München), Chemiker.

> *Man kann über die wirklich merkwürdigen Wirkungen der Sole nicht den mindesten Zweifel hegen, ich habe mich selbst durch den Augenschein überzeugt, daß Leute durch 20–30 Bäder, nachdem sie vorher in Wiesbaden und Ems vergeblich gebadet hatten, in Salzhausen vollkommen wiederhergestellt worden sind.*
>
> Liebig an Schleiermacher, 23. 7. 1825

Eben nach Gießen berufen, untersuchte L. zuerst 1824 im Auftrag der großherzoglichen Finanzkammer Darmstadt die Solequellen von S. Als eifriger Förderer der chem. Industrie regte er gleichzeitig an, aus der Mutterlauge Bittersalz und Salzsäure zu gewinnen; doch entsprachen seine Rentabilitätsrechnungen nicht der Wirklichkeit, wie sich in den folgenden Jahren ergab. – Erneute Untersuchungen 1843.

Gußeiserne **GT** (seit 1928) an der Kapelle (Kurallee), einst „Bittersalzfabrik und Laboratorium", von 1930–45 Museum.
→ Darmstadt, Heppenheim, Gießen, München, Köln, Combe Varin

---

## Bad Salzuflen (östl. v. Bielefeld)

**Rudolph Brandes** (1795 S. – 1842 S.), Pharmazeut, übernahm nach dem Studium die väterliche Apotheke in S. Nebenbei beschäftigte er sich eifrig mit der chem. Untersuchung von Mineralwässern und vor allem pflanzlichen Heilstoffen, ebenso mit meteorolog. Beobachtungen, und betätigte sich auch kommunalpolitisch – ein „wegen seiner Heiterkeit beliebter, geselliger, liedfroher kleiner Hof- und Medizinalrat" (W. Schulte); Dr. h. c. (Marburg). Bleibende Verdienste erwarb er sich durch die Gründung des „Apothekervereins für das nördl. Teutschland" (1820; heute „Allg. dt. Apothekerverein") und dessen Zeitschrift „Archiv f. Pharmazie". Auf B. geht die Anregung zurück, für E. Kaempfer (→ Lemgo) ein Denkmal zu errichten.

Das Geburtshaus, die „Brandes'sche Apotheke" (Am Markt 38), ist noch immer im Familienbesitz. Im Heimatmuseum (in der Konzerthalle) ein Rudolph-B.-Zimmer.

---

**Schloß Neuhaus** (Gemeinde bei Paderborn)

**Friedr. Wilh. Sertürner** [Abb. 129] (1782 S. N. – 1841 Hameln), Pharmazeut und Chemiker, wirkte als Apotheker in Paderborn, Einbeck und Hameln, entdeckte 1804 das Morphin (Morphium) und begründete die Alkaloidchemie.[52]

**Δ**(Büste) an der Sertürner-Str. (nahe dem Schloß; gegenüber: S.-Apotheke). Notgeldscheine von 1921 der Stadt S. N. tragen sein Bild. Die deutsche Pharmazeutische Gesellschaft stiftete 1928 die S.-Medaille.
→ Paderborn, Einbeck, Hameln

---

**Schöller** siehe Wuppertal

Abb. 129. F. W. Sertürner, Schloß Neuhaus

Abb. 130. N. Stensen, Schwerin

**Schönthal** (alte Zisterzienser-Abtei im Jagst-Tal, Württemberg)

Im Quergang des Kreuzganges erinnert eine Sandstein-**GT** an **Max Eyth**, der 1841–66 seine Jugendjahre in Sch. verbrachte.
→ Kirchheim u. T., Ulm

**Schorndorf** (Stadt östl. Stuttgart)

In Sch. steht Höllgasse 7 das 300 Jahr alte Geburtshaus des Ingenieurs und Automobilkonstrukteurs **Gottlieb Daimler** (1834 Sch. – 1900 Cannstatt), Begründer der D.-Motoren-Ges. (seit 1926 D.-Benz AG). Das Haus wird zu einer D.-Gedenkstätte umgestaltet.

**Schussenquelle** (im Wald 2 km nördl. Bad Schussenried, südl. vom Federsee, Oberschwaben)

**GT** an einem Findling mit der Inschrift (1899) „Zur Erinnerung an die im Jahr 1866 gemachten Funde aus der Eiszeit". Die hier gefundenen Artefakte gehören in die Jungsteinzeit (ca. 12 500 Jahre v. Chr.; Ausstellungen im nahen Federsee-Museum).

**Bad Schwalbach** (früher Langenschwalbach; im Taunus)

Die Bedeutung der Mineralquellen von Langenschwalbach erkannte **J. Th. Tabernaemontanus** [Abb. 10] (→ Bergzabern) im 16. Jhdt. – In Langenschwalbach, wo er Heilung suchte, starb 1650 der Radierer **Matthäus Merian d. Ä.** (geb. 1593 in Basel), bekannt durch seine Städteansichten; **GT** am ehemal. Gasthof zum Brezel, Adolfstr. 67. Eine Tochter von ihm war Anna Sibylla Merian (1647 Frankfurt a. M. – 1717 Amsterdam), die Blumen und Insekten malte, z. T. bei einem jahrelangen Aufenthalt im tropischen Surinam (Südamerika).

**Schwerin** (Mecklenburg)

In Sch. starb 1685 der Arzt und Naturforscher **Niels Stensen** [Abb. 130] (Nicolaus Steno oder Stenonis, geb. 1638 in Kopenhagen). Er erkannte und formulierte als erster den Zusammenhang zwischen Lagerung der Gesteinsschichten und ihrem relativen Alter. St. lebte lange in Italien, trat dort zum kath. Glauben über und wurde Bischof von Münster i. Westf.

(Die Kirche Marienmünster nordwestl. Höxter wurde von ihm konsekriert.) Seine sterblichen Überreste wurden nach Italien gebracht; Sarkophag in einer Seitenkapelle des Querschiffes von S. Lorenzo in Florenz.

**Δ**(modernes Standbild) im Bischöfl. Garten, Lankower Str. (von der Straße 104 nach Gadebusch abzweigend). – Eine **GT** auch in Volterra, Toscana, Via Matteotti 37.
→ Münster, Lilienthal

---

**Schwetzingen** (westl. Heidelberg)

**Karl Friedrich Schimper** (1803 Mannheim – 1867 Sch.), Naturforscher.[121]

> *Jakob und Galilei wie verschiedene Linsen nahmen die.*
>
> Unter einem Bild Schimper's, 1866 von ihm selbst geschrieben.

Den Botanikern ist Sch. durch seine Untersuchungen zur Blattstellung der Angiospermen bekannt (die Familie hat noch mehr Botaniker geliefert!), den Geologen dadurch, daß er 1837 den Begriff „Eiszeit" prägte. Er war ein kauziger, etwas lebensuntüchtiger Mann, verfeindete sich mit seinen Freunden (so während seines Studiums in München mit dem Schweizer, später an der Harvard-Univ. lehrenden Eiszeitforscher Louis Agassiz), jahrelange Verlobungen gingen auseinander. In Sch. lebte er seit 1849 (der Großherzog hatte ihm eine Rente gewährt), seit 1855 in einem Zimmer des Großherzoglichen Schlosses. Die letzten Monate seines Lebens pflegte ihn seine erste Verlobte, nachdem Sch. bei einem Überfall schwer verletzt worden war.

**Δ**(mit Büste von F. Sommer) an der südl. Mauer des Friedh. Mannheimer Landstr. – **GT** (1953) am Haus „Abendruh" (Schloßplatz), wo er starb.

---

**Seebodenalp** ob Küssnacht (Vierwaldstättersee, am Rigi)

> *Am Gotthard verladen, vom Gletscher gebracht,*
> *halt' über dem grünenden Land ich hier Wacht.*
>
> Inschrift (von Alb. Heim) am Heim-Stein

An einem erratischen Granit-Block, 76 m$^3$, 1030 m über N. N., 589 m über dem See, vom Reuß-Gletscher transportiert, eine **GT** (1934) für den Alpengeologen **Albert Heim** [Abb. 160]. (Eine weitere, eingemeißelte Inschrift gilt dem „Förderer der Alpwirtschaft" Anton Strüby.)
→ Zürich

**Seeheim** (südl. Darmstadt)

Im ehemaligen Amtshaus, einem Fachwerkhaus in der Villastraße (gegenüber dem Hotel Hufnagel), wohnte als Amtsrat bis zu seinem frühen Tode 1756 Gottlieb Christoph Lichtenberg, der älteste Bruder des Physikers und geistreichen Schriftstellers **Georg Christoph Lichtenberg.** Dieser war als Schüler von Darmstadt aus gern zu Besuch in S. und verlebte hier „die angenehmsten Tage" seines Lebens, wie er 40 Jahre später schrieb, und wie die **GT** an dem Hause festhält.

→ Ober-Ramstadt, Göttingen

**Siegen-Eiserfeld**
Karte 12

**Reinhold Forster** [Abb. 131] (1729 Dirschau b. Danzig – 1798 Halle), zuerst Pfarrer, bereiste Rußland, lebte dann in England und begleitete 1772–75 J. Cook auf dessen 2. Weltreise. 1780–98 Prof. in Halle.

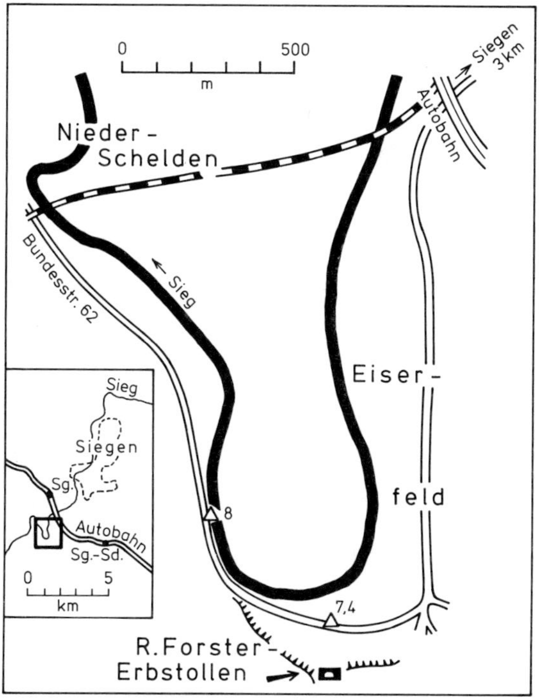


Karte 12.
R. Forster-Erbstollen bei Siegen

Das Mundloch des 1805 angehauenen Reinhold-F.-Erbstollens ist nach ihm benannt und beschriftet (am Süd-Ende der Sieg-Schleife zwischen Siegen und Niederschelden, Meßtischbl. Freudenberg). Der Stollen (bis 1902 in Betrieb) diente der Erschließung von Eisensteingängen. Das Mundloch „dürfte zu den prächtigsten und aufwendigsten Kleinarchitekturen des deutschen Bergbaus zählen". An der Weltreise nahm auch Reinhold F.s Sohn Georg Forster teil (→ Vallendar)

Abb. 131. R. Forster-Erbstollen, Siegen-Eiserfeld

**Sigmaringen** (Donau, Schwäb. Alb)

S. ist der Geburtsort des Arztes **Theodor Bilharz** (1825 S. – 1862 Cairo). Er wirkte seit 1850 in Ägypten, wo er einen Saugwurm als Erreger der Bilharziose, einer häufigen und gefährlichen Tropenkrankheit, entdeckte. B. hat sich auch mit dem elektr. Organ des Zitteraals befaßt. Er starb an Typhus.[44]

**GT** am Geburtshaus (der heutigen B.-Apotheke), Antonstr. Die GT erinnert gleichzeitig an den Bruder **Alfred B.**, ebenfalls Arzt, der auch als Philosoph hervortrat.
→ Cairo

**Sion** (Sitten; Stadt im Rhonetal, Wallis)

*Herrn Venetz gehört, wie jedermann weiß, das Verdienst, zuerst den innigen Zusammenhang der Gletscher mit den alten Moränen wissenschaftlich begründet zu haben.*

L. Agassiz, Untersuchungen über die Gletscher, 1841

In S. wirkte bis 1836 und dann seit 1855 als Ingenieur des Kantons Wallis **Ignace Venetz** (1788 Visperterminen – 1859). 1821 legte er auf der Tagung der Schweizer naturforsch. Ges. seine Untersuchungen über die frühere Ausdehnung der Gletscher vor (veröffentlicht, mit zahlreichen Ergänzungen, erst 1833) und begründete damit die wissenschaftliche Eiszeitforschung in der Schweiz. Charpentier und Agassiz bauten darauf auf.[122]

**GStein** (großer erratischer Block mit eingemeißeltem Namen, in schlechtem Zustand!) am Ost-Ende des Valère-Berges in S. (Abb. in Schwarzbach 1981[7a]).

---

**Solnhofen** (im Altmühl-Tal, Bayern)

Der durch seine Jura-Versteinerungen weltberühmte, feinkörnige Kalkstein von S. führte **Alois Senefelder** (1771 Prag – 1834 München) 1797 zur Erfindung der Lithographie.

**Δ**an der Hauptstraße.
→ München, Lage

---

**Solothurn** (Schweizer Jura)

*Gresslius interiit lapidum consemptus amore*
*Undique collectis non fuit hausta fames;*
*Ponimus hoc saxum; me hercle! totus apertus*
*Gresslius hoc saxo nunc satiatus erit.*[123] Grabinschrift des Geologen **Amanz Gressly**, der 1865 in der Irrenanstalt Waldau b. Bern starb und auf dem kleinen Friedhof von St. Niclaus in S. zur Ruhe gebettet wurde.
→ Bärschwil, Laufen, Verena-Schlucht, Combe Varin

---

**Springe** (Deister; südwestl. Hannover)

**Heinrich Goebel** (1818 S. – 1893 New York), Uhrmacher und Erfinder, 1848 ausgewandert nach New York, wo er 1854 (lange vor Edison) eine Glühlampe mit Bambusfaser erfand.

Große **GT** (Bronze, mit Kopf-Relief und Glühlampe; errichtet vom Verband dt. Elektrotechn.) am Geburtshaus Lange Str. 74.
**Δ**(hoher Sockel mit stilisierter Glühbirne und steinerner **GT**; errichtet 1954) etwas außerhalb der Stadt auf der „Goebel-Bastei".

---

**Stäfa** (am Nord-Ufer des Züricher Sees)

> *Daß wir auf unserer Reise brav Steine geklopft haben, können sie leicht denken, und ich habe deren fast mehr, als billig ist, aufgepackt. Wie soll man sich aber enthalten, wenn man zwischen mehreren Zentnern von Adularien*[124] *mitten inne sitzt!*
>
> Goethe aus Stäfa an Ch. G. v. Voigt in Weimar, 17. 10. 1797

Von S. aus trat **Goethe** zusammen mit dem dort wohnenden Altertumsforscher Heinr. Meyer eine 11tägige Fußwanderung in die Alpen an, die auch mineralogischen Studien gewidmet war.

**GT** an der Nordseite des Gasthofes „Alte Krone"
→ besonders Weimar

---

**Staffelstein** (Krs. Lichtenfels, Oberfranken)

> *Zum heiligen Veit von Staffelstein*
> *komm ich emporgestiegen*
> *und seh' die Lande um den Main*
> *zu meinen Füßen liegen.*
>
> J. V. v. Scheffel, 1867

In St. wurde 1492 der „Rechenmeister" **Adam Riese** (auch Ries) [Abb. 3] geboren. Seit 1523 wirkte er in Annaberg (Erzgebirge).

**GT** am Rathaus
→ Annaberg

---

**Starnberg** (südl. München)

**Heinrich Wieland** (1877 Pforzheim – 1957 München), Biochemiker und Nobelpreisträger.

> *Vor ein paar Jahren führte in einem der kleineren Wielandschen Doktorandenzimmern ein junger Chemiker das Wort: „Justus von Liebig – Adolf Baeyer – Richard Willstätter – Heinrich Wieland, das nenne ich fürwahr eine absteigende Linie!" Professor Wieland, der zur offenen Tür hereingekommen war, bemerkte etwas kühl zu seinem Schüler: „Wenn Sie solche Feststellungen machen, brauchen Sie doch nicht so laut zu schreien!"*
>
> R. Willstätter (Aus meinem Leben, 1949)

W. hatte seit 1925 den Lehrstuhl d. org. Chemie in München inne, wo er 1927 den Nobelpreis f. Chemie erhielt.

**GT** auf dem Friedh. S. an der Hanfelderstr. (rechts vom Eingang Otto-Gassner-Str., neben dem Amtsgericht), Granitplatte mit den Namen von W. und seiner Frau. (Daneben das auffälligere ▭ des Regisseurs Otto Falckenberg.)
→ Freiburg i. Br.

**Bad Steben** (Krs. Hof, Oberfranken)

A. v. **Humboldt** [Abb. 19, 20] wohnte während seiner Tätigkeit 1792–95 als preuß. Bergmeister zeitweise in S.
**GT** Badstr. 2; zwei Zimmer mit zeitgenössischen Möbeln, alte Bilder. Am nahen „Hotel zum alten Bergamt" (Badstr. 8) stand einst die Schule für Bergleute, die H. gründete – wohl die erste Einrichtung dieser Art!
→ Arzberg, Goldkronach, sonst besonders Berlin

**Steinheim** (an der Murr, zwischen Stuttgart und Heilbronn)

Ein **Urmensch-Museum** (an der ev. Kirche) gilt dem Fund eines Urmenschen-Schädels und der Begleitfauna, vor allem dem vollständigen Skelett eines Steppenelefanten. Der Fund des „Homo steinheimensis" ist dem Besitzer einer Sandgrube, **Sigrist**, zu verdanken, die wissenschaftliche Untersuchung dem Stuttgarter Geologen Fritz **Berckhemer** (1890–1954; → Stuttgart)

**Stölln** (bei Rhinow, Bez. Potsdam)

**Otto Lilienthal** [Abb. 132] (1848 Anklam – 1896 Berlin), Ingenieur und Flugpionier, stürzte am 9. 8. 1896 bei Stölln ab und erlag am nächsten Tag seinen Verletzungen.

**GT** an der „Gaststätte zum ersten Flieger", wo L. nach seinem Absturz lag.
→ Anklam, Berlin

**Stolpe** (bei Angermünde, Uckermark)

In S. wurde der Geologe **Leopold v. Buch** [Abb. 69] geboren (1774 S. – 1853 Berlin). Er stammte aus altem preuß. Adelsgeschlecht, studierte u. a. in Freiberg; im Winter wohnte er in Berlin, im Sommer war er „auf Reisen". Der kleine, anspruchslose, etwas schrullige Mann, finanziell unabhängig[125a] und unverheiratet, ertrug nicht gern Widerspruch und lehnte manche neuen Vorstellungen (z. B. über die „Eiszeit") rigoros ab. In den Alpen, Skandinavien, Italien, auf den Kanarischen Inseln führte er grundlegende Untersuchungen durch.

Das Schloß S. (alter Bau von 1553, später umgebaut, heute Jugendwerkhof) ist das Geburtshaus. Auf dem Familienfriedhof im Schloßpark liegt er begraben; das ▭ ist erhalten.[125b]
→ Freiberg, Göttingen, Berlin, Großraming

**Straubing** (an der Donau)

**Matthias** (später von) **Flurl** (1756 S. – 1823 Kissingen), Geologe, Sohn eines Webers. F. entdeckte 1784 Prozellanerde bei Mitterteich, wurde 1788 Dir. der Porzellanfabrik Nymphenburg und schließlich Vorstand der bayer. Bergwerk-, Salinen und Münzadministration und „Wirklicher geheimer Rath“, Begründer der Geologie Bayerns (1792: „Beschreibung der Gebirge von Bayern und der Oberpfalz“).

**GT** am Geburtshaus Rosengasse 16, nahe der Flurlgasse

**Joseph** (seit 1824 von) **Fraunhofer** [Abb. 9, 133] (1787 S. – 1826 München), Optiker und Techniker. F. war das Kind eines Glasers. Er kam zu einem Spiegelmacher in München in die Lehre, wo er sich selbst fortbildete, dann mit → Utzschneider in Verbindung und in dessen Optisches Institut in Benediktbeuern; dort stieg er zum Betriebsleiter und Mitinhaber auf. Seit 1823 Konservator des Physikal. Kabinetts der Akademie M. Anspruchslos, zuletzt lungenkrank, hat er mit „mächtiger Erfindungskraft“ und technischer Meisterschaft vorzügliche Fernrohre geschaffen (so für Bessel in Königsberg) und sich mit Prismen- und Gitterspektren befaßt, dabei die dunklen Absorptionslinien im Sonnenspektrum entdeckt („F.sche Linien“).

**GT** und Büste (1827) am schlichten Geburtshaus, Fraunhoferstr. 1, nahe dem Ludwigsplatz. **Δ** (Standbild) am Schloßgebäude (Schloßplatz, gegenüber der Ecke Fürstenstr./Burggasse); errichtet vom Prinzregent Luitpold 1910.
→ Benediktbeuern, München

Abb. 132. O. Lilienthal, Stölln

Abb. 133. J. v. Fraunhofer, Straubing

## Stuttgart

Auf dem **Pragfriedhof** ruhen:

der Botaniker **Karl v. Goebel** (Abt. 19, Reihe 2, Grab 20), → München;

der Geograph und Eiszeitforscher **Albrecht Penck** (großer Felsblock für die Familien P. und Lampert, Abt. 8, Reihe 2, Grab 9/10), bei P. mit den Namen Albrecht P., Ida P. geb. Ganghofer (1863–1944), Johanna P. (1862–1948), Walther P. (1888–1923), Martin P. (1922–42). **Walther P.**, Sohn von Albrecht P., war Geologe, besonders Geomorphologe, starb jung als Prof. in Istanbul; der Enkel Martin fiel im 2. Weltkrieg in Ägypten. → Ittelsburg, Mittenwald;

der Zoologe und Nobelpreisträger **Hans Spemann** (Familiengrabstätte Abt. 8, Reihe 13–14, Grab 2–5, großer, würfelförmiger Kalkblock). → Freiburg i. Br.

Auf dem **Fangelsbachfriedhof** sind begraben (Feld 12, ob. Teil): **Oskar Fraas** (1824 Lorch/Remstal – 1897 S.), zuerst Pfarrer, später wie sein Sohn **Eberhard Fraas** (1862 S. – 1915 S.) vielseitiger Paläontologe am Naturalienkabinett S. In der gleichen Grabstätte ruht der Geologe **Fritz Berckhemer** (1890 S. – 1954 S., → Steinheim).
→ Combe Varin (O. Fraas)

## Sulz am Neckar

**Joseph Gottlob Kölreuter** (1733 S. – 1805 Karlsruhe), Botaniker. Nach dem Studium in Tübingen und Straßburg wanderte K. nach Petersburg aus, kehrte aber 1761 nach Schwaben zurück. 1763 Prof. der Naturgeschichte und Dir. der fürstlichen Gärten in Karlsruhe.

**GT** an der Apotheke (Ecke Markt/Kölreuterstr.) für den „Begründer der Blütenbiologie und der pflanzlichen Bastardierungskunde".

## Taunusstein siehe Wehen

## Tautenburg (bei Jena)

Das **Karl-Schwarzschild-Observatorium** des Zentralinstituts für Astrophysik erinnert an den Astronomen dieses Namens (1873–1916)
→ Göttingen, Potsdam

**Tharandt** (südwestl. Dresden)

Die „Staatl. Forstakademie“ (später der TH Dresden angeschlossen) wurde 1811 als private Forstlehranstalt von **Heinrich Cotta** gegründet (1763 Klein-Zillbach b. Eisenach – 1844 Th.). Bernhard v. Cotta (→ Freiberg) war sein Sohn.

**Δ**(Bronzebüste) von H. C. auf dem früheren Königsplatz; ▭ liegt außerhalb.

**Thorn** (jetzt: Torun, Polen, Stadt an der Weichsel)

**Nicolaus Copernicus** [Abb. 138] (auch Kopernikus; 1473 Th. – 1543 Frauenburg), Domherr und Astronom.

> *Die größten Wahrheiten widersprechen oft geradezu den Sinnen, ja fast immer. Die Bewegung der Erde um die Sonne, was kann dem Augenschein nach absurder sein? Und doch ist es die größte, erhabenste, folgenreichste Entdeckung, die je der Mensch gemacht hat.*
>
> Goethe am 26. 2. 1832 zu Kanzler Friedr. v. Müller.

C. ist in einer damals zu Polen gehörigen Stadt geboren, aber er stammte aus einer deutschstämmigen Familie, hat sich auch schriftlich nur der deutschen oder lateinischen Sprache bedient. Studierte in Krakau und Italien, Domherr in Frauenburg und Bischof von Ermland (Ostpreußen). Begründer des heliozentrischen („copernicanischen“) Weltbildes: nicht die Erde, sondern die Sonne ist der Mittelpunkt des Sonnensystems.

Abb. 134. P. A. Hansen, Tondern

Abb. 135. C. E. Correns, Tübingen

Geburtshaus in Th. ist erhalten. **Δ** in Th. (1853) und Warschau (nach einem Modell Thorwaldsen's).
→ Salzburg, Weil der Stadt

---

## Tondern (Tønder; Süd-Dänemark)

**Peter Andreas Hansen** [Abb.134] (1795 T. – 1874 Gotha), Astronom, war zuerst Uhrmacher, kam dann zu dem Astronomen Schumacher nach Kopenhagen (Sternwarte im „Runden Turm") und Altona (→ Hamburg), 1825 Nachfolger von Encke an der Sternwarte → Gotha. Dort wirkte er bis zu seinem Tode.

**GStein** (großer Findling mit Medaillon) in den Anlagen in der Mitte der Astronom Hansensgade

---

## Tucumán (Argentinien)

Ein **Δ** (Bronze-Büste) auf der Plaza Burmeister in T. ehrt den dt. Naturforscher **Hermann Burmeister** (1807 Stralsund – 1892 Buenos Aires), Prof. d. Zoologie in Halle, seit 1850 meist in Südamerika; Forschungsreisen in Brasilien und den La Plata-Staaten, erfolgreiche Tätigkeit in Buenos Aires (Naturhist. Mus.) und Cordoba (Naturwiss. Fakultät).[120]

---

## Tübingen

Universitätsstadt seit 1477[126]

> *Wenn i nachts von Luschtnau rei'fahr: de' geschtirnte Hemmel ieber mir, das moralische Gesetz en mir ond meine Säu' henter mir –, da kommet mir ällemal meine beschte Gedanka...*
>
> Christian Späth, legendärer Weingärtner aus der schwäbischen Universitätsstadt Tübingen (Th. Haering, Der Mond braust durch das Nekkartal... 1936)

**J. G. Friedrich Bohnenberger** (1765 Simmozheim b. Calw – 1831 T.), Theologe und Naturforscher

> *Bohnenberger's Tod wird gewiß auch Sie schmerzlich betrübt haben: es ist ein bedeutender Verlust für die Wissenschaften.*
>
> C. F. Gauß an H. C. Schumacher, 1. 5. 1831

B. wurde 1798 Prof. der Mathematik und Naturwissenschaften in T. Er erfand das Reversionspendel und begründete die wissenschaftl. Landesvermessung Württembergs.

Steinerne **GT** an seiner Wohnstätte (1796–1831) im Schloßhof, Ostseite.

**Carl Erich Correns** [Abb. 135] (1864 München – 1933 Berlin), Botaniker und Vererbungsforscher

> *Correns war kein glückliches Temperament: er schloß sich nur schwer an Kollegen an, besuchte nur ganz selten Kongresse und war über seinen im Verhältnis zu seinen ganz hervorragenden Leistungen schon als junger Professor nur langsamen Aufstieg in Leipzig bei Pfeffer sehr verstimmt und erregbar.*
>
> E. v. Tschermak (Leben und Wirken, 1958)

C. war 1892–1903 Prof. der Botanik in T., dann in Leipzig und Münster, seit 1914 in Berlin, dort gleichzeitig Dir. des KWI für Biologie; einer der Wiederentdecker der Mendel'schen Vererbungsgesetze (1900, mit C. de Vries und E. Tschermak), „bis zu seinem Tode der unbestrittene Führer der Vererbungsforschung" (F. v. Wettstein bei der Enthüllung des GSteins in T., 1938).

**GStein** (mit Relief des Kopfes) im alten Bot. Garten an der Wilhelmstr., unweit vom Hölderlin-**Δ**.
→ Berlin

**Johann Georg Gmelin** (1674 – 1728 T.), Apotheker, leitet die „Gelehrtendynastie" G. ein, Stammhaus ist die Apotheke am Marktplatz (Mayer-Apotheke). Von späteren Naturforschern des Namens sind besonders zu nennen sein Sohn **Joh. Georg G.** (1709 T. – 1755 T., Prof. in St. Petersburg, Botaniker, bereiste Sibirien und Ural), dessen Neffe **Joh. Friedrich G.** (1749 T. – 1804 → Göttingen, Prof. der Medizin und Chemie) und dessen Sohn **Leopold G.** (→ Heidelberg)

**Felix Immanuel Hoppe-Seyler** (1825 Freyburg/Unstrut – 1895 Wasserburg), Chemiker

> *Ein etwas mißtrauischer und empfindlicher Herr; er lebte sehr für sich und hatte außer für physiologische Chemie wenig Interesse.*
>
> Der Internist B. Naunyn über Hoppe-Seyler in der Straßburger Zeit (Erinnerungen, Gedanken und Meinungen, 1925)

1861–72 Prof. in T., dann in Straßburg, arbeitete über Blut, Galle, Milch, Eiweiß, Oxidations- und Gärungsvorgänge. Die Bezeichnung „Hämoglobin" stammt von ihm. 1877 gründete er die „Zeitschr. f. physiol. Chemie".

Steinerne **GT** im Schloßhof, Südwestseite, erinnert an das ehemalige Schloßlaboratorium, das erste Physiol.-Chemische Inst. T. und Arbeitsstätte von H.-S. und seinem Nachfolger **Gust. Hüfner**.

**Walther Kossel**, Physiker, → A. Kossel, Heidelberg

**Michael Mästlin** (1550 Göppingen – 1631 T.), Prof. der Mathematik und Astronomie, Lehrer von J. Kepler, der als Stipendiat des berühmten „Stifts" 1589–94 in T. studierte. – Nachfolger von M. war **Wilh. Schikkard** (1592 → Herrenberg – 1635 T.).

**GT** (Bronze) für M. an seinem Wohnhaus, Burgsteige 7.
→ Weil der Stadt

**Lothar Meyer** (1830 Varel – 1895 T.), Chemiker, 1876–95 Prof. in T. Seine bedeutendste Leistung liegt schon vor dieser Zeit: 1869 stellte er unabhängig von D. Mendelejew ein period. System der Elemente auf. Beide Forscher erhielten 1882 gleichzeitig die goldene Davy-Medaille der Royal Society.[127]

▭Stadtfriedh. (Abt. K, XXII, 7–8). **GStein** (1895) in einem Wäldchen nahe dem MPI für Biologie (am Ost-Ende der Spemannstr.; ziemlich unscheinbar südwestl. von einem Krieger-**Δ**). An M. erinnert auffälliger die große Inschrift am „Lothar-M.-Bau" (mit den Instituten für Mineralogie und Pharmakologie), Wilhelmstr. 56
→ Varel

**Friedrich August Quenstedt** [Abb. 126] (1809 Eisleben – 1889 T.), Geologe

> *Wir alle irren, und gerade diejenigen, die etwas zu Stande bringen, irren am leichtesten, wir beide sind davon nicht ausgenommen.*
>
> F. A. Quenstedt an den Zoologen H. Burmeister, 25. 8. 1855

Der Nichtschwabe, 52 Jahre lang Prof. in T., wude berühmt als geol. Erforscher Schwabens, vor allem des schwäb. Jura.

▭Stadtfriedh. (Abt. F, IV, 18–19)
→ Roßberg

**Paul Walden** (1863 bei Riga – 1957 Gammertingen), Chemiker, Schüler von Ostwald in Riga, Prof. u. a. in St. Petersburg (auf dem Lehrstuhl von Mendelejew), nach der Revolution Prof. in Rostock. Zweimal ausgebombt, fand er nach dem 2. Weltkrieg Zuflucht in T., wo er bis zu seinem 90. Lebensjahr Vorlesungen hielt. Er arbeitete über Stereo- und Elektrochemie und die Geschichte der Chemie.

▭Bergfriedh. (Abt. H, VII, 1–2)

---

## Ulm

**Albr. Ludw. Berblinger** (1770–1820), Schneider, unternahm 1811 den Versuch eines ersten Segelflugs mit selbstgefertigten Flügeln über die Donau.

**GT** (liegende Platte) über der Donau[14], am GStein für → Max Eyth (der 1906 den „Schneider von Ulm" in einem Roman schilderte).

**Albert Einstein** [Abb. 124] wurde 1879 in U. geboren. Das Geburtshaus ist nicht erhalten, doch erinnert das E.-Haus (Volkshochschule, am hist. Kornhaus) an ihn.
→ Aarau, Bern, Zürich, Berlin, Potsdam, Caputh

**Max** (seit 1896 von) **Eyth** (1836 Kirchheim u. Teck – 1906 U.), „Dichteringenieur, Förderer der Einführung techn. Errungenschaften in der Landwirtschaft".

**GStein** mit Medaillon am östl. Ende der Adlerbastei.[14]
→ Kirchheim u. Teck, Schönthal

---

**Upton** (bei Slough, England)

**Friedrich Wilhelm Herschel** (1738 H. – 1822 Slough), Astronom

> *Mit meiner „Metamorphose der Pflanzen" ging es mir eigen: ich kam dazu wie Herschel zu seinen Entdeckungen. Herschel nämlich war so arm, daß er sich kein Fernrohr anschaffen konnte, sondern daß er genötigt war sich selber eins zu machen. Aber dies war sein Glück; denn dieses selbstfabrizierte war besser als alle andern, und er machte damit seine großen Entdekkungen.*
>
> Goethe über Herschel, 1. 2. 1827 (J. P. Eckermann, Gespräche mit Goethe)

H. war zunächst (wie sein Vater) Regimentsmusiker in Hannover, dann in England, das seine zweite Heimat wurde. Als privater Musiker (so in Bath) wurde er wohlhabend und konnte sich immer mehr astronomischer Liebhaberei widmen – schließlich seine Hauptbeschäftigung. Selbstgebaute leistungsfähige Spiegelteleskope ermöglichten ihm die Herstellung von Sternkatalogen und zahlreiche Entdeckungen, so 1781 die aufsehenerregende des Planeten Uranus; seit 1781 kgl. Astronom und von Georg III. großzügig gefördert; seit 1768 eigene Sternwarte in Slough bei Windsor. Caroline H. war seine Schwester (→ Hannover). Auch sein Sohn John H. (später Sir) war ein tüchtiger Astronom; er führte auch in Südafrika Beobachtungen aus.

▭Upton

---

**Vallendar** bei Koblenz

> *In der Strecke von Andernach nach Bonn glaubten Collini, Hamilton, de Luc und andere Freunde der Feuertheorie die deutlichsten Spuren ehemaliger feuerwerfender Schlünde zu sehen… Kurz, ehe es Menschen gab, die den Gefahren dieses furchtbaren Wohnortes trotzten und das plutonische Gebiet mit Weizen oder mit Reben bepflanzten, kreißte hier die Natur und die Berge wanden sich in gewaltsamen Krämpfen. Ist das nicht prächtig – geträumt?*
>
> Georg Forster (Ansichten vom Niederrhein etc., 1790).

Die aussichtsreiche Humboldt-Höhe (mit Hotel-Hochhaus gleichen Namens) zwischen V. und Weitersburg trägt ihren Namen nach **Alexander v. Humboldt** (→ besonders Berlin).
Als 20jähriger Göttinger Student bereiste er 1789 das Rheintal und ein Jahr später erneut (diesmal mit Georg Forster). Beide Reisen haben literarischen Niederschlag gefunden: die erste in H.s Erstlingsarbeit „Mineralogische Beobachtungen über einige Basalte am Rhein" ( vor allem gegenüber Unkel), in der er sich mit der Entstehung des Basalts beschäftigte – der „Neptunistenstreit" war damals in vollem Gange, und H. ging 1791 zu dem Haupt-Neptunisten Abraham Gottlieb Werner nach → Freiberg i. Sa. Die 2. Reise 1790 beschrieb Georg Forster in den „Ansichten vom Niederrhein".

**Georg Forster** (1754 in Hochzeit b. Danzig – 1793 Paris), mit seinem Vater Reinhold Forster (→ Siegen-Eiserfeld) 1772–75 Teilnehmer der 2. Weltreise von Cook; zuletzt als Univ.-Bibliothekar in Mainz, wo er schließlich, begeistert von der franz. Revolution, Abgeordneter der Mainzer Republikaner und in die Reichsacht erklärt wurde. Er starb einsam und im Elend in Paris.

---

**Varel** (Ostfriesland)

**Julius Lothar Meyer** (1830 V. – 1893 Tübingen), Chemiker, und der Physiker **Oskar Erich M.** (1834 V. – 1909 Breslau) waren Söhne eines Arztes in V.

**GT** (Holz) für Lothar M. an der Geburtsstätte (jetzt kleiner Parkplatz) an der Ecke Neumühlenstr./Nebbsallee; das Haus wurde 1964 abgebrochen.
→ Tübingen

---

**Vegesack** siehe Bremen

---

**Verena-Schlucht** (nördl. Solothurn)

In der Schlucht, südl. von der Einsiedelei, **GStein** (erratischer Granitblock) mit der Inschrift „Dem Geologen **Amanz Gressly** MDCCCLXV"
→ Bärschwil, Laufen, Solothurn, Combe Varin

**Waldheim** (an der Tschopau, Sachsen)

W. ist der Geburtsort des Paläontologen und Zoologen **Gotthelf Fischer** (später: von Waldheim; 1771 W. – 1853 Moskau), 1798 Prof. d. Naturgeschichte in Mainz, seit 1804 in Moskau; Ehrenbürger von W. Sein Sohn Alexander (1803 Mainz – 1884 bei Moskau) und dessen Sohn Alexander Alexandrowitsch (1839–1920) waren angesehene Botaniker.

**GT** am (umgebauten) Geburtshaus[36]

**Warnemünde**

**Eugen Geinitz** (1854 Dresden – 1925), Geologe (Sohn des Dresdener Geologen Hanns Bruno G.), war seit 1878 Prof. in Rostock; verdienstvoller Erforscher der Geologie, vor allem der eiszeitlichen Ablagerungen, Mecklenburgs.

Vor dem Steilufer der Ostsee westl. W. (Stoltera) trägt ein großer, am Kliff herabgestürzter Findling seinen Namen.

**Wehen** (jetzt Taunusstein-Wehen, nördl. Wiesbaden)

Die Erlenmeyer-Str. erinnert an den Chemiker **Emil Erlenmeyer** (1825 W. – 1909 Aschaffenburg), Schüler von Liebig, 1868–83 Prof. am Polytechnicum München. Auf ihn gehen die Begriffe „ein-“ und „zweiwertig“ zurück, ebenso der bei chemischen Arbeiten verwendete „E.-Kolben“.

E. war Pfarrersohn. Das ehem. Pfarrhaus (altes, schiefer-verkleidetes Haus, Glockenstr., nahe der ev. Kirche) ist erhalten.

Abb. 136. A. G. Werner, Geburtshaus in Wehrau

Abb. 137. J. Kepler, Weil der Stadt

Abb. 138. Copernicus (am Kepler-Denkmal, Weil der Stadt)

**Wehrau** am Queis (jetzt Osiecznica, 35 km nordöstl. von Görlitz)

**Abraham Gottlob Werner** [Abb. 48, 136] (1749 – nicht 1750, wie man früher annahm – W. – 1817 Dresden), der „Vater der Geologie“ in Deutschland, wurde hier als Sohn eines Hüttenmeisters geb. Seit 1775 wirkte W. in Freiberg.

Das Geburtshaus ist erhalten. Die **GT** mit der Inschrift „Saxa loquuntur“ („Die Steine reden“) wurde von den Polen entfernt.
→ Freiberg, Dresden

**Weil der Stadt** (westl. Stuttgart)

**Johannes Kepler** [Abb. 64, 137, 139] (1571 W., Siebenmonatskind, – 1630 Regensburg), Astronom.

> *So hoch war noch kein Sterblicher gestiegen,*
> *als Kepler stieg – und starb in Hungersnot:*
> *er wußte nur die Geister zu vergnügen,*
> *drum ließen ihn die Körper ohne Brot.*
>
> A. G. Kaestner (1719–1800)

*Du sahest herrliche Gesichte*
*in finstrer Nacht,*
*ein ganzes Blatt der Weltgeschichte:*
*du hast es vollgemacht!*

Der „Schlesische Schwan", Friederike Kempner (1836–1904) „an Kepler"

Jugendjahre in Leonberg und Maulbronn, Studium in Tübingen (→ Mästlin); dann in Graz, Prag, Linz, Sagan, Regensburg. K. unterbaute und vervollkommnete das heliozentrische Weltsystem des Copernicus. Für die Planetenbahnen fand er die 3 „Keplerschen Gesetze".

„Kepler-Haus" in Weil der Stadt am Markt an der Stelle des 1648 abgebrannten Geburtshauses (mit Museum).
**Δ**(Kreling, 1860) auf dem Marktplatz (die zum Himmel blickende, sitzende Gestalt umfaßt Zirkel und Himmelsglobus; an den 4 Ecken **Copernicus** [Abb. 138], **T. Brahe, Mästlin** und **Bürgi**)
→ Leonberg, Graz, Linz, Eferding, Eltingen, Regensburg (Karte 13)

## Weimar

**Johann Wolfgang** (seit 1782 von) **Goethe** (1749 Frankfurt a. M. – 1832 W.). Seit 1775 in W., dessen Ruhm als geistiges Zentrum der Dichter wesentlich mitbegründete. Doch auch als Naturforscher muß er erwähnt werden: als Geologe (Freundschaft mit A. G. Werner, dessen „Neptunismus" er anhing; zudem als Weimarischer Staatsminister verantwortlich für den Bergbau im Herzogtum; die Gesteinssammlungen in seinem Haus am Frauenplan zeugen von seinen geologischen Interessen), Botaniker („Urpflanze", „Metamorphose der Pflanzen"), Zoologe (Entdeckung des Zwischenkieferknochens); weniger glücklich war er mit seiner „Farbenlehre" und der Gegnerschaft zu Newton.
→ Clausthal, Franzensbad, Holzappel, Ilmenau, Jena, Karlsbad, Luisenburg, Obernhof, Stäfa, Zinnwald

Abb. 139. Relief am Kepler-Denkmal, Weil der Stadt

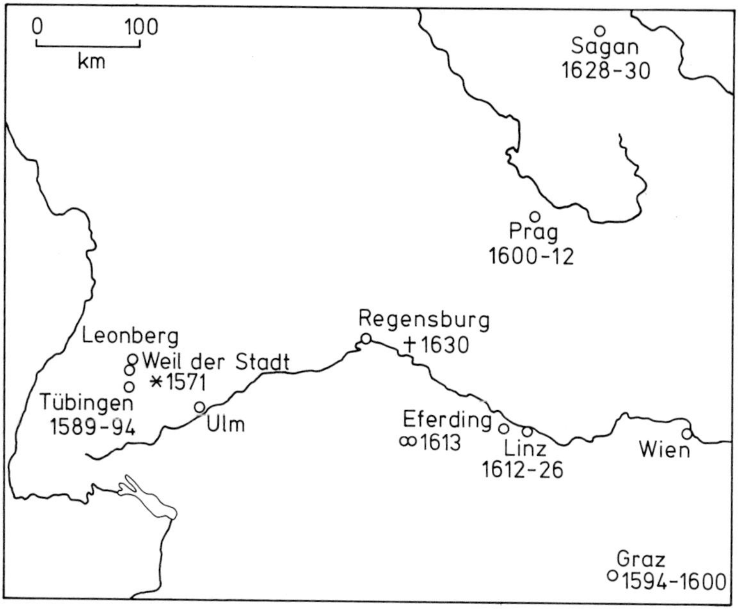


Karte 13. Kepler-Stätten

---

**Weisenheim a. Berg** (nördl. Bad Dürkheim, Pfalz)

> *Wir besuchten zuerst Geheimrat Neumayer, der im Sommer seinen achtzigsten Geburtstag gefeiert hatte, in seinem Landhaus in der Pfalz, wo er uns mit großer Liebenswürdigkeit aufnahm.*
>
> Else Wegener über einen Besuch mit ihrem Vater W. Köppen bei Neumayer 1906[128]

Die Gaststätte „Zum Admiral" in W. (einst Jagdschlößchen der Leininger Grafen) verdankt ihren Namen dem Dir. d. dt. Seewarte und „Admiralitätsrat" **Georg v. Neumayer** [Abb. 119]; er erwarb das Haus 1880 als Sommerruhesitz. **GT**.
→ Kirchheimbolanden, Hamburg, Neustadt a. d. W.

---

**Welsbach**, Schloß in Treibach (Gurktal, nördl. Klagenfurt, Kärnten). Der Chemiker und Gründer der Treibacher Werke **Carl Auer v. Welsbach** (1858 Wien – 1929 W.), lebte in Schloß W.

**GT** am Schloß W. mit dem Profil des 70jähr. (L. Hujer) und der Inschrift: Neodym – Praseodym – Cassiopeium – Aldebarium. Gasglühlicht – Osmiumlampe – Cereisen.
→ Wien

## **Wemding** (Nördlinger Ries)

**Leonhard Fuchs** [Abb. 4, 140] (1501 W. – 1566 Tübingen), Arzt und Botaniker, wirkte in Ansbach und seit 1535 als Prof. der Medizin in Tübingen. Nach F. wurde die Fuchsie benannt.

GT am kleinen Geburtshaus (Marktplatz)
→ Ansbach

## **Wernigerode am Harz**

**Martin Heinr. Klaproth** (1743 W. – 1817 Berlin), Chemiker

> *Von einer Bescheidenheit, der jede Überhebung fernliegt, voll Anerkennung für die Verdienste anderer, rücksichtsvoll für fremde Schwächen, aber von unerbittlicher Strenge in der Beurteilung der eigenen Arbeit, hat uns Klaproth für alle Zeiten das Vorbild eines echten Naturforschers gegeben.*
>
> A. W. v. Hofmann

K. war zuerst Apotheker, seit 1768 meist in Berlin; 1810 erster Prof. f. Chemie an der neugegründeten Univ. Berlin. Peinlich genauer Analytiker; u. a. isolierte er aus der Pechblende von Joachimsthal/Erzgeb. 1789 ein Oxid, dessen metallischen Anteil er Uran nannte (in Anlehnung an den 1781 entdeckten Planeten Uranus; die Reindarstellung des Urans gelang freilich erst E. M. Péligot – Paris 1840). Auch die Elemente Tellur und Titan hat K. benannt.

Abb. 141. F. Becke, Wien

Abb. 140. F. Fuchs, Geburtshaus in Wemding

Geburtshaus nicht erhalten; **GT** am heute an dessen Stelle stehenden Haus am Liebfrauenkirchplatz.

---

## Wien

Universitätsstadt seit 1365; seit 1815 Polytechn. Inst. (1872 TH). – Zahlreiche Denkmäler im Arkadenhof (Ark. Hof) der Univ.[129]

**Carl Auer** (seit 1901 Freiherr) **von Welsbach** (1858 W. – 1929 Welsbach), Chemiker. Carl A. promovierte bei Bunsen in Heidelberg, erforschte seltene Erden, entdeckte die Elemente Neodym und Praseodym, später Cassiopeium (= Lutetium); erfand Auerglühstrumpf, Metallfadenlampe (später Osram-Glühbirne), Cer-Eisen für Feuerzeuge und gründete die Treibacher Chem. Werke.

**Δ**(hohe Säule, oben Jüngling mit Fackel; Medaillon), vor dem Inst. f. analyt. Chemie und Organ. Chemie (Ecke Währinger Str./Boltzmanngasse)
→ Welsbach

**Friedrich Becke** [Abb. 141] (1855 Prag – 1931 W.), Mineraloge; Prof. in Czernowitz, Prag und (seit 1898) Wien. Er beschäftigte sich mit opt. Untersuchungsmethoden („B.sche Linie), der Einteilung magmat. Gesteine (atlant. u. pazif. Sippen) und (zusammen mit U. Grubenmann) den Tiefenstufen metamorpher Gesteine.

**Δ**Ark. Hof (Kopf, Halbrelief; A. Roder, 1956)

**Theodor Billroth** [Abb. 142] (1829 Bergen – 1894 Abbazia), Chirurg, seit 1867 als berühmter Operateur (Magenresektionen) in W. Er führte die Mischnarkose (Äther u. Chloroform) ein und erfand den B.-Batist (mit fettsaurem Blei imprägnierter Verbandstoff).

Ehren-▭ Zentralfriedh. (Abt. 14 A) mit Marmorrelief des Kopfes (K. v. Zumbusch). **Δ** Ark. Hof (Halbstatue, K. v. Zumbusch 1897). **Δ** (überlebensgroßes Standbild, Drobil) Allg. Krankenhaus, nahe Eingang Alserstr.
→ Bergen

**Josef Böhm** (1831 Gr. Gerungs, N.Ö. – 1893 W.), Pflanzenphysiologe

> *Je dicker das Buch, desto größer der Esel, merken Sie sich das, das ist wichtig fürs Leben.*
>
> J. Böhm in der Vorlesung (berichtet von E. v. Tschermak-Seysenegg, Leben und Wirken, 1958)

**Δ**Ark. Hof (Kopf, Halbrelief; Joh. Benk, 1895)

**Ludwig Boltzmann** [Abb. 143] (1844 W. – 1906 Duino b. Triest), Physiker

> *ich danke den werken göthe's, dessen faust fileicht das größte aller kunstwerke ist und dem ich die mottos meiner ersten bücher entnommen, shakespeare etc. die höchste geistige erhebung; aber bei schiller bin ich geworden, one in könnte es einen mann mit gleicher bart- und nasenform wie ich, aber nimals mich geben.*
>
> L. Boltzmann im „forwort" seiner „Populären Schriften" (3. Aufl., 1925), die er den Manen Schillers widmete.

B. wurde in der Nacht vom Faschingsdienstag zum Aschermittwoch geboren; im Geburtshaus war ein Vergnügungslokal, in dem gerade ein Maskenball stattfand; nach B. die „vermutete Ursache seines wechselnden Gemütszustandes, der oft von höchster Freude unmittelbar in tiefste Traurigkeit umschlagen" konnte. Schüler von J. Stefan und Loschmidt in W., 1869 Prof. der theor. Physik in Graz, 1873 der Math. in W., 1876 Dir. des Physik. Inst. Graz, 1889 Prof. der theor. Physik München, 1894 W., 1900 Leipzig, 1902 W. „Ein Vorkämpfer der Maxwellschen elektromagn. Lichttheorie, begründete das von Stefan gefundene Strahlungsgesetz, befaßte sich besonders mit der kinet. Gastheorie, der mech. Wärmetheorie, suchte das Rätsel der Entropie mit Hilfe der Wahrscheinlichkeitsrechnung verständlich zu machen". (Österr. Biog. Lex.). Er war witzig, anspsruchslos; schrieb auch populäre Schriften; seinem Leben setzte er freiwillig ein Ende.

Ehren-▭ Zentralfriedh. (Abt. 14 C) mit Marmorbüste und der Formel S = k log W (k ist die „B.-Konstante").
ΔArk. Hof (Büste; L. Brandeiski, 1912).
→ Graz

Abb. 142. Th. Billroth, Wien

Abb. 143. L. Boltzmann, Wien

**Ernst Wilh.** (seit 1873 Ritter von) **Brücke** [Abb. 144] (1819 Berlin – 1892 W.), Physiologe.

> *Hyrtl ist ein rätselhafter Mensch, an dem mir nur eins gefallen, nämlich die Freudigkeit, mit der er Brücke lobte, den er für das wichtigste Glied der Wiener Fakultät erklärte.*
>
> C. Ludwig an Du Bois-Reymond, 12. 10. 1854

1848 Prof. in Königsberg, 1849 W. (1879/80 der erste protestant. Rektor der Univ. W.!), beschäftigte sich besonders mit dem Grenzgebiet Physiologie/Physik (Optik, Farbenlehre), Erfinder einer Lautschrift; „begeisterter Freund der bildenden Künste“.

ΔArk. Hof (Büste, O. König, 1894)

**Carl Claus** (1835 Kassel – 1899 W.), Zoologe, seit 1873 Prof. in W. Sein Lehrbuch „Grundzüge d. Zool.“ (1863) ist immer wieder neu aufgelegt worden.

ΔArk. Hof (R. Kauffungen, 1907)

**Christian Doppler** [Abb. 145] (1803 Salzburg – 1853 Venedig), Physiker, wirkte seit 1849 in W.
ΔArk. Hof (Büste; G. Leiseck, 1901)
→ Salzburg

**Thomas Alva Edison** (1847–1931), amerik. Techniker und Erfinder, besuchte 1911 die Stadt W.

GT am Schönbrunner Schloßcafé (gegenüber Postamt 1130)

Abb. 144. E. W. v. Brücke, Wien

Abb. 145. Ch.Doppler, Wien

**Stephan Ladislaus Endlicher** (1804 Pressburg – 1849 W.), zuerst Theologe, dann Botaniker. Seit 1839 Prof. der Botanik, Dir. des Bot. Gartens W. 1848 kämpfte er bei der freiheitlichen Bewegung und mußte flüchten.

ΔArk. Hof (Büste, J. Kalmsteiner, 1896). Büste auch im Bot. Inst. (Rennweg)

**Franz Exner** (1849 W. – 1926 W.), Physiker, seit 1891 Prof. der Physik in W. und Dir. des 2. Physik. Inst., war Begründer der modernen luftelektr. Forschung; sein Atlas der Spektren der Elemente galt als Standardwerk. – Der Meteorologe **Felix Exner** Ritter von Erwarten (1876 W. – 1930 W.), Prof. in Innsbruck, 1917 Dir. der Zentralanstalt für Meteor. W., war sein Neffe. (▭ Heiligenstädter Friedh., → Hann)

Δvon Franz E. (Kopf, Marmorrelief) Ark. Hof (M. Powolny, 1937)

**Eduard Fenzl** (1808 Krummnußbaum – 1879 W.), Botaniker; Dir. des Bot. Gartens W.
Büste im Bot. Inst. (Rennweg)
→ Krummnußbaum

**Guido Goldschmiedt** (1850 Triest – 1915 Gainfarn, N.Ö.), Chemiker. 1891 Prof. Hochschule für Bodenkultur W., 1892 Prag, 1911 Univ. W.; untersuchte u. a. Fettsäuren und Papaverin.

ΔArk. Hof (Seiffert, 1923)

**Wilhelm** (seit 1865 Ritter von) **Haidinger** (1795 W. – 1871 Dornbach b. W.), 1849–66 Dir. der neugegründ. Geol. Reichsanstalt.
▭m. Bronzewappen und Inschrift „Begründer des naturwiss. Lebens in seinem Vaterlande", Zentralfriedh. (Abt. O., Friedhofmauer links vom Haupttor.)

**Julius** (seit 1910 von) **Hann** (1839 Schloß Haus b. Wartegg o. d. Aist, O.Ö. – 1921 W.), Meteorologe. 1877–97 Dir. Zentralanst. f. Meteorol. W., 1897–1900 Prof. d. Meteorol. Graz, 1900–10 d. Kosm. Physik W.; einer der Begründer der modernen Meteorologie und Klimatologie.

▭Heiligenstädter Friedh. (nahe → ▭ Felix Exner). Kopf-Halbrelief (Bronze) im Eingangsraum der Zentralanst. f. Meteorol., Hohe Warte 38

**Friedrich Hasenöhrl** (1874 W. – 1915 gefallen Vielgereuth, Südtirol), Physiker.

> *Ein Gefühl sagt mir, daß sonst sein Name an der Stelle des meinen stünde.*
>
> E. Schrödinger, Schüler von Hasenöhrl, bei der Verleihung des Nobelpreises f. Physik 1933

H. machte ein ausgezeichnetes Abitur, promovierte bei Exner, Assist. im Kältelabor von Kamerlingh-Onnes in Leiden, dort durch H. A. Lorentz zur theor. Physik hingezogen, 1906 Prof. TH W., 1907 Univ. W. (Nachfolger von Boltzmann); ein glänzender Lehrer.

ΔArk. Hof (F. Seiffert, 1916)

**Franz** (später von) **Hauer** (1822 W. – 1899 W.), Geologe, 1849 Bergrat und 1. Geologe der Geol. Reichsanst., deren Dir. 1866–85, 1885–96 Intendant des Naturhist. Mus.

▭(m. Medaillon) Zentralfriedh. (Abt. O, Friedhofmauer links vom Haupttor)

**Ferdinand** (seit 1884 Ritter von) **Hochstetter** [Abb. 44] (1829 Eßlingen – 1884 Ober-Döbling, jetzt W.), Geologe. H. wirkte seit 1852 in W.

▭(Bronzebüste auf Granitblock) Zentralfriedh. (Abt. 14 A). **Δ** (Büste) vor der TH am Karlsplatz
→ Eßlingen

**Guido Holzknecht** (1872 W. – 1931 W.), Röntgenologe. Seit 1912 Prof. in W.; entwickelte Röntgendiagnostik und -therapie (H.sche Einheit, H.scher Raum); er starb an den Folgen von Röntgenschäden.

Δ(Bronzebüste) Arne-Carlsson-Park, Währingerstr.

**Josef Hyrtl** [Abb. 146] (1810 Eisenstadt/Burgenld. – 1894 Perchtoldsdorf, N.Ö.), Anatom. H. war zuerst Sängerknabe in W., studierte Med., 1837 Prof. der Anatomie Prag, 1845 W. „Sein Erfolg im Hörsaal zog Scharen von Schülern herbei“. Sein Lehrb. der Anatomie hatte „Weltruf“; in W. gründete H. ein Museum für vergleich. Anatomie. Wegen seiner Sehschwäche trat er 1874 in den Ruhestand. H. kämpfte gegen den Materialismus und für die Herrschaft der Kirche über die Wissenschaft.
ΔArk. Hof (J. Unterkalmsteiner, 1889), schon zu seinen Lebzeiten enthüllt.

**Nicolaus Joseph Freiherr von Jacquin** (1727 Leiden – 1817 W.), Botaniker. 1752 von seinem Landsmann → Van Swieten nach W. berufen; 1755–59 Reise nach Westindien, 1763 Bergrat u. Prof. der Botanik und Chemie an der Bergakad. Schemnitz, 1768 in W. Er baute den Bot. Garten aus und führte das Linné'sche Pflanzensystem in Österreich ein. – Sein Sohn **Jos. Franz Freiherr v. J.** (1766 Schemnitz – 1839 W.) wurde 1797 Nachfolger des Vaters. Als Wissenschaftler „nicht bedeutend, aber er regte das wissenschaftliche Leben an“.

▭von Vater und Sohn im Bot. Garten (Rennweg). Gipsbüsten im Bot. Inst. Eine große Platane vor dem Institut wurde 1780 in J.s Amtszeit gepflanzt.
Δ(für Nic. Jos. J.) Ark. Hof (F. Seiffert, 1905)

**Anton Kerner** (seit 1877 von) **Marilaun** [Abb. 147] (1831 Mautern, N. Ö. – 1898 W.), Botaniker. 1858 Prof. am Polytechn. Institut Ofen, 1860–78 Innsbruck, 1878–98 W. Im Bot. Garten richtete er pflanzengeogr. Gruppen ein. Hauptwerke „Pflanzenleben der Donauländer" (1863) und „Pflanzenleben" (2 Bd., 1890/91), wie Brehms Tierleben volkstümlich geschrieben. – Sein Sohn Fritz K. v. M. (1866 Innsbruck – 1944 W.), wurde Geologe bei der Geol. Bundesanst. W., er war auch paläoklimatologisch tätig.

□ von Anton K. (mit Medaillon und Pflanzenornamenten) Zentralfriedh. (Abt. 0, Friedhofmauer links vom Haupttor). Δ Ark. Hof (Kopf, Vollrelief; E. Hofmann v. Aspernburg, 1908). Büste im Bot. Inst. (Rennweg)

**Karl Landsteiner** (1868 W. – 1943 N.-York), Arzt und Immunologe. L. wanderte 1919 aus. Er entdeckte die Blutgruppen (Nobelpreis f. Med. 1930), 1940 den Rhesusfaktor (mit A. S. Wiener).

ΔArk. Hof (Kopf, Halbrelief; A. Hartig, 1961)

**Adolf Lieben** (1836 W. – 1914 W.), Chemiker, Schüler Bunsen's. Prof. in Palermo, Turin, 1871 Prag, 1875–1906 W.
ΔArk. Hof (K. Kundmann, 1922)

Abb. 146. J. Hyrtl, Wien

Abb. 147. Kerner v. Marilaun, Wien

**Joseph** (seit 1835 von) **Littrow** (1781 Bischofteinitz – 1840 W.), Astronom.

> *Littrow hat eine sehr freundliche Frau, mit der er, obwohl sie erst 34 Jahre alt, 12 Kinder gehabt hat. Sie ist eine Polin und schnupft stark; in ihren jüngeren Tagen hat sie auch wie ein Türke geraucht (so drückte sich ihr Mann aus). Sie erzählte zum Entgelt andere hübsche Geschichten von ihm.*
>
> Der norwegische Mathematiker N. H. Abel an Hansteen, 28. 5. 1826

L. war Autodidakt, aber „prädestiniert zur Astronomie, da er in der Nacht geboren wurde, als Herschel den Uranus entdeckte"; 1807 Prof. der Astronomie in Krakau, 1809 Kasan, 1816 Ofen, 1819 W. Er war als Foscher „nicht bahnbrechend", aber weit bekannt durch das vielgelesene Buch „Wunder des Himmels".

**Δ**(Bronzebüste) Ark. Hof (H. Bitterlich, 1892)

**Karl von Littrow** (1811 Kasan – 1877 Venedig), Astronom, Sohn von Joseph L., seit 1842 Dir. der Univ.-Sternwarte W., erbaute die Sternwarte W.-Währing („seine bedeutendste Leistung").

**Δ**(Bronzebüste) Ark. Hof (H. Bitterlich, 1892)

**Josef Loschmidt** [Abb. 148] (1821 Putschien b. Karlsbad – 1895 W.), Physiker.

> *Nun ist Loschmidts Leib in seine Atome zerfallen; in wie viele, können wir aus den von ihm gewonnenen Prinzipien berechnen, und ich habe, damit es in einer Rede zu Ehren eines Experimentalphysikers nicht an jeder Demonstration fehle, die betreffende Zahl dort an die Tafel schreiben lassen (10 Quadrillionen = $10^{25}$). Diese Zahl ist freilich nur eine runde. Das kleinste Härchen würde Billionen hinzufügen.*
>
> L. Boltzmann in der Gedenkrede auf J. Loschmidt bei der Denkmalsenthüllung

Sohn eines Kleinbauern. Nach dem Studium zuerst Lehrer, gefördert von J. Stefan, 1866 habilitiert. 1868 a. o. Prof., 1872 o. Prof. der physik. Chemie in W., beschäftigte sich mit der Konstitution aromatischer Stoffe und berechnete erstmals die Größe eines Moleküls (1865; „L.sche Zahl" = Anzahl der Moleküle eines Gases in 1 $cm^3$).

**Δ**Ark. Hof (Kopf, Vollrelief; A. Schmidtgruber, 1899)

**Ernst Mach** [Abb. 149] (1838 Turus/Mähren – 1916 Vaterstetten b. München), Physiker und Philosoph

> *Die Newton'sche Gravitationstheorie beunruhigte bei ihrem Auftreten fast alle Naturforscher, weil sie sich auf eine ungewöhnliche Unverständlichkeit gründete ... Heute beunruhigt die Gravitation keinen Menschen mehr. Sie ist eine gewöhnliche Unverständlichkeit geworden.*
>
> E. Mach in einem Vortrag in Prag, 1871

1861 habil. für Physik in W., 1864 Prof. der Math. in Graz, 1867 der Physik in Prag, 1895–1901 der Geschichte und Theorie der indukt. Wiss.

in W. Er bewies experimentell Doppler's Theorie und beschäftigte sich mit der Geschwindigkeitsmessung schneller Körper; die Einheit für Überschallgeschwindigkeit ist nach ihm benannt (1 Mach = Schallgeschwindigkeit). Für den Philosophen M. stand das Problem des Erkennens im Vordergrund.

Δ(Büste) im Rathauspark

**Josef Madersperger** [Abb. 93] (1768 Kufstein – 1850 W.), Erfinder der Nähmaschine.

Ehren ▭ St. Marxer Friedh. (Leberstr. 6–8, XI. Bezirk, Simmering; nahe Mozart's ▭). Δ (Bronzebüste) im Resselpark, vor der TH. → Kufstein

**Siegfried Marcus** (1831 Malchin/Mecklenburg – 1898 W.), Mechaniker, seit 1852 in W., wo er zahlreiche Erfindungen machte und seit 1870 erste Kraftwagen baute.

Δ(Büste) im Resselpark, vor der TH

**Friedrich Mohs** [Abb. 65] (1773 Gernrode – 1839 Agordo/Dolomiten), Mineraloge

> *Er suchte Steine durch sein ganzes Leben,*
> *und suchte nie sich satt.*
> *Hier hat man einen ihm gegeben,*
> *woran er Gnüge hat.*
>
> Joh. Aug. Weppen (1741–1812),
> Grabschrift eines Mineralogen[130]

M. wirkte seit 1826 in W.

Abb. 148. J. Loschmidt, Wien

Abb. 149. E. Mach, Wien

Abb. 150. M. Neumayr, Wien

▭mit 5 m hohem Granitstein und Bronzemedaillon (errichtet 1866 „von seinen Verehrern“) Zentralfriedh. (Abt. 32 A).
→ Graz

**Hans Molisch** (1856 Brünn – 1937 W.), Botaniker. 1889 Prof. in Graz, 1894 Prag, 1908 W. (Nachfolger von Wiesner).

▭Zentralfriedh. (Abt. 32 C). Δ Ark. Hof (Bronzebüste; F. Seiffert, 1950)

**Melchior Neumayr** [Abb. 150] (1845 München – 1890 W.), Geologe. 1868–72 an der Geol. Reichsanst. W., seit 1873 Prof. der Paläont. in W., Schwiegersohn von E. Sueß. Hauptwerke „Erdgeschichte“ (2 Bd., 1886/87), „Die Stämme des Tierreichs“ (1889).

ΔArk. Hof (Büste; K. Kundmann, 1892)

**Theodor von Oppolzer** [Abb. 151] (1841 Prag – 1886 W.), Astronom. Wie sein Vater war er zuerst Mediziner; 1875 o. Prof. der Astron. und höh. Geodäsie W. Hauptwerke: „Bahnbestimmung der Kometen und Planeten“, „Kanon der Finsternisse“.

▭Zentralfriedh. (Arkadengruft). Δ Ark. Hof (Kopf, Vollrelief; auch sein Vater; V. Tilgner, 1890).

**Johann Palisa** (1848 Troppau/Österr. Schlesien – 1925 W.), Astronom.

> *Palisa und sein Sohn besuchen uns. Ein urwüchsiger gutmütiger Mensch ohne Formen, aber genial.*
>
> Max Wolf (Tagebuch, 1904)

Planetoidenforscher; seit 1871 an der Sternwarte Pola, seit 1888 in W.

▭Zentralfriedh. (Abt. 33 A, Reihe 1, Grab 29)

Abb. 151. Th. v. Oppolzer, Wien (rechts; links sein Vater)

**Julius Ritter von Payer** (1842 Schönau b. Teplitz/Böhmen – 1915 Veldes/Krain), Polarforscher und Maler. Zuerst im Militärdienst; 1869/70 Teilnehmer der 2. dt. Polarexpedition Ostgrönland, 1872–74 der österr.-ung. Nordpolarexpedition mit „Tegetthof" (bei Nowaja-Semlia 2 Jahre im Eis eingeschlossen; Schlittenreisen nach Franz-Josefs-Land); später hauptsächl. Maler.

▭ Zentralfriedh. (Abt. 32 A)

**Josef Petzval** (1807 Szepesbela – 1891 W.), Mathematiker.

> *Kummer brach derartige Erörterungen stets mit der Bemerkung ab: „Was er uns in Wien vorredete, zeigt, daß er ein ganz dummer Kerl ist", worauf Weierstraß zu erwidern pflegte: „Dumm ist er nicht, er hat uns nur für dumm gehalten".*
>
> Die beiden Berliner Mathematiker über Petzval (L. Gegenbauer, Ein vergessener Österreicher, 1903)

P. berechnete ausgezeichnete fotogr. Objektive. Er war Gegner von → Doppler.

▭ (mit Porträtrelief) Zentralfriedh. (Abt. 14 A). **Δ** Ark. Hof (A. Brenk, 1901)

**Joseph Ressel** (1713 Chrudim/Böhmen – 1857 Laibach), Forstmann und Erfinder einer Schiffsschraube (1826).

**Δ** (Bronzestatue) im Resselpark, vor der TH

**Philipp Franz von Siebold** [Abb. 115, 156, 157] (1796 Würzburg – 1866 München), Japanforscher

**Δ** (mit Bronze-Medaillon, stilisierter Bambuszeichnung u. ä.) im Park von Schönbrunn (30 m östl. Palmenhaus). Der Stein stammt aus Japan und kam 1873 zur Weltausstellung nach W.; das **Δ** errichtete die k. k. Gartenbaugesellschaft (es stand ursprünglich in deren Garten).
→ Würzburg, Leiden, München

**Josef Stefan** (1835 St. Peter b. Klagenfurt – 1893 W.), Physiker

> *Weder Stefan noch Loschmidt machten meines Wissens eine Reise außerhalb des österreichischen Vaterlandes. Jedenfalls besuchten sie nie eine Naturforscherversammlung, traten nie mit fremden Gelehrten in innigere persönliche Beziehungen. Ich kann dies nicht billigen; ich glaube, daß sie bei geringerer Abgeschlossenheit noch mehr hätten leisten können. Wenigstens hätten sie ihre Leistungen rascher bekannt und daher fruchtbringender gemacht.*
>
> L. Boltzmann in der Gedächtnisrede für J. Stefan bei der Denkmalsenthüllung, 8. 12. 1895

St. arbeitete über kinet. Gastheorie; 1879 fanden St. und Boltzmann das nach ihnen benannte Strahlungsgesetz (Gesamtstrahlung eines schwarzen

Körpers proportional des 4. Potenz ihrer absol. Temp.). Boltzmann und Hasenöhrl waren Schüler von S., beide Nachfolger auf seinem Lehrstuhl.

ΔArk. Hof (A. Schmidtgruber, 1896)

**Eduard Sueß** [Abb. 152] (1831 London – 1914 W.), Geologe

*Der Zusammenbruch des Erdballs ist es, dem wir beiwohnen.*

E. Sueß (Antlitz der Erde, I, 1885, S. 778)

*Die Gebildeten auf dem ganzen Erdball kennen Ihren Namen als einen der glänzendsten, und die Welt der Gelehrten reiht ihn unter ihre besten.*

Aus einem Handschreiben des Kaisers Franz Joseph an den 80jährigen E. Sueß

*Er sprach sehr schön und mit viel Pathos, etwas pastoral.*

E. v. Tschermak-Seysenegg über Sueß (Leben und Wirken, 1958)

Der Vater von S. war Kaufmann. S. studierte ohne Abschluß in W. und Prag, war in die politischen Ereignisse 1848/49 verwickelt und kurze Zeit verhaftet, 1852 Assistent im Kaiserl. Mineralienkabinett W., als Liberaler im Gemeinderat und im Landtag tätig, 1857 a. o., 1867 o. Prof. d. Geologie in W. 1873 Fertigstellung der von S. projektierten W. er Hochquellenwasserleitung aus den Alpen, 1897–1910 Präsident der Akad. d. Wissensch.; Hauptwerk (auch engl. und franz.) „Das Antlitz der Erde", eine erste Gesamtschau der tektonischen Entwicklung der Erde (3 Bd., 1885–1909). Von S. stammen die geol. Begriffe „Gondwanaland", Tethys, Horst, Sal (später Sial), Sima, juveniles und vadoses Wasser. Nachfolger auf seinem Lehrstuhl wurde sein Sohn Franz Eduard S.

Abb. 152. E. Suess, Wien

Abb. 153. R. Fresenius, Wiesbaden

□ in Márczfalva b. Ödenburg (Heimat seiner Frau). **Δ** (Büste) am Hochstrahlbrunnen; Inschrift „Dem Schöpfer der ersten Wiener Hochquellenleitung, dem Meister der Geologie, dem Kämpfer für Freiheit und Fortschritt" (1928).

**Gustav Tschermak,** Edler von Seysenegg (1836 Littau b. Olmütz – 1927 W.), Mineraloge. 1860 habilitiert, 1867 Prof. in W. Bekannt wurden besonders seine grundlegenden Arbeiten über die Feldspäte, die er auf drei Verbindungen zurückführen konnte. 1871 gründete er „T.s min. und petrogr. Mitt." – Erich T. (1871 W. – 1962 W.), Botaniker und einer der Wiederentdecker der Mendel'schen Vererbungsgesetze, war sein Sohn.

□ Döblinger Friedr. **Δ** Ark. Hof (Kopf, Halbrelief; R. Marschall, 1935)

**Franz Unger** (1800 Amthof b. Leutschach, Steiermark – 1870 Graz), Botaniker. U. war 1823 als Student wegen „Geheimbündelei und Vaterlandsverrath" in Haft; Arzt, 1835 Prof. für Botanik und Zool. am Joanneum Graz, 1850–69 in W. (Nachf. von Endlicher). U. erkannte die Abhängigkeit der Pflanzen vom Boden; als Paläobotaniker schuf er Vegetationsbilder der Vorzeit und erklärte die Verwandschaft europ. und nordamerik. Floren durch versunkene Landbrücke (Atlantis); von Klerikalen als Gottesleugner angegriffen.

**Δ** Ark. Hof (Büste; J. Gruber, 1901)

**Gerard Van Swieten** (1700 Leiden – 1772 Schönbrunn b. W.), niederländ. Arzt, seit 1745 Leibarzt von Maria Theresia, Vorsteher der kaiserl. Bibliothek; er entzog Studienwesen und Bücherzensur der Aufsicht der Jesuiten.

**Δ** Ark. Hof (F. X. Messerschmid, 1889). Bronzestandbild (K. Zumbusch) auch am Maria-Theresia-**Δ** (am Naturhist. Mus.)

**Edmund Weiß** (1837 Freiwaldau, Österr. Schlesien – 1917 W.), Astronom. Seit 1869 Prof. in W., 1878–1908 Dir. der Univ.-Sternwarte W.-Währing.

Bronzekopf im Treppenhaus der Sternwarte

**Richard Wettstein** Ritter von Westersheim (1863 W. – 1931 Trins, Gschnitztal), Botaniker. Schüler von Kerner von Marilaun (dessen Tochter er heiratete), 1892 Prof. der Botanik in Prag, 1899 in W. (Nachfolger von Kerner); Reisen nach Nord- und Südamerika, Neubau des Bot. Inst. Er beschäftigte sich mit Pflanzensystematik und -geographie, Ökologie, Art-Entstehung. Als Großdeutscher wurde er als Nachfolger des Bundespräs. Hainisch diskutiert. 1929 Senator der dt. KWG.

□ Zentralfriedh. (Abt. 14 C). **Δ** Ark. Hof (Kopf, Halbrelief; H. Bitterlich, 1924 bzw. 1963)

**Julius** (später Ritter von) **Wiesner** (1838 Teschen, Österr. Schlesien – 1916 W.), Botaniker

> *... von dem Goebel so hübsch sagte es gelte von ihm das schwäbische: „Er läscht sich gärn aschtimiere".*
>
> A. Tschirch (Erlebtes und Erstrebtes, 1921)

Schüler von Unger, 1873–1909 Prof. der Pflanzenphysiol. in W.; vielseitiger und anregender Physiologe („Lichtgenuß der Pflanzen", 1907).

**Δ**Ark. Hof (F. Seiffert, 1927)

---

## Wiesbaden

**Remigius Fresenius** [Abb. 153] (1808 Frankfurt/Main – 1897 W.), Chemiker, promovierte bei J. Liebig in Gießen mit einer Anleitung zur qualitativen chemischen Analyse, habilitierte sich 1843 in Gießen und gründete 1848 in W. ein weitbekanntes chem. Untersuchungslabor.

**Δ**(Büste; K. Reinert, 1904), Dambachtal (im nördl. Teil von W.)

---

## Wilhelmshaven-Neuende

**Eilhard Mitscherlich** [Abb. 22] (1794 N. – 1863 Berlin), Chemiker

> *Niemand würde es in der Chemie zu etwas bringen, der sich vor seinem sechzehnten Lebensjahr damit beschäftigt hat.*
>
> Eilh. Mitscherlich in der Vorrede zu seinem Lehrb. d. Chemie (angeführt von R. Willstätter, Mein Leben, 1949)

Der Vater war Pfarrer im damaligen Dorf Neuende. Schulbesuch in Jever, Studium der oriental. Sprachen in Heidelberg; in Göttingen wechselte er zur Chemie über und wurde Schüler von Berzelius in Stockholm; 1822 Prof. d. Chemie in Berlin. M. entdeckte die Isomorphie der Kristalle (d. h. Gleichgestaltigkeit bei analoger chem. Zusammensetzung, z. B. Mangan- und Eisenspat); wichtig auch die organisch-chem. Untersuchungen (Nitrobenzol). Die Bezeichnung Benzol geht auf ihn zurück. Er war auch geologisch tätig (Eifel). (Sein Sohn Alexander M. → Münden).

**GT** am Geburtshaus (Bauernhaus am „Totenweg", 10 Min. nördl. von der alten Wurtkirche N., gehört jetzt zum „Gästehaus Harfst"). Der Grabstein der Eltern (neben der Kirche) enthält auch die Namen der 3 Kinder, so auch „Eilerd" M.
→ Jever, Göttingen, Berlin

## Wilseder Berg (196 m, Lüneburger Heide)

*Ganz so schlecht, wie ich gefürchtet hatte, ist der Aufenthalt hier doch nicht, ohne Vergleich besser, wie in Ober-Ohe ... Dort lebt eine Familie, deren Haupt „Peter Hinrich von der Ohe zur Ohe" sich schreibt (falls er schreiben kann), dessen Eigenthum vielleicht 1 □-Meile groß ist, dessen Kinder aber die Schweine hüten. Manche Bequemlichkeit kennt man dort gar nicht, z. B. einen Spiegel, einen A–t und dergleichen. Gott sei Dank, daß ich den 10-tägigen Aufenthalt daselbst überstanden habe.*

C. F. Gauß über eines seiner Standquartiere in der Lüneburger Heide; Brief vom Barlhof am Wilseder Berg an H. C. Schumacher, 29. 9. 1822[131]

Der W. B. war ein Hauptpunkt bei der geodätischen Vermessung des Königreiches Hannover die **C. F. Gauß** [Abb. 56, 154] 1821–25 durchführte. Eine **GT** mit dem Medaillon von G. an einem eiszeitlichen Granitfindling erinnert seit 1964 an diese „Hannoversche Gradmessung". Ein Wanderweg Ndr. Haverbeck – W. B. ist als „C. F. Gauß-Wanderweg" bezeichnet.

→ Braunschweig, Helmstedt, Göttingen, Hoher Hagen (Karte 5)

## Bad Windsheim (Kr. Neustadt/Aisch-Windsheim, Mittelfranken)

**Georg Wilh. Steller** (1709 W. – 1746 in Tjumen/Sibirien), Teilnehmer an Bering's Nordasien-Expedition, bereiste Kamtschatka. Nach ihm ist die ausgestorbene „Stellersche Seekuh" benannt. Die Stellergasse und das Steller-Gymnasium tragen seinen Namen.

## Worb (östl. Bern)

In W. wurde 1920 der Mediziner **Wilhelm Bernhard** geb., der sich seit 1948 im Krebsforschungszentrum Villejuif b. Paris mit bedeutenden Zell- und Virusforschungen beschäftigte. Er starb auf einer Reise 1978 in Buenos Aires.[131a]

Abb. 154. C. F. Gauß, Wilseder Berg

□ (mit schönem Grabstein) Friedh. W. – **GStein** (1980; kugelrunder Findling) hinter dem alten Schloß.

**Worpswede** (nördl. Bremen)

Auf dem Weyerberg in W. erinnert ein **Δ** (pyramidenförmiger Obelisk) an den Moorforscher und „thätigen Förderer dieser Moorkolonie, den Königlichen Moor-Commissar **Jürgen Christian Findorf**“ (1720 Lauenburg/Elbe – 1792 Mehedorf b. Bremervörde). F. war zunächst, wie sein Vater, Tischler; der hannov. Landbaumeister v. Bonn ließ ihn im Land- und Wasserbau ausbilden. Sein Lebenswerk war die Urbarmachung und Besiedlung des Teufelsmoors. Das **Δ** wurde 1797 von seinen „Freunden und Verehrern“ errichtet.

**Witzenhausen** an der Werra

**Carl F. W. Ludwig** [Abb. 155] (1816 W. – 1895 Leipzig), Physiologe

> *Am Freitag abend kam ich nach Zürich, suchte mir Ludwig auf, der mich äußerst herzlich empfing. Er ist eine wirklich edle und liebenswürdige Natur und hat sich noch sehr dadurch verbessert, daß er das burschikose Wesen von ehemals abgelegt hat. Daran ist wahrscheinlich seine Frau schuld ... Dabei ist er ungeheuer fleißig, arbeitet sich immer mehr und mehr in der festen Richtung weiter, wird von den Studenten ... schwärmerisch geliebt.*
>
> H. v. Helmholtz an seine Frau, 1851

L. wurde in Marburg Dr. med., 1849 Prof. in Zürich, 1855 in Wien, seit 1865 in Leipzig. Er gilt als Begründer der „messenden Experimentalphysiologie“ und übte durch zahlreiche deutsche und ausländische Schüler großen Einfluß aus; eng befreundet mit Helmholtz und E. DuBois-Reymond.

**GT** (mit Kopf-Relief; seit 1936) am Geburtshaus (an der ehemaligen Kolonialschule).
→ Leipzig

Abb. 155. C. Ludwig, Witzenhausen

## Wolfenbüttel (südl. Braunschweig)

**Julius Elster** (1854–1920 W.), Physiker

**Hans Friedrich Geitel** (1855 Braunschweig – 1923 W.), Physiker

Die beiden Gymnasiallehrer arbeiteten eng zusammen; grundlegende Untersuchungen (Glühkathodenröhre, Photozelle; Entdeckung der Radioaktivität von Kalium und Rubidium).

▭Neuer Friedh. – **GT** (Bronze) für beide am „Physikhaus" der „Großen Schule", Rosenwall 14, mit der Angabe „Lehrer an der Großen Schule – Erfinder der Photozelle – Entdecker der Atomenergie". Kopfrelief beider im Physikzimmer der Schule; Büste von G. im Treppenaufgang der Schule.

## Würzburg

Universitätsstadt seit 1582

**Karl Gegenbaur** (1826 W. – 1903 Heidelberg), Zoologe und Anatom

> *Die Vorlesung war in keiner Weise glänzend, viel weniger als die von Kühne, in der Form eher trocken ... Sein Vortrag war eben ganz durchgeistigt, und zwar war es Goethescher Geist, dessen letzte Ausstrahlungen in ihm erglänzten.*
>
> H. Spemann über Gegenbaur in Heidelberg 1891–93 (Erinnerungen, 1943)

G. war Prof. in Jena (gleichzeitig mit seinem Freund Ernst Haeckel) und seit 1873 bis zu seinem Tode in Heidelberg. Sein Hauptwerk war eine umfangreiche „Vergleichende Anatomie der Wirbeltiere". Mit Haeckel gehörte er zu den ersten Anhängern Darwin's.

Am Familiengrab auf dem Friedhof in W. eine Tafel „In dankbarer Erinnerung an Herrn Geh.-Rat Dr. Carl Gegenbaur"; „Sein Leben war köstlich wie wenige". (▭ jedoch in Heidelberg!)
→ Jena

**R. Adolf** (später von) **Koelliker** (1817 Zürich – 1906 W.), Anatom

> *Unermüdlich fleißig und gedächtnisstark bis ins höchste Alter, ein lebender Zeuge für die Geschichte der Anatomie, Histologie, Embryologie und vergleichende Anatomie, die er alle seit ihren ersten Anfängen miterlebt hatte, vielsprachig und kongreßfreudig, war er stets bereit zu sprechen und zu demonstrieren.*
>
> K. B. Lehmann über Koelliker 1887 (Frohe Lebensarbeit, 1938)

K. war Schüler von Joh. Müller und Henle in Berlin, 1846 nach W. berufen, wo der Schweizer 60 Jahre, zuletzt als „Exzellenz", wirkte.

Hauptwerke „Handbuch der Gewebelehre des Menschen" (1852) und „Hdb. der Entwicklungsgeschichte des Menschen und der Tiere" (1861).

□Hauptfriedh. – Die Straße, an der das Anatom. Inst. liegt, wurde schon zu Lebzeiten K.s in Koellikerstraße umbenannt.

**Gottfr. Wilh. Osann** (1796 Weimar – 1866 W.), Chemiker. Seine Mutter heiratete in Weimar später den Staatsminister und Freund von Goethe Ch. G. v. Voigt. O. war Priv.-Doz. in Jena und Erlangen, dann Prof. der Chemie und Pharmazie in Dorpat. Dort kam er bei der Untersuchung russischer Platinerze einem neuen Platin-Metall auf die Spur und nannte es Ruthenium. Aber erst der zuletzt in Dorpat wirkende Chemiker Carl Claus (1796–1864) konnte dieses Element einwandfrei nachweisen; in Anlehnung an O. griff er dessen Bezeichnung Ruthenium wieder auf. O. gehörte zu den Gründern der Physikal.-Med. Gesellschaft in W.

□Friedh. W., zusammen mit seinem Enkel, dem Petrographen **Alfred O.** (1859 Hofheim/Unterfranken – 1923), Schüler von H. Rosenbusch, Prof. in Karlsruhe und seit 1903 Freiburg i. Br.

**Wilhelm Conrad Röntgen** (1845 Lennep – 1923 München), Physiker und der erste Nobelpreisträger der Physik.

> *Professor Röntgen sprach gestern Abend in der physikalischen Gesellschaft vor Professoren und Generalen über seine X-Strahlen unter stürmischen Ovationen. Röntgen erklärte bescheiden, es sei nöthig, weitere Versuche zu machen. Lenard-Pest habe ihm die Anregung gegeben, seine Entdeckung sei eine Gabe des Zufalls. Zahlreiche Demonstrationen gelangen vorzüglich, die Strahlen durchdrangen Papier, Blech, Holz, Blei und endlich Röntgens und Prof. Köllikers Hand. Letzterer bringt ein Hoch auf Röntgen aus, dem Hofrath Schönborn seinerzeit die Anregung gab zu versuchen, ob die Entdeckung chirurgisch ausnutzbar sei.*
>
> *Röntgen erklärte, es habe ihm die Zeit gefehlt zu den nöthigen Versuchen, doch werde er alles aufbieten. Köllicker schlägt vor, die neue Entdeckung „Röntgen-Strahlen" zu nennen. (Stürmischer Beifall). Röntgen dankt tiefgerührt. Seit 48 Jahren hat keine so epochemachende Sitzung der Gesellschaft stattgefunden.*
>
> Würzburger Zeitungsbericht, 24. 1. 1896

1888–1900 wirkte R. in W. – seit 1896 der berühmteste Professor nicht nur der Univ. W., als er im Physik. Inst. die R.Strahlen entdeckte.

Große Inschrift an der Straßenfront des Phys. Inst. (R.-Ring). Vor dem Inst. auch ein abstraktes R.-Strahlen-□.
→ Remscheid-Lennep, Zürich, Gießen, München

**Julius Sachs** (1832 Breslau – 1897 W.), Botaniker, Begründer der neueren Pflanzenphysiologie, wirkte 1868–97 in W. Zahlreiche angesehene Botaniker gehörten zu seinen Schülern.

□Hauptfriedhof

**Karl Semper** (1832 Altona – 1893 W.), Zoologe

*Semper muß in seiner Jugend ein hinreißendes Temperament, ein Falkenauge und eine Künstlerseele gehabt haben – man empfand das, wenn er von den Philippinen erzählte, wo er früher Jahre unter paradiesischen Verhältnissen gelebt hatte. Jetzt war er ein alter jovialer Herr, der anfing, kränklich und harmlos zu werden. Doch baute er noch sein neues zoologisches Institut schön und praktisch.*

K. B. Lehmann (Frohe Lebensarbeit, 1933)

S. war Neffe des berühmten Baumeisters. Er bereiste pazifische Inseln.

Bei der „Ehrengrabstätte" der Univ. auf dem Friedh. W. ist auch S. verzeichnet.

**Philipp Franz** [Abb. 115, 156, 157] (seit 1842 Jonkheer) **Siebold** (1796 W. – 1866 München), Naturforscher, entstammte einer bedeutenden W.er Gelehrtendynastie (zu der auch der Zoologe Karl Th. E. von S. gehörte, → München).
Als Arzt im niederländ.-ostind. Dienst hatte er Gelegenheit, 1823–30 in Japan zu weilen und eingehende botanische, zoologische und völkerkundliche Untersuchungen in diesem damals noch kaum bekannten Land anzustellen. Als angeblicher Spion entging er mit Mühe der Todesstrafe, konnte aber 1859–62 erneut nach Japan reisen. Hauptwerk: „Nippon. Archiv zur Beschreibung von Japan" (7 Bd., Leiden 1832–58). In Leiden hat er sich um den Bot. Garten verdient gemacht. (▭ München)

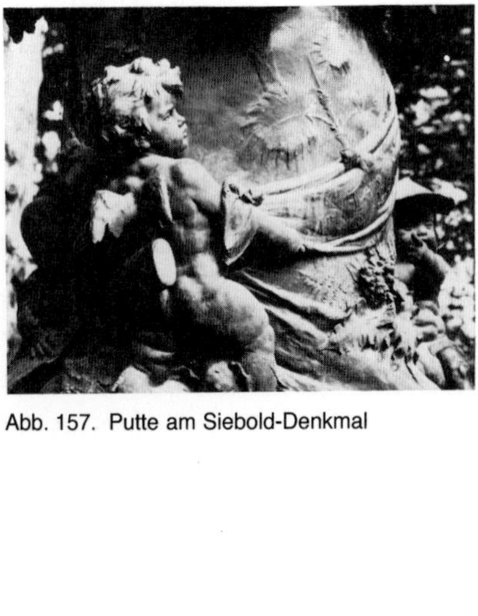

Abb. 157. Putte am Siebold-Denkmal

Abb. 156. Ph. F. Siebold, Würzburg

Δmit Büste in den Anlagen zwischen der „Neuen Universität“ und dem Justizpalast; Sockel mit hübschen geflügelten Putten (mit Botanisiertrommel und ostasiatischem Kegelhut).

Δauch in München, Leiden, Wien und Nagasaki
→ München, Wien

**Rudolf Virchow** [Abb. 25] (1821 Schivelbein i. Pomm. – 1902 Berlin), Pathologe und Politiker

> *Unübertrefflich waren die Demonstrationen und Vorträge Virchows, jeder Tag brachte Neues und Lehrreiches.*
>
> A. Kußmaul über Virchow in W., 1854

V. verlor 1849 seine Stelle an der Berliner Charité wegen eines ungeschminkten Berichtes über eine Typhusepidemie in Oberschlesien und wurde nach W. berufen, kehrte aber 1856 nach Berlin zurück. Als „Teatrum anatomicum“, in dem er in W. seine Vorlesungen abhielt, diente damals ein reich stukkurierter Saal in der „Alten Anatomie“, einem großen Pavillon (erbaut 1710 von Jos. Greiling für Fürstbischof Greiffenclau) im Garten hinter dem Juliusspital (rechter Hand).
→ Berlin, Combe Varin

## Wuppertal-Elberfeld

**Johann Carl Fuhlrott** [Abb. 95] (1803 Leinefelde – 1877 W.-E.), Entdecker des Neandertalers, seit 1830 Lehrer an der Realschule, dem späteren Realgymnasium, seit 1862 mit dem Titel Prof. Er gründete den Naturwissensch. Verein und leitete ihn bis zu seinem Tode.

▭(mit kleiner, weißer Marmorplatte) Kath. Friedh. Hochstr. (Feld II, nahe der Straßenmauer).
**GT** am Wohn- und Sterbehaus Laurentiusstr. 22. Das Naturkundl. Museum und eine Schule in W. tragen seinen Namen.
→ Leinefelde, Neandertal

## Wuppertal-Schöller (nördl. Wuppertal-Vohwinkel)

**Joh. Friedr. Benzenberg** [Abb. 40, 158] (1777 Sch. – 1846 Düsseldorf), Astronom.
**GT** am ev. Pfarrhaus mit dem Hinweis, daß B. 1843 die Bilker Sternwarte gründete und „sich dort für die Astronomische Wissenschaft weltweiten Ruhm erwarb“. Auch ein „B.-Weg“ erinnert an ihn.
Am Kirchweg (schräg gegenüber dem neuen Friedhof) steht der Grabstein von B.s Vater. Er war 38 Jahre Prediger der reformierten Gemeinde (gest.

1809). „Täglich ging er in Betrachtungen vertieft, wo jetzt sein Staub ruht. Bei ihm liegt sein griech. Testament, das er 38 Jahre bei sich trug.“ (Aus der leider stark verwitterten Inschrift des Grabsteins.)
→ Düsseldorf

Abb. 158. J. F. Benzenberg, Wuppertal-Schöller

---

**Zechlinerhütte** (nördl. von Rheinsberg, Mark Brandenburg)

**Alfred Wegener** [Abb. 26, 66] (1880 Berlin – 1930 Grönland), Geophysiker und Grönlandforscher

> *Die Phantasie läuft von einem Ende der Welt zum anderen, vom Südpol mit seinem unerforschten Kontinent nach Zechlinerhütte, wo jetzt der Flieder blüht, nach Berlin zu den Eltern, nach Lindenberg. Wie wohl alles aussehen mag, wenn ich nach Hause komme? ... Unangenehm werden mir wohl in Zukunft Gesellschaften und ähnliches zu Hause sein. Es muß furchtbar sein, so als Polarbär mit einem Ring in der Nase präsentiert zu werden.*
>
> A. Wegener auf der Danmark-Expedition, Nordgrönland, Tagebuch vom 22. 5. 1908

Der Vater von W. hatte das bescheidene ehemalige „Direktorhaus“ der Glashütte in Z. (die 1737–1889 bestand) als Feriensitz für die Familie gekauft. Alfred W. und auch sein Bruder Kurt W. verlebten dort einen Teil ihrer Jugend. Das Haus ist seit 1969 zu einer **W.-Gedenkstätte** für die beiden Brüder umgestaltet; zahlreiche Erinnerungsstücke. Auf dem kleinen Dorffriedhof die Gräber der Eltern (Richard und Anna W.), der Schwester Tony, des Bruders Kurt und der ältesten Tochter (Hilde Frinken, 1914–36). **GStein** auch für Alfred W. (seine sterblichen Überreste blieben jedoch im Eis Grönlands).
→ Berlin, Hamburg, Graz, Kamarujuk-Fjord

**Zeitz** (Kreisstadt südwestl. Leipzig)

Der Arzt und Geowissenschaftler **Georg Agricola** (1494 Glauchau – 1555 Chemnitz) erhielt seine letzte Ruhestätte in Z.; Bronze-Grabplatte (1935) im Dom (Schloßkirche).[132]
→ Glauchau, Chemnitz (Karl-Marx-Stadt)

**Ziegelbrücke** (am Linthkanal, nahe dessen Einmündung in den Walensee, Schweiz)

> *Ihm danken die Bewohner Gesundheit, der Boden die Frucht, der Fluß den geordneten Lauf. Natur und Vaterland hoben sein Gemüth. Eidgenossen, Euch sey er Vorbild.*

Diese Worte enthält die große **GT** für **Hans Conrad Escher von der Linth** (1767 Zürich – 1823 Zürich) in Z. (an der Kanal-Brücke, im Gebüsch an der Felswand am Bhf.). Der ehrende Beiname „von der Linth" wurde Escher von der eidgenöss. Tagsatzung nach dem segensreichen Werk der Linth-Korrektion verliehen. E. hat auch treffliche geologische Beobachtungen gemacht. Sein Sohn Arnold (1807 Zürich – 1872) war Prof. der Geologie an der ETH Zürich (→ Zürich).

**Zinnwald** (östl. Erzgebirge)

> *Um halb 8 Uhr war ich auf der Höhe von Zinnwalde. Dieser Ort, durch welchen die Grenze zwischen Böhmen und Sachsen durchgeht, ist auf einem flachen Bergrücken, mit zerstreuten Häusern weitläufig angelegt ... Ich kehrte in den Gasthof ein, der einem Fleischer gehört, und fand notdürftiges Unterkommen, ging noch auf die Halden, untersuchte die daselbst befindlichen Gangarten.*
>
> J. W. v. Goethe, 1813

**Goethe** besuchte 1813 von Teplitz aus das Erzrevier von Zinnwald-Altenberg. Am alten Gasthaus „Sächsischer Reiter" **GT**: „Goethe wohnte in diesem Hause, als er vom 10.–12. Juli 1813 im Zinnwalder Bergwerk geologische Studien betrieb".
→ besonders Weimar

## Zürich

Universitätsstadt seit 1833; eidgenössische Techn. Hochschule (ETH) seit 1855[133]

> *Alle Donnerstag sind akademische Vorlesungen à la Singakademie in Berlin im größten Saal der Stadt, wohin sich die Weiblein und Männlein vielhundertweise drängen und gegen zwei Stunden unentwegt aushalten ... Freilich munkelt man auch, daß die spröden und bigotten Zürcherinnen in diesen Vorlesungen ein sehr ehrbares und unschuldiges Rendez-vous-System entdeckt hätten, und daß die Gedanken nicht immer auf den Vortrag konzentriert seien.*
>
> Gottfr. Keller, 1856[134]

**Georg Büchner** (1813 Goddelau – 1837 Z.), bekannt als Dichter und Sozialist, wurde 1836 Privatdoz. f. Anatomie in Z.

**GT** am Sterbehaus, Spiegelgasse 12 (neben dem Wohnhaus von Lenin 1916/17). Grabdenkmal jetzt Germaniastr. (am Rigiblick)

**Aug.-Pyrame De Candolle** (1778–1841), Botaniker in Genf, **Δ** (Büste) im Alten Bot. Garten
→ Genf

**Albert Einstein** [Abb. 124] (1879 Ulm – 1955 Princeton), Physiker und Nobelpreisträger, studierte an der ETH und war 1909–11 a. o. Prof. an der Univ. Z.

**GT** Unionstr. 4; „hier wohnte von 1896–1900 der große Physiker und Friedensfreund"
→ Ulm, Aarau, Bern, Berlin, Potsdam, Caputh

**Arnold Escher von der Linth** (1807 Z. – 1872 Z.), Geologe

> *Freiheit, Sicherheit und innere Nobilität, auch wo er im Bauernkleid erschien. Unter Salongelehrten wie ein Alpenbach ... Selbstlosester Charakter. Größter alpiner Beobachter.*
>
> Alb. Heim über seinen Lehrer Arnold Escher v. d. Linth

Sohn von Conrad E. v. d. Linth, dem berühmten Erbauer des Linthkanals (→ Ziegelbrücke). Arnold E. wurde 1834 Privatdoz., 1852 Prof. an der Univ. Z. (1856 auch an der ETH).

Ein großer erratischer Kalkstein-Block an der Selnaustr. (vor dem Vormundschaftsgericht, zwischen Friedens- und Gerechtigkeitsgasse) gilt als Escher-Stein, trägt aber keine GT.
→ Combe Varin

**Conrad Gesner** (1516 Z. – 1565 Z.), Naturforscher und Universalgelehrter. G. studierte in der Schweiz und in Frankreich, zuerst Theologie, zuletzt Medizin; seit 1544 in Z. Stadtarzt. Der dt. „Plinius"; doch hat er

Pflanzen, Tiere und Mineralien nicht nur nach den alten Quellen, sondern auch nach eigenen Beobachtungen zusammenfassend beschrieben.

Letzte Ruhestätte im roman. Kreuzgang am Großmünster (**GT**, 1965). **GT** am Wohn- (1530–65) und Sterbehaus, Frankenweg 21. **Δ** (Bronze-Büste) Alter Bot. Garten; ferner Statue (links) über dem vorgebauten Treppenaufgang der Zentralbibliothek, Zähringer Platz.

**Oswald Heer** [Abb. 120, 159] (1809 Ndr. Uzwil – 1883 Lausanne), Botaniker und Paläobotaniker

> *Many as have been the wonderful discoveries in Geology during the last half century, I think none have exceeded in interest your results with respect to the plants which formerly existed in the Arctic regions.*[135]
>
> Ch. Darwin in einem Brief an O. Heer, 8. 3. 1875

H. hat fast 50 Jahre (1834–83) in Z. gewirkt.[93]

□ in Z. aufgelassen. **Δ** (Büste; Hörbst, 1887) im alten Bot. Garten (am Eingang Talstr./Pelikanstr.)
→ Ndr. Uzwil, Matt, Combe Varin

Abb. 159. O. Heer, Zürich

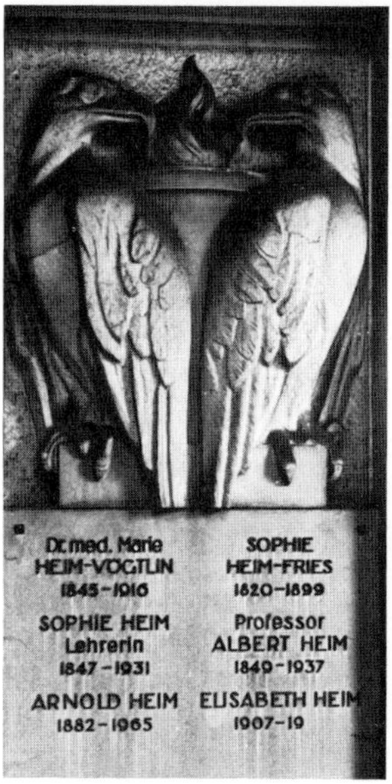


Abb. 160. Urnen-Grabstätte Heim, Zürich

**Albert Heim** [Abb. 160] (1849 Z. – 1937 Z.), Geologe

*Schau, es zieht die Wolga leise*
*wunderbar in weitem Bogen.*
*Scheint der Strom auch allgewaltig,*
*es beherrscht Gesetz die Wogen.*

*Linkes Ufer flach vom Sande,*
*Steppen, Weiden, Wäldergrün –.*
*Rechts die Felswand, bunt gebändert,*
*Adlerhorste hoch und kühn.*

*Und die Erde dreht sich weiter:*
*Rechts gedrängt die Welle nagt.*
*Weh dem Dorf, das sich zu nahe*
*an den Rand der Felsen wagt!*

A. Heim (Das Gedicht gilt einer Wolga-Reise, aber gleichzeitig dem Baer'schen Gesetz; → Dorpat)

H. studierte in Berlin, ohne zu promovieren; 1871 (als 22jähriger) habil. in Z., 1872 Nachf. von Arnold Escher v. d. Linth als Prof. für techn. u. allg. Geol. an der ETH, 1874 auch an der Univ. Z., 1894–1926 Präsident der Schweiz. Geol. Komm. Bedeutende Werke: „Mechanismus der Gebirgsbildung" (1878), „Hdb. d. Gletscherkd." (1885), „Geol. d. Schweiz" (1916–23), „Bergsturz u. Menschenleben" (1932). H. war ein hervorragender Zeichner. Der Meister der Schweizer Geologen hat sich leidenschaftlich auch für Naturschutz, Alkohol-Abstinenz, Feuerbestattung eingesetzt.

Urnen-□ Sihlfeldfriedh. (Wandelhalle des Krematoriums; die Nische wurde H. bei der Einweihung 1915 geschenkt). Die Tafel weist auch die Namen seiner Frau Dr. **Marie Vögtlin** (der ersten Schweizer Ärztin) und seines Sohnes **Arnold H.** (ebenfalls Geologe) auf.
→ Seebodenalp

**Ferdinand Keller** (1800 Marthalen/Zürich – 1881 Z.), Prähistoriker, begründete vor allem die Pfahlbauforschung.
**GT** Rennweg 10 (sein Wohnhaus 1852–64, das Nachbarhaus 1864–79)

**Lorenz Oken** (1779 Bohlsbach – 1851 Z.), Zoologe und Naturphilosoph

*Erscheine, guter Geist, und zeige dich; zieh ein in eines Jeden Brust und sprich, mit einer Stimme, durch Aller Zungen. Wohlan denn, wer ihn in sich fühlt, erhebe mit mir seine Hand: „Es leben die Statuten, heilig, unantastbar! Unsere Statuten hoch für immer!"*

Aufforderung des Wiener Astronomen J. Littrow auf der Stuttgarter Tagung des Ges. dt. Naturforscher und Ärzte 1834, entsprechend dem Wunsch von Oken die Statuten nicht zu ändern. Oken hatte seit 1831 an den Versammlungen nicht mehr teilgenommen.

1833–51 Prof. in Z., erster Rektor der Univ.; Gründer der Ges. dt. Naturforscher und Ärzte.

□Sihlfeldfriedh. (am Hauptweg Eingang Aemtherstr. 151, nahe der Kapelle), mit **GT** der Univ. Z., 1951
→ Bohlsbach, Offenburg, Jena, Pfannenstiel

**Wilhelm Conrad Röntgen** (1845 Lennep – 1923 München) studierte und promovierte an der ETH.
**GT** Seilergraben 7, wo R. als Student wohnte.
→ Remscheid-Lennep, Gießen, Würzburg, München

**Johann Jakob Scheuchzer** (1672 Z. – 1733 Z.), Arzt und Naturforscher

> *Betrübtes Beingerüst von einem alten Sünder,*
> *erweiche Herz und Sinn der neuen Bosheitskinder.*
>
> J. J. Scheuchzer, 1726, über den angeblichen Homo diluvii testis

Sch. studierte Med. (u. a. in → Altdorf), promovierte in Utrecht; dann frommer, hochangesehener Stadtarzt in Z. Durch Fragebogen erforschte er Pflanzen, Tiere, Mineralien der Schweiz, beschrieb vor allem mit ausgezeichneten Abb. versteinerte Pflanzen, die er als Zeugen der Sintflut betrachtete („Herbarium diluvianum", 1709, 2. Aufl. 1723), hielt freilich auch ein versteinertes Skelett von Oeningen für einen in der Sintflut ertrunkenen Menschen (s. oben; in Wirklichkeit ein Riesensalamander, später von Cuvier als Andrias scheuchzeri beschrieben!). Eine Sumpfpflanze (Blumensimse) nannte Linné Scheuchzeria.

Letzte Ruhestätte im roman. Kreuzgang am Großmünster (**GT**, 1965).
**GT** am Geburtshaus Kirchgasse 22 (am Zwingli-Platz) und am Wohnhaus „Zur Lerche", Trittligasse 5.

**Rudolf Wolf** (1816 Fällanden – 1893 Z.), Astronom, seit 1864 Dir. der Sternwarte Z., entdeckte 1852 die Zusammenhänge zwischen Sonnenflecken und Erdmagnetismus und führte den Begriff der Sonnenflecken-Relativzahlen ein; bedeutender Historiker der Astronomie.

**GT** im Vorraum der Eidgenöss. Sternwarte, Schmelzbergstr. (nahe dem Kantonsspital und der ETH).

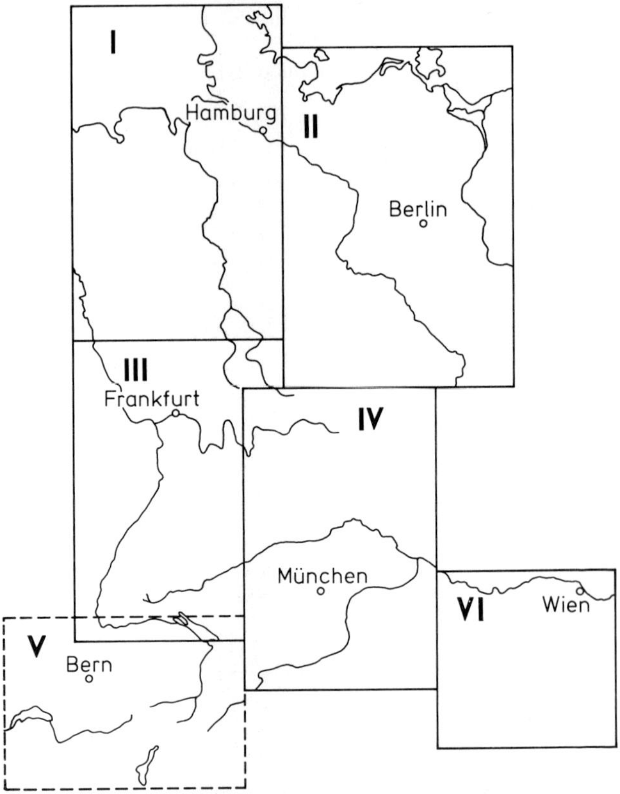


Karte 14 Übersicht der Teilkarten I–VI

Karte 15 (I). Nea. = Neandertal

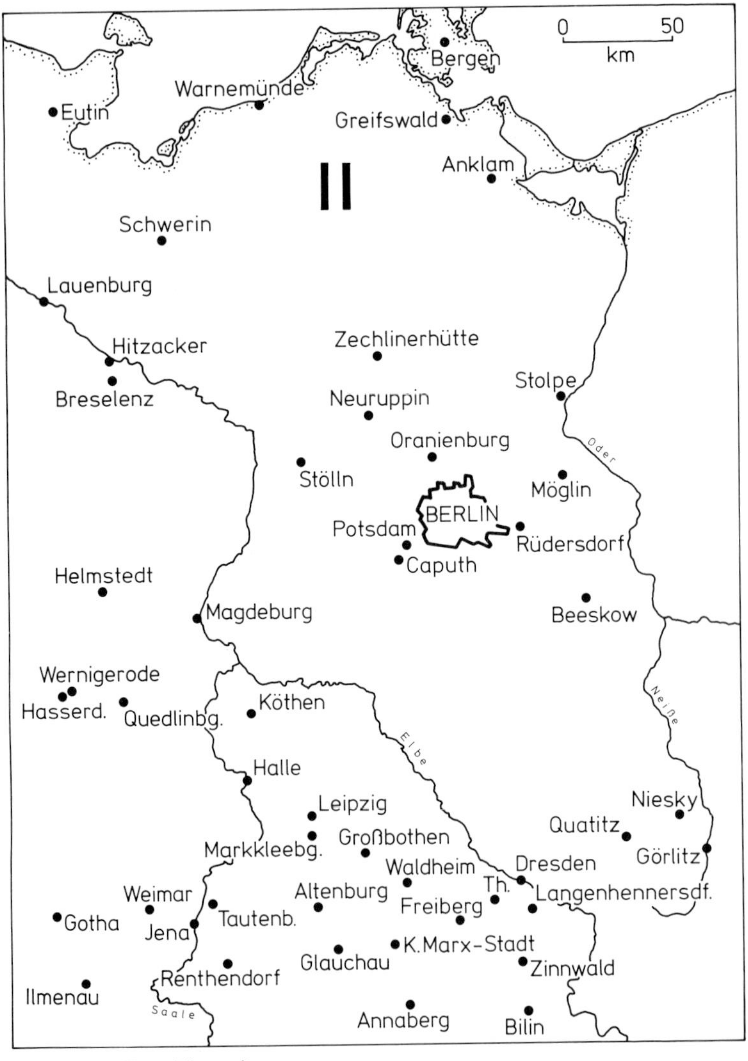


Karte 16 (II). Th. = Tharandt

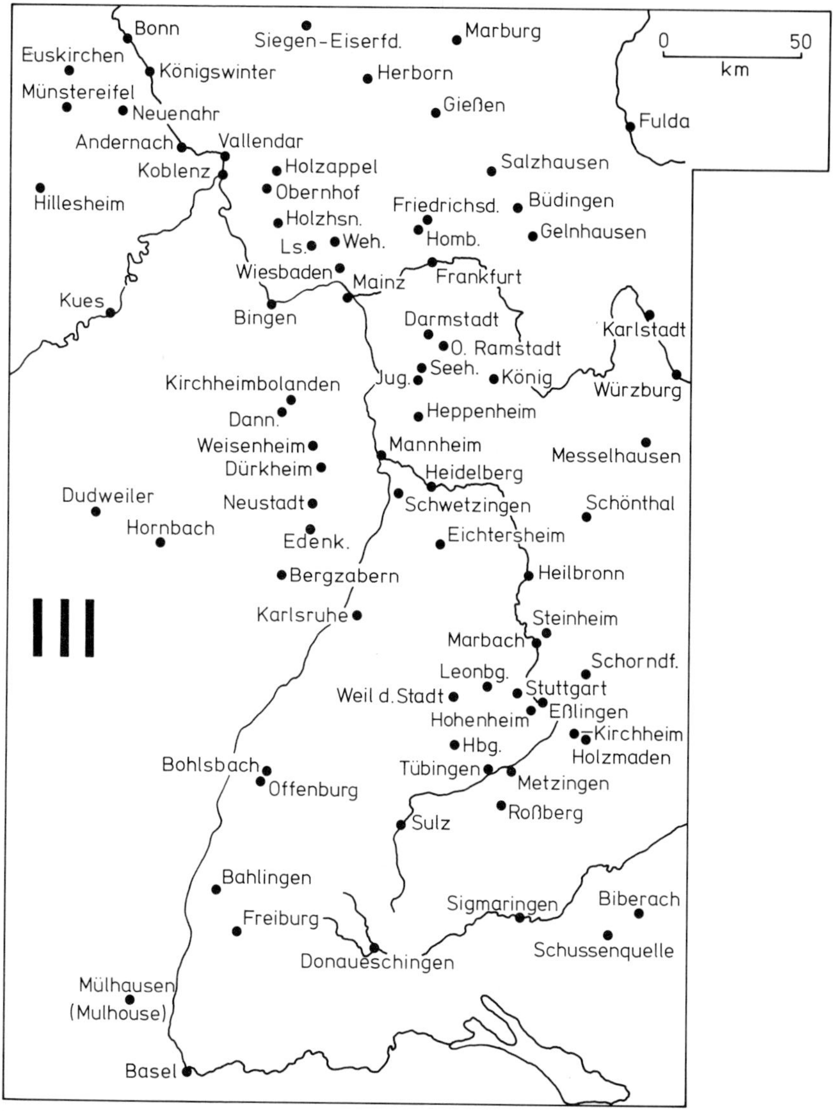


Karte 17 (III). Dann. = Dannenfels, Hbg. = Herrenberg, Ls. = Langenschwalbach (Schwalbach), Jug. = Jugenheim, Seeh. = Seeheim, Weh. = Wehen

0 50
km
Steben
Karlsbad
Franzensbad
Königsberg
Staffelstein
Goldkronach
Arzberg
Main
Haßfurt
Bamberg
Luisenburg
IV
Erlangen
Windsheim
Nürnberg
Rothenburg
Altdorf
Ansbach
Georgenhof
Mattenzell
Gunzenhausen
Regensburg
Pappenheim
Straubing
Wemding
Solnhofen
Donau
Ingolstadt
Dillingen
Lichtenheim
Lauingen
Ulm
München
Landsberg
Starnberg
Ittelsburg
Salzburg
Obergünzburg
Benediktbeuern
Erl
Kempten
Kochel
Garmisch-Partenkchn.
Kufstein
Alpbach
Mittenwald
Inn
Innsbruck
Mallnitz

Karte 18 (IV).

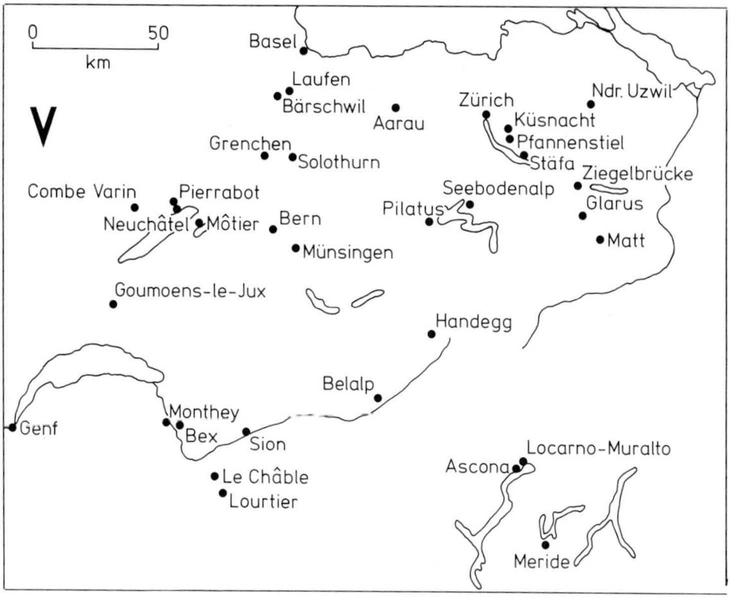


Karte 19 (V). Nicht eingetragen Worb (östl. Bern)

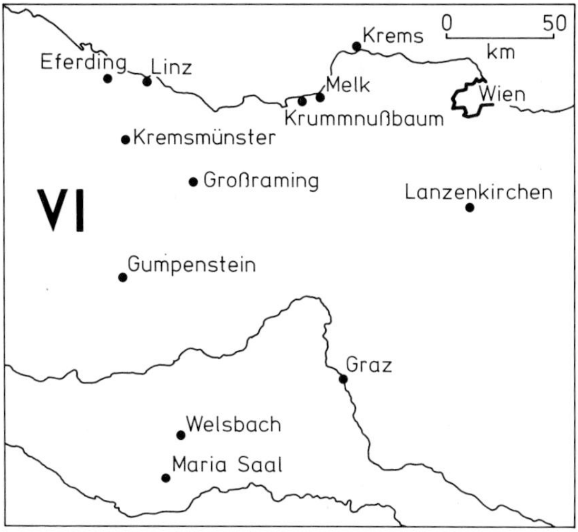


Karte 20 (VI).

# Anmerkungen

Eine auch nur annähernd vollständige Zitierung biogr. Literatur ist nicht beabsichtigt. Die verwendeten Daten stammen vielfach – ohne daß das im einzelnen angegeben ist – aus: Allg. Dt. Biogr. (ADB; 56 Bd., 1875–1912), Neue Dt. Biogr. (NDB, seit 1953), Große Naturwissenschaftler (F. Krafft & A. Meyer-Abich, 1970), ferner den Konversationslexika und zahlreichen Einzelbiographien, u. a. bei Physikern: A. Hermann, Lexikon Gesch. d. Physik A–Z, Köln 1972; bei Chemikern: G. Bugge, Buch d. großen Chemiker, 1929/30; bei Botanikern: K. Mägdefrau, Gesch. d. Botanik, 1973; bei Geologen: K. Lambrecht, W. & A. Quenstedt, Fossilium Catalogus, 72, 1938, und H. Hölder, Geol. und Paläont. in Texten und ihrer Geschichte, 1960. Einige Grabstätten sind entnommen J. Aubert 1975[7].
Interessante Hinweise bieten die Tagungen der Ges. Dt. Naturf. u. Ärzte (Zusammenstellungen u. a. in M. Pfannenstiel, Kleines Quellenbuch z. Geschichte der Ges. Dt. Naturf. u. Ärzte, 1958, und in H. Querner & H. Schipperges, Wege der Naturforschung, 1972; beides im Springer-Verlag).
Zusätzliche Abb. von Denkmälern von Eiszeitforschern findet man in Schwarzbach 1981[7a].

[1] Aus meinem Leben. Weinheim 1949. 1958
[2] Veröff. Schlesw.-Holst. Univ. Ges., N. F. 24, Kiel 1958
[3] K. v. Raumer's Leben von ihm selbst erzählt. Stuttgart 1866. – M. Schwarzbach, K. v. Raumer. Köln. Geol. Hefte, 6, 1957
[4] Zu den Begriffen „Deutschland" und „deutsch" in der Schweiz hat F. Nußbaum 1933 Stellung genommen (Der Schweizer Geograph, 10, S. 2–13)
[5] „Über die Toten sprich nur gut"
[6] Nachr. Dt. Geol. Ges., 15, 1976, S. 36
[7] J. Aubert, Grabstätten berühmter Deutscher, Österreicher und Schweizer, 1975
[7a] M. Schwarzbach, Denkmäler und Gedenktafeln von Eiszeitforschern. Eiszeitalter u. Gegenwart, 1981
[8] Natur u. Volk, 90, 3, Frankfurt 1960; Natur u. Mus., 92, 9, 1962
[9] H. Balmer, Geschichte d. Naturwiss. in Aarau. Gesnerus, 33, 1976, S. 108–120. Die Hinweise auf Einstein und Mühlberg verdanke ich Dr. Balmer
[10] Frdl. Mitteilung des Mus. Mauritianum, Altenburg
[11] F. Thierfelder, Herm. Schlegel. Abh. Ber. Naturk. Mus. Maurit., 3, 1963
[12] F. Lessig, Der Astronom B. v. Lindenau. Abh. Ber. Naturk. Mus. Maurit., 2, 1960
[13] I. v. Grumbkow, Isafold. Berlin 1909. – Island-Berichte, 20, 3/4, Hamburg Dez. 1979
[14] Schriften Siemens-Ring-Stiftung, 4, 1977
[15] Peter Müller, Sternwarten. Diss. Köln 1975
[16] H. Jebsen-Marwedel, J. v. Fraunhofer und die Glashütte in Benediktbeuern. Fraunhofer-Ges., München, 2. Aufl., 1976
[17] „In allem mit sorgender Liebe"
[18] D. Wattenberg, Die Archenhold-Sternwarte. Berlin, 4. Aufl., 1976
[19] K. Mägdefrau, Geschichte d. Botanik. 1973
[20] „Wir wissen es nicht"

[21] „Wir werden es nicht wissen"
[22] Abb. in W. Ruske, 100 Jahre Dt. Chem. Ges., Weinheim 1967
[23] Gr. Naturforscher, 35, 1971. Vgl. auch die Autobiogr. von Kath. Heinroth, Mit Faltern begann's. 2. Aufl. 1979
[24] Pépinière (frz. Baumschule): preuß. Anstalt zur Ausbildung von Militärärzten in Berlin, gegr. 1795. Zu den berühmten Schülern gehörten auch R. Virchow und E. Behring
[25] „Dank sei dem hier Ruhenden für das, was er an Bildung geweckt hat"
[26] „Dem zweiten Entdecker von Kuba die Univ. Havanna"
[27] „Der die Länder durchstreifte, um die Natur zu erkunden, hat endlich hier seine Ruhe gefunden"
[28] Zur Erforschungsgeschichte des Archaeopteryx vgl. z. B. Schwarzbach, Berühmte Stätten geol. Forschung, 1970, und Europ. Stätten geol. Forschung, 1976, im Kapitel „Solnhofen"
[29] M. Schwarzbach, Alfred Wegener. Gr. Naturforscher, 42, 1980
[30] Abb. in Der Aufschluß, 1980
[31] H. Balmer, Albr. v. Haller. Berner Heimatbücher, 1977
[32] Zu dem Hugi-Bild im Alp. Mus. siehe G. Budmiger in Die Alpen, Zschr. Schweizer Alpen-Club, 56, 1980
[33] H. Balmer, J. de Charpentier. Gesnerus, 26, 1969
[34] F. Wenk, Naturk. Spazierg. um Biberach, 1962
[35] A. Hermann, B. Bavink und die Philosophie. Festvortrag Bielefeld, 1978
[36] Frdl. Mitteilung von Dr. Freyer
[37] E. Ennen, W. Holzhausen, G. Schroers, Der alte Friedh. in Bonn. 3. Aufl., 1969
[38] K. J. Müller & W. Langer, G. A. Goldfuss. 150 Jahre Rhein. Friedr. Wilh. Univ. Bonn, 1968
[39] W. Langer, J. J. Noeggerath. Bonner Geschichtsbl., 30, 1978
[40] Der Übersichtsplan am Eingang des Friedh. mit Angaben „berühmter Gräber" verzeichnet das Grab von Steinmann nicht, wohl aber das daneben befindliche eines „Ballonfahrers Milarich", so daß man mit dessen Hilfe leicht zu Steinmann gelangt
[41] Wolfg. (Farkas) Bolyai (1775–1856), ungar. Mathematiker, mit Gauß befreundet
[42] K. Gerke, Eine trigonometr. Station von C. F. Gauß im Bereich unserer Carola Wilhelmina. Mitt. TU Braunschweig, 12, I/II, 1977
[43] Frdl. Mitteilung von Prof. H. Straka, Kiel
[44] Abb. in Gertr. Knabe, Im Kampf gegen die 11. Plage. Steyl 1969, und in Bonner Univ.-Nachr., 12, 133, Juni 1979
[45] Eine ausgezeichnete Darstellung des Lebens von Desor in Combe Varin gab H. Balmer (Gesnerus, 32, 1975)
[46] Abb. in W. Dieminger, J. Zenneck. Abh. Ber. Dt. Mus. München, 29, 1961
[47] A. Röhr in Abh. Ber. Dt. Mus. München, 43, 1975
[48] E. Kuhn-Schnyder, K. E. v. Baer. Acta Teilhardiana, 13, München 1976
[49] H. Maes & A. Houben, Düsseldorf in Stein und Bronze, 1976
[50] G. Wacha, Keplers Trauung in Eferding. Oberösterr. Heimatbl., 25, 1971
[51] F. Ratzel, Jugenderinnerungen. München 1966. – Biogr. (von G. Buttmann) in Gr. Naturforscher, 40, 1977
[52] F. Krömeke, F. W. Sertürner. Jena 1925
[53] M. Schwarzbach, Umweltverschandelung vor 100 Jahren. Naturw. Rdsch., 27, 8, 1974
[54] Mitt. Gauß-Ges. Göttingen, 7, 1970, und 11, 1974

55 H. v. Füchtbauer, G. S. Ohm. Bonn, 2. Aufl., 1947
55a Mitt. aus d. Markscheidew. 1955. 1956
56 Dt. Nobelpreisträger. 1968, S. 113
57 R. Noak in Frankf. Allg. Zeitg., Ostern 1978
58 M. Schwarzbach, Europäische Stätten geol. Forschung. Stuttgart (Wiss. Verlagsges.) 1976
59 Zahlreiche Angaben in W. Herrmann, Freibg. Forschungshefte, D-2, 1953, und O. Wagenbreth, Der Freibg. Donatsfriedh., o. J.
60 O. Wagenbreth, J. C. Freieslebens geol. Lebenswerk. Abh. Staatl. Mus. Min. Geol. Dresden, 29, 1979
61 O. Wagenbreth, Das Freibg. Werner-Denkmal. Wiss. Zeitschr. Hochsch. Archit. Bauw. Weimar. 14, 6, 1967
62 F. Kurylo, Ferd. Braun. München 1965
63 H. G. Gundel, Professorengräber auf dem Alten Friedh. Gießen. 1978
64 Abb. in Ber. Dt. Chem. Ges., 23, 1890, und in W. Ruske[22]
65 C. Vogt, Aus meinem Leben. Stuttgart 1896
66 „Was ich treibe, fragst du? Ich schwinde dahin. Du willst wissen, was aus mir wird? Ich bin gewesen, was du bist; du wirst sein, was ich jetzt bin“
67 H. Michling, Mitt. Gauß-Ges. Göttingen, 6, 1969. Auch zu andern Angaben über Gauß siehe die Mitt. Gauß-Ges.!
68 W. Gresky, Einige Göttinger Haller-Notizen. Gött. Jb., 25, 1977. Siehe auch H. Balmer[31]
69 „Niemals müßig“
70 K. Mendelssohn, W. Nernst. Weinheim 1976
71 H. Balmer in Gesnerus, 34, 1977
72 Neue Österr. Biogr., 18, 1972 (Zitat in H. Thirring, E. Schrödinger)
73 Paläontol. Zschr., 11, 1929
73a Joh. A. Repsold, Vermehrte Nachrichten über die Fam. Repsold. Hamburg 1884. 1915
74 Abb. in H. Balmer, L. Agassiz. Denkschr. Schweiz. Naturforsch. Ges., 89, 1975, S. 16, und in Gesnerus, 31, 1974
75 Ingrid Henze, Helmstedt. 1976
76 Der Vater führte den Nachnamen „in der Schmitten“, daraus bzw. aus „Schmiede“ entstand der latinisierte Name Fabricius und Fabry
77 Hildener Heimatwarte, 10, 1934; Hildener Jb., 6, 1953–55. Fabry-Studien IV. (ed. W. Wennig) in den Niederberg. Beitr., 34, 1975
78 Abb. in W. Andronikow, M. v. Wrangell. 1935
79 H. Michling, Mitt. Gauß-Ges. Göttingen, 14, 1977. – W. Gresky, Harz-Zschr., 29, 1977
80 F. Nöring, Nachruf f. F. Michels, Notizbl. hess. Landesamt f. Bodenforsch., 98, 1970, S. 287–297
81 O. Wagenbreth, Der Ilmenauer Bergrat J. C. W. Voigt. Abh. Staatl. Mus. Min. Geol. Dresden, 29, 1979
82 W. Heißel, Otto Ampferer. Beitr. Technikgesch. Tirols, 7, 1977
83 Die GT ist auch tüchtigen Eiszeitforschern unbekannt. Ich erhielt den Hinweis von Prof. O. Timmermann – Köln
84 In F. Krafft & A. Meyer-Abich, Gr. Naturwissenschaftler, 1970
85 M. Koglbauer, Berge und Packeis. Graz 1965
86 „Groß in Magie [damals = Wissenschaft], größer in Philosophie, am größten in Theologie“
87 C. Garthe, Foucault's Versuch ... angestellt im Dom zu Köln. 1852
88 K. Eisentraut, Regiomontanus. Königsberger Heimat- u. Lesebogen, 9, 1962

89 G. Heinz-Mohr & W. P. Eckert, Das Werk des N. Cusanus. Köln, 2. Aufl., 1975

90 „Keinem Forschungsreisenden nachstehend zu jeglicher Mühe unverdrossen, ohne sich zu schonen, so oft eine Aussicht bestand, die Wahrheit zu ergründen." Übersetzung aus K. Meier-Lemgo, E. Kämpfer. 2. Aufl., 1960

91 Abb. in H. J. F. Flechtner, C. Duisberg. 1959

92 Karl Lilienthal, Festschr. 700 Jahr-Feier Lilienthals. 1932. – W. Gresky, Mitt. Gauß-Ges. Göttingen, 11, 1974

92a Rud. Grahmann im „Eiszeitalter u. Gegenw.", 1, 1951, S. 142–151

93 J. J. Heer, Osw. Heer. Zürich 1885

94 E. Kuhn-Schnyder, Die Fossilien des Monte S. Giorgio (Mus.-Führer). Serpiano 1979

95 M. Küssner, F. W. Bessels Beziehungen zu Göttingen. Mitt. Gauß-Ges. Göttingen, 15, 1978

96 E. Renevier in Bull. Soc. Vaud. Sci. Nat., XV, 78, 1877; H. Schardt in Verh. Schweiz. Naturf. Ges., 1908. Siehe auch[58]

97 E. Kuhn-Schnyder, L. Agassiz als Paläontologe. Denkschr. Schweiz. Naturf. Ges., 89, 1975; H. Balmer, L. Agassiz 1807–1873, der Mann und sein Werk, ibid

98 „Seine Asche ruht in Berlin, sein Name ist in den Annalen der Urania geschrieben"

99 Gräber von Naturforschern besonders auf dem Alten Südl. Friedh.; M. J. Hufnagel, Berühmte Tote im Südl. Friedh. zu München. 3. Aufl., 1970

100 „Er hat uns die Gestirne nähergebracht"

101 Abb. des erneuerten Grabsteins im Katalog der Ausstellung zum 150. Todestag von Fraunhofer, Dt. Mus. München, 1976

102 Karl Theodor, Kurfürst der Pfalz und (1777–99) von Bayern, förderte die Baukunst und andere Künste

103 „Flügel gab er den gedachten Dingen"

104 W. Gresky, Schweizer Haller-Denkmäler. Göttinger Monatsbl., Dez. 1977. Siehe auch H. Balmer[31]

105 W. Weland, Münsters Prof. Landois. Münster 1977

106 R. Kuhn in Mitt. MPG, 7, 1956

107 Prof. J. P. Portmann habe ich für zahlreiche Angaben über Neuchâtel zu danken. Siehe auch seinen Aufsatz „Deux siècles de géologie à Neuchâtel" in Gesnerus, 32, 1/2, 1975 ff.

108 „Wie lang auch immer die Zeit sei, die Darwin für seine Umwandlungen fordert, sie würde niemals ausreichen, aus einem Affen einen Menschen zu machen"

109 H. Frick, Die Quellenweihe vor 100 Jahren des Bades Neuenahr. 1958. – Rosa Anderson, Alt. Bonner Friedh., 1910, S. 70

110 „Fortgegangen ist er, nicht dahingegangen"

111 Sonderausgabe „Kuranzeiger" Bad Oeynhausen, 1965

112 Abb. in „Neue Mus.kunde", 1, Halle-Leipzig, 1958

113 D. Wattenberg, D. Fabricius. Vorträge u. Schriften d. Archenhold-Sternw. Bln., 19, 1964

114 Sernifit: Arkose (feldspatführ. Sandstein). Regionale Schweizer Bezeichnung.

115 pierre crapaud = Krötenstein

116 Bereits 1816 erkannte John Playfair aus Edinburgh den Block als erratisch. Auf Anregung von Agassiz wurde er am 2. 7. 1838 vom Stadtrat Neuchâtel unter Naturschutz gestellt und ein Waldweg dorthin angelegt. Die später nur noch andeutungsweise erkennbare Beschriftung wurde 1966 von der Soc. Neuchâte-

loise des Sci. naturelles durch eine GT (angeregt von J. P. Portmann) ersetzt. Siehe Gesnerus, 32, 1975, S. 45 ff.

117 J. Aregger, Natur-Museum Luzern. Mitt. Naturf. Ges. Luzern, 26, 1978, S. 31 ff.

118 Nachruf in Eiszeitalter u. Gegenw., 3, 1953, S. 136–143.

119 K. Heinroth, Osk. Heinroth. Gr. Naturforscher, 35, 1971

120 Für den Hinweis danke ich Prof. Napp-Zinn, Köln

121 K. Mägdefrau, K. F. Schimper. Beitr. naturkd. Forsch. SW-Dtschld., 27, 1, 1968. Stammtafel in „Erinnerungsgabe zum 100. Todestag des Naturforschers K. F. Schimper". Arbeitskreis K. F. Schimper-Realschule Schwetzingen, 1967

122 J. Mariétan, La vie et l'oeuvre de l'ing. J. Venetz. Bull. Murithienne, 76, 1959

123 Die lateinische Grabinschrift entspricht fast ganz der, die Joh. Aug. Weppen um 1800 in deutsche Verse gebracht hat, und die wir für das Grab von F. Mohs in Wien (mit einem besonders hohen Grabstein) für passend fanden. Vielleicht gehen beide auf ein und dieselbe lateinische Grabinschrift zurück? Bei Gressly ist abweichend von den Weppen'schen Versen Herkules eingeschoben (me hercle), um die Gewichtigkeit des Steines zu kennzeichnen

124 Adular: wasserklarer Kalifeldspat

125a „dessen Vermögen sich zum größten Teil aus der seinen feudalabhängigen Bauern abgepreßten Rente ständig reproduzierte" – auch so kann man das natürlich sehen (M. Guntau & E. Wächtler, Leop. v. Buch. Z. geol. Wiss. Berlin, 2, 1974, S. 1371–1383)

125b Frdl. Mitteilung von Prof. O. Gehl

126 Der Tübinger Friedh. und seine Denkmäler. Tüb. Blätter, 2, 1899. – Verzeichnis d. Tübinger Gedenktafeln. Tüb. Blätter, 47, 1960.

127 W. Hückel in Tüb. Blätter, 50, 1963

128 E. Wegener-Köppen, W. Köppen. Gr. Naturforscher, 18, 1955, S. 99

129 Kennst Du die Denkmäler Wiens? Perlen-Reihe, 1001, 1969. – Berühmte Ruhestätten auf Wiener Friedhöfen. I. Zentralfriedhof. Perlen-Reihe, 1012, 1961. – Kl. Führer durch die Univ. Wien. 1965

130 Siehe die Bemerkungen[123] zu der Grabinschrift von Gressly, → Solothurn

131 „Hier irrte Gauß", wie der Ururenkel des Peter Hinrich in den Mitt. Gauß-Ges. Göttingen, 16, 1979, S. 31–34, auseinandersetzte: so schlimm kann es in Ober-Ohe keineswegs gewesen sein. Aber offenbar war das Verhältnis des selbstbewußten Bauern zu dem „windigen Geometer" aus Göttingen nicht das beste. – Zusätzliche Bemerkungen machte W. Gresky in Mitt. Gauß-Ges. Göttingen, 17, 1980, S. 12–13

131a J. U. Marbach in Gesnerus, 36, 3/4, 1979. Frdl. Hinweise erhielt ich durch Heinz Balmer-Zürich

132 Erzgebirgische Heimatbl. 5, 1980, S. 102 und frdl. Mitt. Staatl. Mus. Dresden, Dr. Prescher

133 Mancherlei Hinweise auf GT in Zürich verdanke ich Dr. Heinz Balmer, Zürich

134 Zitiert in H. Schröer, C. Ludwig. Gr. Naturforscher, 33, 1967, S. 55

135 „So viel wundervolle Entdeckungen es in der Geologie während des letzten halben Jahrhunderts gegeben hat – ich glaube, keine davon ist von größerem Interesse als Ihre Ergebnisse über die Pflanzen, die einst in der Arktis existierten"

# IV. Register der Forscher

## 1. Zusammenstellung nach Fachgebieten

Nur die Forscher sind zusammengestellt, die durch „Spuren“ dokumentiert sind. Einige Forscher erscheinen bei zwei Fachgebieten.

**k) Geologen (mit Mineralogen, Bergleuten, Geographen, Prähistorikern)**

**l) Entdeckungsreisende**



**m) Techniker (sowie Erfinder und Industrielle)**



**n) Sonstige**

## 2. Alphabetisches Namen-Register

Das Register enthält die Namen, die in der Zusammenstellung nach Fachgebieten (V.1) aufgeführt sind, ergänzt durch einige Forscher, die nicht durch „Spuren“ dokumentiert, aber wegen enger örtlicher Beziehungen im Text mit erwähnt sind. – Auf Abbildungen ist durch * verwiesen.

# Herkunft der Abbildungen

Abb. 2 Mus. Mauritianum (Altenburg).
Abb. 4 K. Mägdefrau.
Abb. 5 A. Schnütgen.
Abb. 10 H. Noll.
Abb. 20, 93 käufl. Foto.
Abb. 30 E. Kempf.
Abb. 35, 104 H. Straka.
Abb. 39 Käufl. Ansichtskarte (übermittelt von Dr. H. Weiß-Marburg).
Abb. 75 Dt. Chem. Ges.
Abb. 86 Dr. Brinkmann.
Abb. 91 Geol. Inst. Bonn.
Abb. 96, 97 Archiv d. Verf.
Abb. 125 K. Napp-Zinn.
Abb. 136 G. Freyer.
Alle übrigen Fotos vom Verf.

# Verzeichnis aller Karten